KB122568

컬러의 말

카시아 세인트 클레어 지음 | 이용재 옮김

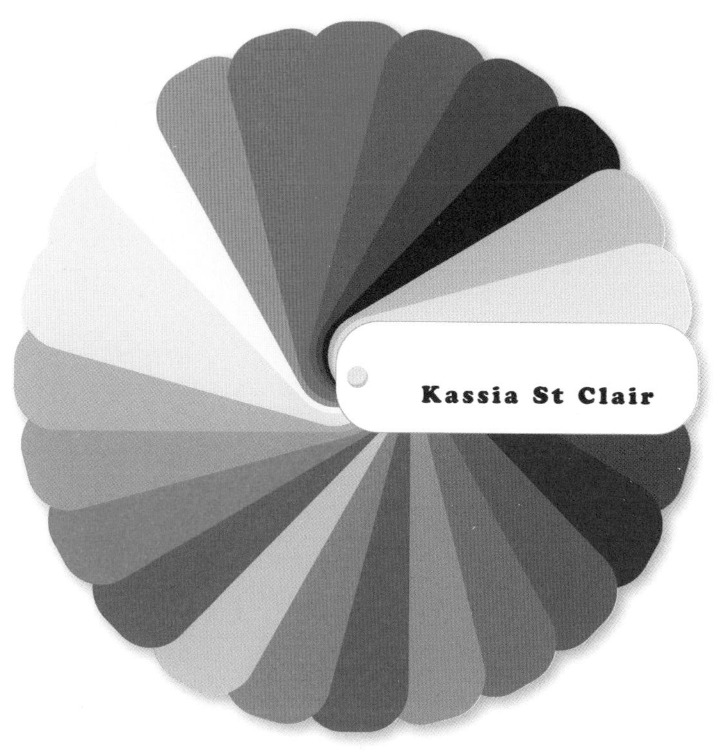

컬러의 말

모든 색에는 이름이 있다

윌북

팔룰라에게

색을 무엇보다
사랑하는 이가
가장 순수하고도
사려 깊다.

존 러스킨, 〈베니스의 돌〉

차례

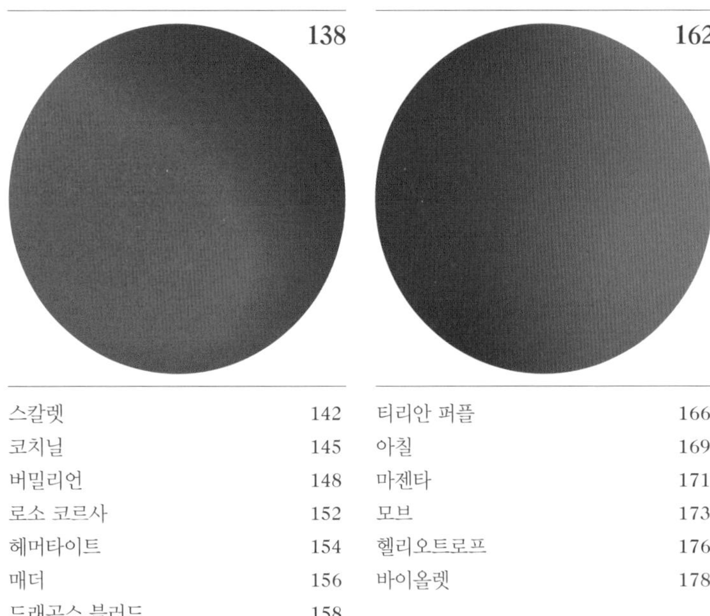

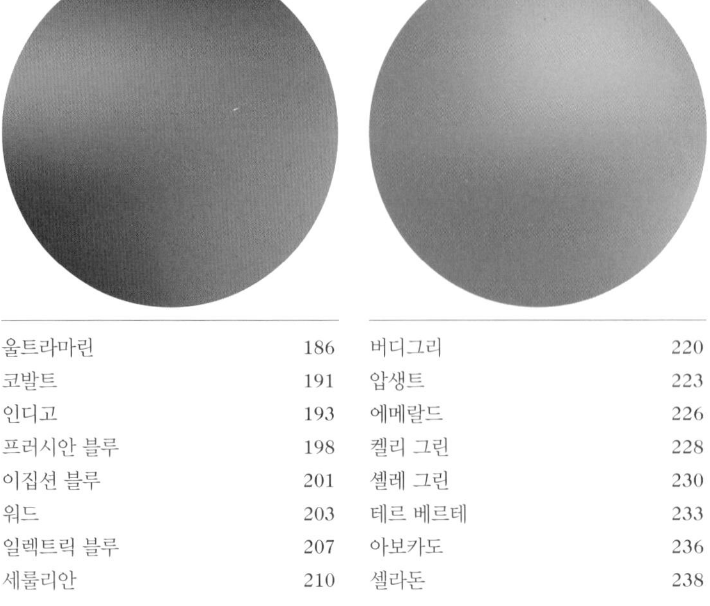

서문

나도 대부분의 사람들과 같은 방식으로 색을 사랑한다. 다른 일에 집중하면서 색에 빠져든다는 말이다. 18세기 여성의 패션에 대해 연구했던 10년 전, 나는 차를 몰고 런던에 찾아가 노랗게 바래가는 〈아커만스 리포지터리〉를 들여다보곤 했다. 〈아커만스 리포지터리〉는 세계에서 가장 오래된 생활양식 전문지로 '빅토리아와 앨버트 미술관'의 목재 벽 수장고에 보관되어 있었다. 나에게 1790년대의 최신 유행 패션에 대한 묘사는 미슐랭 별을 받은 레스토랑의 맛보기 메뉴만큼이나 군침 돌게 만드는 것이었다. 어떤 '스코틀랜드식 보닛은 가넷(석류석) 색깔 공단에 가장자리에는 금색 술이 달렸다'라는 묘사나 '퓨스색 공단' 가운은 '스칼렛 캐시미어의 로마식 망토와 입는 게 좋다'는 추천을 읽었다. 아니면 여성이 옷을 아무리 잘 입더라도 갈색머리색의 플리스(모피로 단을 댄 여성용 외투—옮긴이)나 코클리코색 깃털 또는 레몬색 사서넷 비단을 가장자리에 단 보닛 차림이 아니라면 의미가 없다는 글도 읽었다. 때로 묘사에는 색상이 딸려 있어 갈색머리색이 어떤 색인지 이해할 수 있도록 도와주었다. 반만 이해할 수 있는 언어로 나누는 대화를 듣는 것 같달까. 나는 그 안으로 빠져들었다.

가장 형편없고 구역질나는 색은 피 그린(pea green)이다!

기호의 심판자, 1809

몇 년 뒤, 나는 관심 있는 주제에 대해 매달 잡지에 기고하면 좋겠다는 생각을 했다. 매달 다른 색을 고르고 파헤쳐 숨은 비밀을 찾아내는 것이다. 언제 유행이었을까? 어떻게, 그리고 언제 만들었을까? 특정한 화가나 디자이너, 브랜드와 관련이 있을까? 어떤 역사가 깃들어 있을까? 영국 〈엘르 데코레이션〉의 미셸 오건드하인이 기고를 요청했고 이후 나는 오렌지처럼 흔한 색부터 헬리오트로프처럼 이제는 희귀한 색에 대해 썼다. 그 글들이 결국 이 책의 바탕이 되었으니, 깊이 감사한다.

〈컬러의 말〉은 색의 깊은 역사를 다루지 않는다. 다양한 색 군(群)으로 나누어 정리한 가운데, 아이작 뉴턴 경이 스펙트럼의 일부로 분리하지 않은 검정색, 갈색, 흰색도 포함시켰다.[1] 그중에서도 특히 매력적이거나 중요하거나 불쾌한 역사가 깃든 색을 골랐다. 한마디로 내가 관심을 가장 많이 품은 75가지 색을 골라 간략사와 성격 묘사 중간의 어딘가에 속하는 이야기를 썼다. 그 가운데는 화가가 쓰는 물감이나 염료, 개념이나 사회문화의 산물에 가까운 색도 있다. 이 모두를 즐겨 주었으면 좋겠다.

좋아하기 힘든 색이라니, 그런 건 믿지 않는다

데이비드 호크니, 또 다른 그린 올리브 계열 색을 변호하며, 2015

빛은 색이니,
그림자는 색의
결핍이다.

J. M. W. 터너, 1818

색각(色覺)

우리는 색을 어떻게 인식하는가

색은 세계의 인식을 위한 기본 요소다. 눈에 잘 보이는 재킷, 브랜드의 로고, 눈, 그리고 사랑하는 이의 피부를 떠올려보라. 하지만 정확히 어떤 원리로 우리는 사물을 보는 걸까? 잘 익은 토마토나 녹색 물감에 시선을 고정하는 경우를 예로 들어보자. 사물의 표면에서 빛이 반사되어 눈으로 들어오므로 우리는 볼 수 있다. 14쪽의 다이어그램에서 볼 수 있듯 가시 스펙트럼은 전체 전자기 스펙트럼의 극히 일부일 뿐이다. 사물마다 다른 파장의 가시광선 스펙트럼을 흡수하거나 반사하므로 다른 색깔을 띤다. 토마토 껍질은 대부분의 단파장 및 중파장을 흡수한다. 파란색, 보라색, 녹색, 노란색, 오렌지색이 여기 속한다. 그리고 남은 빨간색이 우리의 눈을 거쳐 뇌에서 처리된다. 따라서 우리가 사물에서 보는 색은 정확히 말하자면 사물의 색이 아니다. 사물이 반사하는 스펙트럼의 영역이다.

빛이 눈으로 들어오면 수정체를 거쳐 망막을 자극한다. 망막과 수정체는 안구의 뒷면에 있으며 추상체와 간상체라고 일컫는 감광세포로 들어차 있다. 그중에서 간상체가 시각의 큰일을 도맡는다. 각 안구에 12억 개의 간상체가 존재하는데, 엄청나게 민감할 뿐더러 빛과 어둠의 구분도 담당한다. 하지만 색깔의 구분은 주로 추상체가 한다. 추상체는 간상체만큼 많지는 않아서 각 수정체마다 600만 개 가량이 있는데, 대부분은 황반이라 일컫는 작은 중심점에 모여 있다. 대부분의 사람은 세 가지 다른 추상체를 지니는데,[2] 각각 440, 530, 560나노미터로 다른

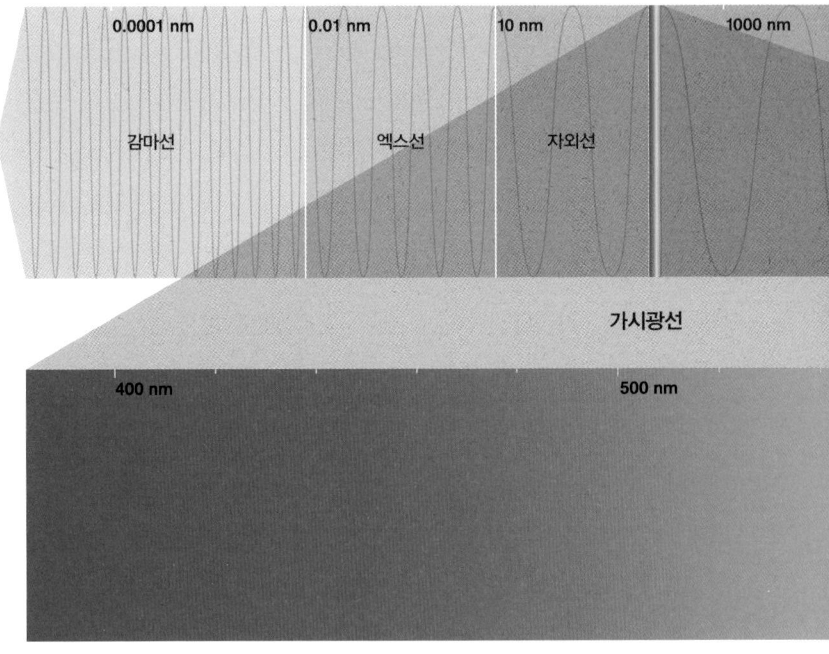

파장의 빛에 맞춰져 있다. 추상체의 3분의 2가량이 긴 파장에 맞춰져 있으므로 인간은 스펙트럼에서 차가운 색보다 따뜻한 색—노란색, 빨간색, 오렌지색—을 더 잘 볼 수 있다. 세계 인구의 약 4.5퍼센트가 추상체의 결함 탓에 색맹이거나 색약이다. 완전히 파악되지 않았지만 색맹이나 색약은 대체로 유전이며 남성에게 더 많아 12명에 1명꼴이다. 한편 여성은 200명에 1명이 색맹이나 색약이다. '정상'적인 색각을 지닌 사람이라면 빛으로 추상체가 활성화되었을 때 신경계를 거쳐 뇌로 정보를 전달하고, 이를 색으로 해석한다.

얼핏 간단하게 들리지만 색의 해석 단계는 상당히 혼란스럽다. 색깔이 물리적으로 존재하는지, 또는 오직 내면의 징후인지 여부를 놓고 17세기부터 뜨거운 형이상학적 논쟁이 벌어졌다. 2015년, 소셜 미디어에서 파란색과 검정색(아니면 흰색과 금색?)의 드레스를 놓고 벌어진 난리법석은 인간이 모호함을 얼마나 싫어하는지 잘 보여준다.

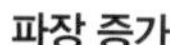

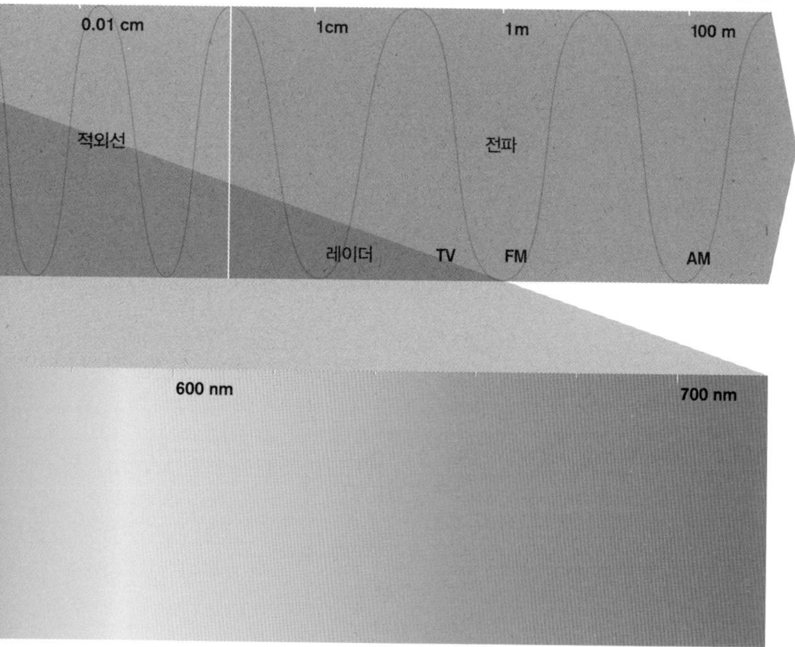

같은 드레스를 놓고 두 사람이 완전히 다른 색깔을 봄으로써 뇌의 사후 색 처리 과정을 분명하게 드러낸다. 인간의 뇌가 대체로 환경광—예를 들어 햇빛이나 LED 전구—과 재질의 신호를 수집해 단서로 삼기 때문이다. 이러한 단서를 통해 무대 조명에 색 필터를 갈아 끼우듯 인식이 미세하게 조정된다. 사진의 낮은 질이나 드레스 착용자 피부색 등의 단서 부족 때문에 인간의 두뇌는 환경광에 의존해 색을 짐작한다. 일부는 드레스가 강한 빛에 들떴음을 직관한 두뇌가 색깔을 더 어둡게 조정해 받아들인다. 반면 다른 이들은 드레스에 그림자가 드리워졌다고 믿어 두뇌가 색깔을 더 밝게 조정해 받아들이는 한편 그림자 같은 파란색을 걷어낸다. 인터넷 세계에서 같은 이미지를 보면서 다른 색으로 받아들이는 이유다.

순백, 그리고
흰색과 검정색
사이의
모든 회색은
다른 색이 섞인
결과일 수 있으며,
태양 광선의
순백은
모든 원색이
균형에 맞게
섞여
만들어진 결과다.

아이작 뉴턴 경, 1704

단순한 연산

빛의 이해

런던 대화재가 벌어진 1666년, 24살의 아이작 뉴턴은 프리즘과 태양 광선으로 실험을 시작했다. 그는 프리즘으로 흰색 광선을 분리해 구성파장을 드러냈다. 이전에도 사교계에서 써먹는 재주의 일종으로 수없이 시도되었으니 그 자체는 혁신적이지 않았다. 하지만 뉴턴은 한발 더 나아가 인류의 색 사고를 바꿔 놓았다. 그전까지 프리즘이 만들어내는 무지개는 유리의 불순물 탓에 생긴 거라고 여겼다. 순백의 햇빛은 신의 선물로 간주되어 분해하거나, 더욱 불손하게도 다른 색깔의 빛을 섞는 일은 생각조차 할 수 없었다. 중세시대에는 색의 혼합이 완전한 금기였으며, 뉴턴의 시대에도 여러 색을 섞어 흰색의 빛을 만들어낼 수 있다는 발상은 대역죄 감이었다.

화가도 흰색이 다른 많은 색으로 이루어졌다는 사실을 받아들일 수 없었는데, 이유는 조금 달랐다. 물감 세트를 다뤄본 경험이 있는 이라면 누구라도 더 많은 색을 섞을수록 흰색이 아닌 검정색에 가까워진다는 걸 안다. 렘브란트가 팔레트에 남은 물감을 긁어모은 뒤 섞어서 캔버스에 바름으로써 특유의 복잡하고 어두운, 초콜릿색 그림자를 만들어냈다는 주장이 있다. 여러 다른 안료가 같은 그림자에서 발견되었기 때문이다.[3]

다른 색의 빛을 섞으면 하얀색, 다른 색의 물감을 섞으면 검정색이 된다는 사실은 광학으로 설명할 수 있다. 혼색(混色)에는 크게 나눠 가색과 감색의 두 종류가 존재한다. 가색의 경우 다른 빛의 파장이 한데 합쳐져 다른 색깔을 만들어내니, 최종

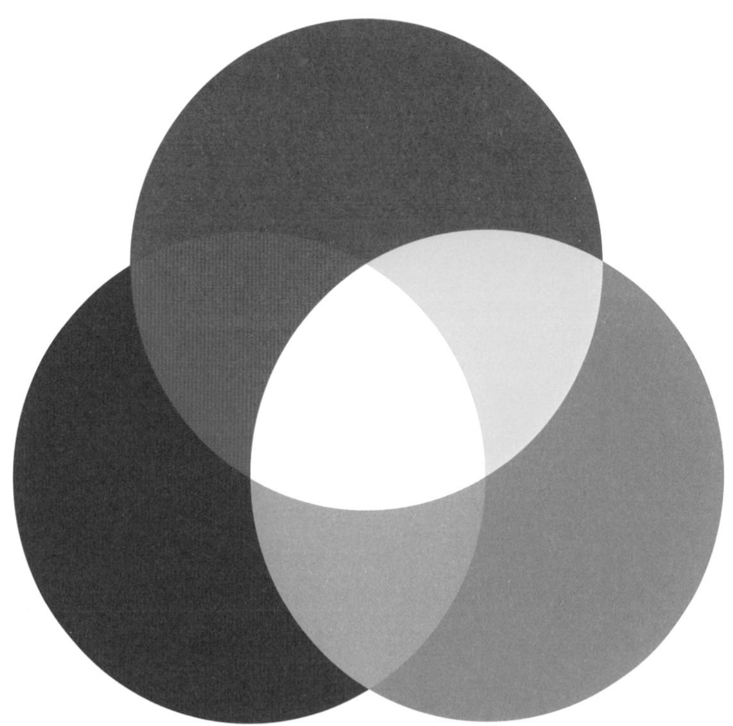

색 혼합
다른 색의 빛을 섞으면 색이 생겨난다.
삼원색이 섞이면 흰색이 된다.

결과는 흰 빛이다. 뉴턴이 프리즘으로 이를 입증했다. 한편 물감이 섞이면 반대의 현상이 벌어진다. 각 안료가 존재하는 빛의 일부만을 눈으로 반사하므로, 여러 가지가 섞일수록 파장이 제외된다. 많이 섞으면 가시 스펙트럼의 극히 일부가 반사되므로 물감을 검정색이거나 그에 아주 가깝다고 인식한다.

한정된 범위의 불순한 안료만으로 작업하는 화가에게 이는 난관이었다. 예를 들어 옅은 자주색을 만들어내고 싶다면 최소한 세 가지 색—빨간색, 파란색, 흰색—의 물감을 섞어야 했지만 정확한 보라색이라면 다른 색을 더 섞어야 했을 수도 있다. 하지만 색을 섞으면 섞을수록 결과는 점차 탁해질 가능성이 높다. 하지만 녹색이나 오렌지색처럼 단순한 색에도 같은 일이 벌어졌다. 따라서 웬만한 파장을 불가피하게 흡수할 혼색 안료를 쓰는 것보다 한 가지 안료를 쓰는 게 결과적으로 더 바람직했다. 그래서 선사시대부터 오늘날까지, 더 다양하고 밝은 색을 찾으려는 시도가 예술사의 기본을 이룬다.

튜브에 담긴 물감이
없었더라면…
이후 저술가가
인상파라 부를 수 있는
사조는 남지
않았을 것이다.

피에르 오귀스트 르누아르, 일자 미상

팔레트의 구성

화가와 안료

로마의 자연주의 저자였던 대(大) 플리니우스는 서기 1세기, 고전 그리스 화가들이 검정색, 흰색, 빨간색, 노란색의 네 가지 색깔만으로 그림을 그렸노라고 주장했다. 그는 과장해서 말한 것이 확실하다. 이집트에서는 적어도 기원전 2500년에 밝고 맑은 파란색의 제조법을 발견했기 때문이다. 하지만 초기의 화가에게 제약이 컸던 건 맞다. 대부분의 경우 땅이나 식물, 곤충에서 좁은 범위의 안료만을 추출해 썼다.

인류는 선사시대부터 흙의 빨간색과 노란색을 잘 써왔다. 기록에 남은 가장 오래된 안료는 하부 구석기시대의 유물로 약 35만 년 전에 사용된 것이다. 선사시대 사람들은 불에서 얻은 재로 진한 검정색을 낼 수 있었다. 몇몇 흰색은 땅에서 얻을 수 있었고, 기원전 2300년경에 초창기 화학자가 제조한 안료도 있었다. 기록으로 남겨진 역사 내내 인류는 안료를 발견하고 거래하고 합성했지만, 19세기에 싹튼 산업혁명 덕분에 공정에 극적으로 속력이 붙었다. 많은 화학물질이 공업 공정의 부산물로 생산되었으며, 그 과정에서 훌륭한 염료나 안료도 얻었다.

예를 들어 윌리엄 퍼킨은 1856년, 말라리아 치료제의 합성을 연구하다가 자주색 염료 모베인을 우연히 발견했다.

몇몇 염료의 입수 가능성이나 도입이 예술사에 영향을 미쳤다. 선사시대 동굴 벽의 손바닥 자국이나 물소 그림은 인류 최초라 할 수 있는 예술가가 주변에서 구할 수 있는 안료로 구성한 칙칙한 팔레트로 그린 것이었다. 몇천 년의 시간이 흘러, 중세 채색

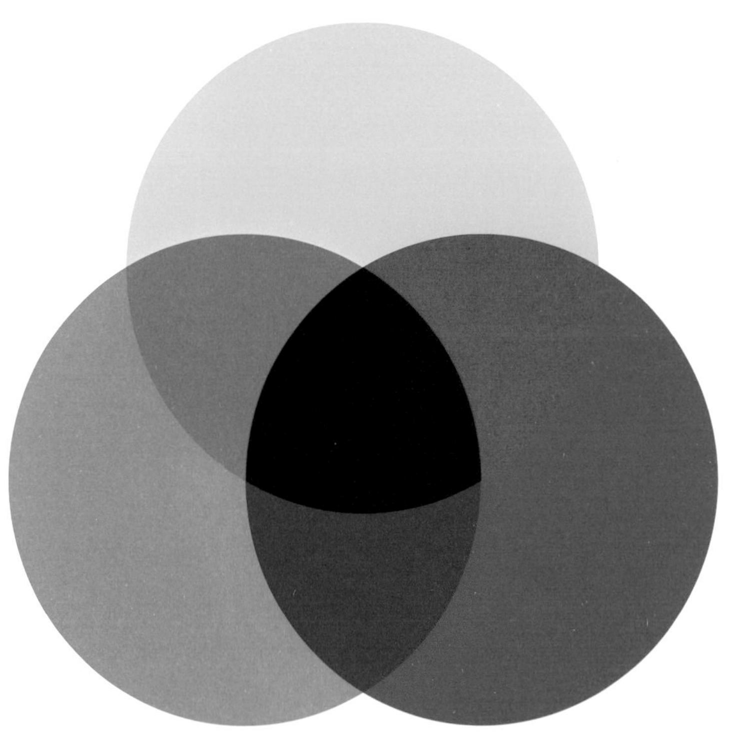

감색법
제한된 색을 섞어서 여러 다른 색을 만들 수 있다. 원색을 완벽하게 섞으면 검정색이 된다.

필사본 시대에는 검정색과 흰색은 바뀌지 않았지만 금을 비롯해 빨간색이나 파란색처럼 훌륭한 색이 더해졌다. 몇 세기가 더 흘러 르네상스 화가들이나 옛 거장들은 투시도법의 현실적인 표현이나 명암의 섬세한 취급만큼이나 넓어진 범위의 안료로 작품 세계를 확장했다. 당시의 몇몇 작품은 한 인물의 스케치만 덜렁 남은 미완성 상태인 것도 있는데, 화가가 캔버스를 채울 비싼 물감을 살 수 없었기 때문이다. 예를 들어 깨끗한 파란색인 울트라마린은 너무나도 귀한 나머지 화가는 살 수가 없었고, 후원자가 직접 구매했다. 그리고 의뢰인은 작품의 완성에 쓰일 귀한 물감의 양이나 그런 색깔이 쓰일 인물을 문서로 명시하기도 했다. 쪼들리는 화가가 더 싼 대체품을 몰래 쓸 수도 있다는 두려움 탓이었다.[4]

초기 화가와 물감의 관계는 현대 화가와 아주 달랐다. 어떤 색료는 다른 색료와 반응했으므로, 화가는 작품을 망칠 수 있는 물감의 조합을 염두에 두고 겹치거나 나란히 쓰지 않도록 주의하며 작품을 진행했다. 대부분의 안료는 화가가, 또는 작업실 견습공의 도움을 빌어 직접 만들어 썼다. 안료에 따라 바위를 갈아 가루를 내거나, 기술적으로 버거운 공정을 거치거나, 유독성의 원료를 다뤄야만 했다. 물론 연금술사나 약제사로부터 안료를 사서 쓸 수도 있었다. 이후 안료를 만들고 거래하는 이를 물감상이라 불렀는데, 이들은 세계를 돌며 희귀한 안료를 구했다. 19세기나 되어서야 화가는 다양한 시판 안료를 쓸 수 있었다(그나마도 믿을 수 없는 경우가 허다했다). 세룰리안, 크롬 오렌지, 카드뮴 옐로처럼 싼 화합물 덕분에 예술가는 몇 주 안에 변색되거나 막자사발이나 다른 색, 또는 캔버스와 반응하는 불안정한 물감을 파는 꼼꼼치 못한 물감상의 구애를 받지 않게 되었다. 1841년의 눌러 짤 수 있는 금속 물감 튜브의 발명이 맞물려, 제한에서 자유로워진 화가는 화폭을 처음 보는, 밝디밝은 안료로 채웠다. 작은 기적이었지만 처음에는 비평가가 확신할 수 없었다. 생전 처음 보는 색깔이었지만 휘황찬란했기 때문이다.

종종 색 역사가—존재
자체도 드물지만—는
최근의 기간을 대상으로
미술적인 의미가 있는
색에만 집중하는데,
이는 매우 환원적이다.
그림의 역사와
색의 역사는
별도의 사안이며,
둘이 어우러지면
역사는 더 방대해진다.

미셸 피스투로, 2015

옛 물감 차트

색 매핑

17세기가 저물어가던 어느 해, A. 보우헤르트라는 화가가 모든 색을 한데 모으겠다는 결연한 시도를 했다. 책에는 손으로 그린 색 견본이 가늘고 긴 서체의 해설과 함께 800점도 넘게 실려 있었다. 보우헤르트는 가장 연한 시폼 그린(Seafoam Green)부터 가장 진한 비리디안까지의 색을 수채화를 위해 섞어 발색하는 법을 묘사했다. 그가 모든 색조, 농담(濃淡), 색상의 목록화를 최초로 시도한 사람은 아니었다. 과학자, 화가, 디자이너, 언어학자가 각각 색 공간에 걸쳐 색의 경로를 설정하고 색명, 부호, 격자 참조 시스템 등으로 색을 지정했다. 팬톤의 색인 카드가 언어 및 문화의 영역에서 가장 정확하게 색을 지정한, 그리고 가장 유명한 현대 해법이지만 동시에 그런 시도 중 유일하게 성공한 해법이다.

색은 물리적 영역만큼이나 문화적 영역에 존재하므로 모든 색을 목록에 담으려는 시도는 끝이 없다. 예를 들어 난색과 한색의 두 무리로 색을 나눈다면, 주저 없이 빨간색과 노란색은 난색, 녹색과 파란색은 한색이라 분류할 것이다. 하지만 이런 분류는 고작 18세기에 비롯되었다. 중세 때 파란색을 난색, 한술 더 떠 가장 뜨거운 색이라고 여겼다는 근거가 있다.

또한 사회가 붙이는 이름과 실제 색 사이의 차이도 존재하는데, 역시 세월이 흐르며 지각판처럼 서서히 움직인다. 이제는 분홍색이라고 여기는 마젠타는 사실 자주 빨간색에 가까웠다. 1961년에 출간된 메리엄 웹스터 국제 영어 사전 3판에서도 아름답도록 난해한 색깔의 정의를 확인할 수 있다. 베고니아는 '보통 코럴(산호)보다 파랗고 가볍고 강하며 피에스타보다 파랗고, 스위트 윌리엄(수염 패랭이꽃)보다 파랗고 강한, 진한 분홍색'이다. 라피스 라줄리(청금석) 블루는 '보통 코펜보다 빨갛고 탁하며 아주라이트 블루, 드레스덴 블루, 퐁파두르보다 빨갛고 진한, 중간 파란색'이다. 물론 사전을 끝도 없이 뒤져서 이해하라고 색을 이런 식으로 묘사하지는 않았다. 이러한 묘사는 색상 전문가 아이작 H. 가드러브 박사의 작업일 것이다. 웹스터 사전 3판의 편집자가 고용한 자문역이자 색 매핑 회사인 먼셀의 이사 말이다.[5] 이런 설명이 흥미로운 한편, 이제 보통 코럴, 피에스타, 코펜은 문화적 영향력을 대부분 잃었으니 문제다. 따라서 찾아 읽더라도 실제 색을 이해하는 데는 도움을 주지 못한다. 같은 맥락에서 100년 뒤 아보카도 그린에 대해서 읽은 이도 혼란스러울 것이다. 우툴두툴한 껍질의 어두운 색인가? 아니면 과육 바깥면의 클레이 그린인가? 그것도 아니면 씨 근처의 버터색인가? 하지만 오늘날의 사람들에게 아보카도 그린은 의미가 통하는 색이다. 세월이 흐르면서 색의 오차 범위도 커졌다. 그림이나 유물 등의 기록된 근거가 있더라도 만들어졌을 때와 전혀 다른 빛 환경에서 보는 경우가 잦다. 또한 많은 염료와 물감이 최근의 발명품이므로 변색 가능성도 있다. 따라서 색은 주관적인 문화의 창조물로 받아들여야 한다. 알려진 모든 색의 정확한 범세계적 정의를 확보하기란 이제 불가능하다.

야만국,
못 배운 인간과
아이는 생생한 색을
매우 좋아한다.

요한 볼프강 폰 괴테, 1810

색상 애호, 색상 혐오

색의 정치학

서양 문화에서 특정 색을 향한 혐오는 마치 사다리에 널린 양말처럼 흔하다. 많은 고전 저술가는 색을 무시했다. 예술의 진정한 영광인 선과 형태에 걸림돌이라는 이유를 붙였다. 그래서 색을 방종이라 여겼으며 이후에는 위선과 불신의 징표이므로 패륜이라 규정했다. 색을 향한 혐오를 가장 거리낌 없이 표현한 장본인은 미국의 작가 허먼 멜빌이다. 그는 색깔이 '미묘한 속임수로 실체가 없으면서도 존재해 신성한 자연을 매춘부처럼 칠해버린다'라고 표현했다.[6] 하지만 이런 주장은 사실 굉장히 오래 묵은 것이다. 예를 들어 개신교는 흑백이 지배하는 팔레트를 통해 지적인 단순함, 엄격함, 겸손함을 표현했다. 빨간색, 오렌지색, 노란색, 파란색은 교회의 벽이나 옷장에서 들어냈다. 경건한 척했던 헨리 포드는 검정색 외의 차를 생산하라는 소비자의 요구를 오랫동안 끈질기게 거부했다.
미술에서 디세뇨(disegno, '소묘'를 뜻하는 이탈리아어)와 콜로레(colóre, '채색'을 뜻하는 이탈리아어) 사이의 장단점을 가리는 지난한 드잡이는 르네상스 시대에 한창이었다가 많이 잦아들었지만, 오늘날까지도 이어지고 있다. 디세뇨가 순수함과 지성을 상징하는 반면 콜로레는 천박하고 여성적이다. 1920년의 고압적인 에세이 〈순수주의(제목마저도 시사하는 바가 있다)〉에서 건축가 르코르뷔지에와 동료들은 다음과 같이 썼다.

진정 견고하고도 유연한 작업은 형태가 먼저 확정된 뒤 모든 나머지 요소가 그에 맞춰 결정된다… 세잔은 위대한 그림에 어떤 영향도 미치지 못하는 과학인 색상—화학의 유행이 한창이었던 시절에 고민도 없이 색상 장수의 그럴싸한 제안을 받아들였다. 물감 튜브의 감각적 환희는 직물 염색공에게 맡기자.[7]

가치를 받아들이는 이들조차도 색의 개념화 및 정리된 방법에 따라 중요성을 다르게 받아들였다. 고대 그리스인은 색이 흰색부터 검정색까지 연속체로 이루어져 있다고 보았다. 노란색은 흰색보다 조금 어둡고, 파란색은 검정색보다 조금 밝다. 빨간색과 녹색은 가운데에 놓인다. 중세 저자들도 '어둠에서 빛으로'라는 개요에 엄청난 믿음을 품었다. 17세기나 되어서야 빨간색, 노란색, 파란색의 삼원색과 녹색, 오렌지색, 자주색의 이차색 개념이 등장했다. 1704년의 〈광학〉에서 뉴턴이 소개한 스펙트럼이 가장 인습 타파적이었으니, 큰 영향을 미쳤다. 덕분에 검정색과 흰색은 색으로 인식되지 않았다. 한편 뉴턴의 색상환은 보색의 관계에도 영향을 미쳤다. 녹색과 빨간색, 파란색과 오렌지색이라는 색의 짝이 존재하여, 나란히 놓였을 때 강렬하게 반응한다는 게 발견되었다. 보색의 발상은 이후 등장하는 미술에도 심오한 영향을 미쳤다. 빈센트 반 고흐나 에드바르 뭉크가 작품에 얼개와 극적 효과를 불어넣는 데 보색을 썼다. 색이 사회에서 의미와 문화적인 의의를 획득함에 따라 사용을 제한하려는 시도가 뒤따랐다. 가장 악명 높은 예가 사치 금지법이었다. 고대 그리스나 로마에서 발효된 적이 있고 고대 중국이나 일본에서 예를 찾아볼 수 있지만, 12세기 중반에 유럽에서 본격적으로 영향을 미치기 시작해 현대 초기에 잦아들었다. 식생활부터 의복, 가구 등 어떤 부문도 제한할 수 있었으며 명확한 시각 체계를 도입해 사회계층의 성문화를 강제하는 데 쓰였다. 소작농은 소작농처럼, 수공업자는 수공업자처럼 먹고 입어야만 했다. 이렇게 계층마다 먹고 입고 사는 법이 제한되었다. 색이 이러한 사회적 언어의 기표로 역할을 톡톡히 했다. 러셋 같은 흙 색깔은 가장 천한 시골 소작농의 색으로 극명하게 제한되어 있었으며, 스칼렛처럼 강렬하고 밝은 색은 선택받은 소수에게만 돌아갔다.

보는 이가 이름을
부를 수 없는 색이
가장 의미 있다.

존 러스킨, 1859

언어의 색

언어가 색을 규정할까?

그리스 문학에서 색깔의 묘사가 엉망이라고 처음 알아차린 이는 엄한 표정의 영국 정치인이었다. 시인 호메로스의 추종자인 윌리엄 에워트 글래드스톤 말이다. 호메로스에 대해 완벽에 가까운 소논문을 준비하던 1859년, 글래드스톤은 일종의 환각적인 이상 현상을 경험했다. 눈썹은 비유적인 의미—분노에 휩싸였다면—에서 검정색일 수 있지만 꿀이 정말 녹색일까? 아니면 '진한 와인색'의 바다나 같은 색의 황소, 보라색의 양은? 그는 그리스 작가의 색 표현에 대한 전수 조사를 시행했다. 그 결과 멜라스(검정색)가 170회 언급되어 가장 많이 쓰였으며, 흰색도 100번가량 언급되었다. 다음으로는 빈도가 확 떨어지지만 에리트로스(빨간색)가 13회 등장했으며 노란색, 녹색, 자주색은 각각 10회 이하였다. 글래드스톤에게는 이 현상이 한 가지 가능성으로 다가왔던 것 같다. 그리스인이 실질적으로 색맹이었다는 가능성 말이다. 아니면 그가 설명했듯, '빛과 그 반대 개념인 어둠의 양식이나 형태'에 색보다 더 민감했거나. 사실 인류는 이미 몇천 년 전에 색을 식별할 수 있도록 진화했으니 색맹은 문제가 아니었다. 그리고 오직 고대 그리스인만이 색을 낯설게 묘사하지 않았다. 10년 전 독일의 철학자이자 문헌학자인 라자루스 가이거는 다른 고대 언어의 조사에 착수했다. 그는 쿠란과 히브리어 원전 성경을 세세히 읽었고 고대 중국 우화와 아이슬란드의 전설도 연구했다. 모두 색의 표현이 혼란스러웠으며 인도의 베다 경전에서 자주

> 인용되던 구절을 예로 들었듯 똑같이 무엇인가 빠져 있었다.

1만 구절이 넘는 이 경전은 천국의 묘사로 넘쳐난다. 그보다 자주 등장하는 주제가 없다. 태양과 빨갛게 물드는 일출, 낮과 밤, 구름과 번개, 공기와 에테르, 이 모두가 인간 앞에 화려하고 생생하게 펼쳐지고 또 펼쳐진다. 하지만 이미 알고 있어도 고대의 경전에서 절대 배울 수 없는 게 있으니, 그건 하늘이 파랗다는 사실이었다.[8]

> 파란색을 일컫는 말이 사라진 뒤, 이전에 녹색 또는 더 흔히 쓰인 검정색을 일컫는 말이 진화했다. 가이거는 인류의 색 식별 능력을 언어의 진화로 추적할 수 있다고 믿었다. 모든 것이 빛과 어둠(또는 흰색과 검정색)을 가리키는 말에서 비롯되었고 곧 빨간색, 노란색, 녹색, 파란색이 등장했다. 1960년대 후반에 등장한 브렌트 베를린과 폴 케이의 더 폭넓은 연구도 이를 검증했다. 이는 두 가지를 의미한다고 여겨진다. 첫째, 색의 범주는 선천적이다. 둘째, 색을 일컫는 언어가 없다면 인식에도 영향을 미친다.
>
> 하지만 1980년대의 조사를 통해 많은 예외가 드러났다. 언어가 정확하게 그런 식으로 '발달'되지 않으며 몇몇 언어는 색 공간을 완전히 다르게 분할한다는 것이다. 예를 들어 한국어에는 황록색과 녹색을 구분하는 분명한 단어가 있다. 러시아어에는 연하고 짙은 파란색을 일컫는 단어가 각각 따로 존재한다. 고전적인 예가 서남 아프리카의 부족이 쓰는 힘바인데, 색 스펙트럼을 다섯 쪽으로 나눈다. 솔로몬 제도의 환초에서 쓰이는 폴리네시아어인 렌넬 벨로나도 역시 스펙트럼을 흰색, 어두운 색,

빨간색으로 나누는데 어두운 색에는 파란색과 녹색, 빨간색에는 노란색과 오렌지색이 포함된다.[9]

이후의 문학에서 읽을 수 있는 말과 색, 문화의 관계는 돌아버릴 지경으로 두서가 없다. 상대론자는 언어가 인식을 형성하거나 영향을 미치므로 지정하는 말이 없는 색은 별개라 인식하지 않는다고 주장한다. 베를린과 케이의 뒤를 잇는 보편론자는 기본색 범주는 보편적이며 생물학적 영역에 뿌리를 내리고 있다고 믿는다. 그나마 색의 언어가 까다롭다는 사실은 확실히 말할 수 있다. 삼각형과 사각형을 구분할 수 있는 어린이가 분홍색과 빨간색 또는 오렌지색을 구분하는 데 어려움을 겪을 수 있다. 또한 우리는 말이 딸리지 않은 사물도 구분할 수 있음을 안다. 물론 그리스인은 색을 완벽하게 볼 수 있었다. 다만 우리만큼 흥미를 느끼지 못했을지도 모른다.

Lead white
Ivory
Silver

Isabelline
Chalk
Beige

하양 계열

'이렇듯 감미롭고 명예롭고 숭고한 것들이 전부 거듭해서 흰색과 관련되는데도 불구하고 이 색의 가장 깊은 관념 속에는 파악하기 어려운 뭔가가 도사려서, 두려움을 자아내는 피의 붉은색보다 더 많은 공포를 영혼에 안겨준다.' 허먼 멜빌의 작품 〈모비 딕〉 42장의 한 구절이다. '고래의 흰색'이라는 제목을 붙인 장에서 그는 흰색의 골치 아프고 이분법적인 상징성에 대해 참된 훈계를 늘어놓는다. 빛과 얽힌 탓에 흰색은 인간의 심리에 주로 신성한 대상에 대한 이미지로 깊이 뿌리내리고 있으니, 경외와 공포를 함께 불러일으킬 수 있다.

소설의 제목과 같은 백색증(白色症)의 거대 바다 괴물 모비 딕이 보여주듯, 흰색은 타자성을 품는다. 사람을 위한 색깔이라면 숭앙받을 것이나 그렇지 않으면 그다지 썩 인기가 없다. 너무 배타적이고 전제적이고 신경질적이다. 일단 빚어내기부터 어렵다. 다른 색깔의 물감을 섞어서 만들 수 없으니 특별한 흰색 염료를 써야 한다. 게다가 어떤 염료를 섞더라도 바뀌는 색깔은 오직 한 방향, 즉 검정색으로 나아갈 뿐이다. 왜 그럴까. 인간의 뇌가 빛을 처리하는 방식 탓이다. 염료가 더 많이 섞일수록 눈으로 반사되어 들어오는 빛의 양이 적어지므로 갈수록 어둡고 칙칙해 보인다. 대부분의 아이들이 다양한 연령대에서 좋아하는 물감을 섞어 자신만의 새로운 색깔을 자아내는 시도를 한다. 소방차의 빨간색, 맑은 날의 하늘색에 케어베어(클레어 러셀이 창안한 색색의 곰 캐릭터. 아메리칸 그리팅스의 카드에 쓰이기 시작해 인형, 만화 영화 등으로 영역을 확장했다—옮긴이)의 파스텔 색조 같은 것들을 더하여 한데 섞는다. 그 결과가 아름답지 않고 되돌릴 수 없는 탁한 회색이라는 사실은, 인생에서 처음으로 배우는 쓴맛

가운데 하나다.

다행스럽게도 예술가는 인류에게 가장 인기 있는 염료인 리드 화이트로 흰색을 비교적 쉽게 빚어낼 수 있었다. 대 플리니우스는 1세기에 리드 화이트를 만드는 과정을 기록으로 남겼으며, 리드 화이트는 맹독성 원료임에도 몇 세기 동안 미술을 위한 흰색으로 쓰였다. 18세기에 프랑스 정부는 화학자이자 정치가인 기통 드 모르보에게 리드 화이트의 안전한 대안 개발을 요청했다. 1782년 그는 디종 아카데미의 연구기술자 베르나르 쿠르투아가 산화아연이라는 물질을 합성했노라고 보고했다. 산화아연은 독성이 없고 유황 기체를 쐬어도 색이 짙어지지 않지만, 덜 투명했으며 유화에서는 천천히 말랐다. 그리고 무엇보다 리드 화이트보다 네 배나 비쌌다. 또한 잘 갈라지기도 했으니, 당시의 많은 그림에서 미세하게 갈라진 자국을 볼 수 있다(윈저 앤 뉴튼은 1834년, 더 이국적인 분위기를 풍기도록 차이니즈 화이트이라는 이름을 붙여 내놓았지만 인기를 얻지는 못했다. 1888년 46명의 영국 수채화가를 대상으로 설문조사를 한 결과 겨우 12명만이 쓴 적이 있노라고 밝혔다).[1] 결국 제3군의 금속을 바탕으로 빚어낸 흰색이 더 인기를 누렸다. 1916년에 처음 대량생산된 티타늄 화이트는 다른 흰색보다 더 밝고 투명해서 두 세계대전의 막바지에는 시장의 80퍼센트를 점유했다.[2] 오늘날 이 반짝이는 염료는 테니스장부터 알약, 치약 등에 쓰이며 자신보다 오래된 흰색을 따돌렸다.

흰색은 오랫동안 자본과 권력에 밀접하게 연계되었다. 양모나 면을 포함한 섬유는 엄청나게 가공해야 흰색을 띤다. 16~18세기에는 아주 부유해서 하인을 많이 거느린 사람만 깨끗한 레이스나 마 소매, 러프(목 전체를 둘러싸는 주름진

깃—옮긴이), 크라바트(넥타이처럼 매는 남성용 스카프—옮긴이) 등을 입을 수 있었다. 이는 오늘날에도 바뀌지 않았다. 눈처럼 흰 겨울 외투를 입은 이는 '대중교통을 탈 필요가 없는 사람이다'라는 미묘한 시각 메시지를 드러낸다. 〈색층분석〉의 저자 데이비드 바츨러는 오롯이 흰색으로 장식된 부유한 미술 수집가의 집에 찾아간 과정을 다음과 같이 묘사한다.

흰색보다 더 흰색이 있다. 거기에서 본 흰색이 그랬다. 열등한 모든 것, 그러니까 거의 모든 사물을 튕겨내는 흰색이다. 공격적인 흰색 말이다.[3]

책에서 뒤이어 지적하는 것처럼 흰색의 색조는 문제가 아니다. 다만 '순수함'처럼 압제적인 딱지가 따라다니는 추상성이 문제다. 예를 들어 스위스계 프랑스 건축가 르코르뷔지에는 1925년 작품 〈오늘날의 장식예술〉에서 리폴린의 법칙을 논한다. 도덕 및 영적인 정화를 위해 모든 내벽을 화이트워시로 칠해야 한다는 주장이다.[4]
하지만 대부분에게 흰색은 긍정적이거나 초월 및 종교적인 인상을 풍긴다. 중국에서는 흰색이 죽음과 애도의 색이다. 서양과 일본에서는 성적 순결함의 상징이기에 결혼하는 신부는 흰색 드레스를 입는다. 성령은 종종 희끄무레한 금색의 빛과 함께 나타나는 흰 비둘기로 인류를 축복하는 모습으로 묘사된다. 20세기 초에 카지미르 말레비치는 '흰색 위의 흰색' 연작을 완성하며 다음과 같이 썼다.

우월주의자에 의해 밀려난 하늘의 파란색을 뚫고 흰색이 등장한다. 진실,

영원의 진짜 개념, 그리고 하늘의 배경색으로부터 해방되었음을 의미하는 흰색 말이다. 물길을 헤치고 나아가자! 흰 자유의 틈, 영원이 기다리고 있다.[5]

유명한 일본 건축가 안도 다다오나 패션 디자이너 캘빈 클라인, 애플의 조너선 아이브와 같은 첨단 모던 및 미니멀리스트는 흰색의 권력과 거만함에 끌렸다(스티브 잡스는 2000년대의 시작과 더불어 조너선 아이브가 내놓은 일련의 흰색 제품군을 처음에는 반대했다. 결국 애플의 헤드폰과 키보드는 문 그레이Moon Gray 플라스틱으로 출시되었다. 흰색으로 인식되지만 기술적으로는 아주 연한 회색이다).[6] 흰색은 때가 잘 타지만 바로 그렇기 때문에 깨끗함과 얽힌다. 백색 가전, 식탁보나 실험실 가운은 티 한 점 없는 비실용성으로 저항하며 사용자에게 아무것도 흘릴 생각을 하지 말라고 겁박한다. 미국의 치과 의사는 비현실적인 흰색으로 표백을 원할 만큼 고객의 치아 미백 요구가 지나쳐, 이제 완전히 새로운 색조를 새로이 만들어야 한다고 불평한다.

건축에서 벌어지는 흰색의 우상화는 실수 탓이었다. 몇 세기 동안 고대 그리스나 로마의 표백한 뼈 같은 흰색은 서양 미학의 주춧돌 역할을 했다. 고전적인 건축 개념을 16세기에 다시 전파했다는 베네치아의 안드레아 팔라디오와 그를 계승한 건축가들의 흔적은 서양의 어느 주요 도시에서나 볼 수 있다. 19세기 중반에서야 고대의 조각상이나 건물이 대개 밝게 칠해졌음을 밝혀냈는데, 대부분의 서양 미학자들은 믿지 않았다. 조각가 오귀스트 로댕은 가슴을 치며 '절대로 채색된 적 없노라고 가슴으로 느끼고 있는데'라고 말했다.[7]

리드 화이트

옛 고구려의 왕릉은 번거롭게도 오늘날의 북한과 중국의 국경 지대에 걸쳐 있다. 한반도의 3대 왕국 가운데 하나였던 고구려의 사람들은 거칠었다. 북쪽으로 만주에 이르는 넓은 영토를 차지하면서 1세기부터 7세기까지 다스렸다. 하지만 벽에 거대한 초상화로 묘사된 안악 3호분의 묘주는 전혀 호전적으로 보이지 않는다. 짙은 색 두루마기 차림에 좌상에 드리운 천과 같은 빨간색 띠를 두르고 책상다리로 앉은 그의 표정은 온화하다 못해 살짝 술에 취한 듯 보인다. 입술은 꼬아 올린 콧수염 아래 굽어 있으며 눈동자는 밝고 살짝 초점이 풀려 있다. 하지만 무엇보다 습기 찬 고분의 공기 속에서 초상화가 16세기 동안 보존되었다는 사실 자체가 가장 놀랍다. 비결은 화가가 동굴 벽화의 보전을 위해 밑칠에 쓰는 물감인 리드 화이트다.[1]

리드 화이트는 결정 분자 구조를 지닌 기본 산화납이다. 걸쭉하다 못해 투명한 중금속으로, 기원전 2300년에 이미 아나톨리아(현재의 터키—옮긴이)에서 제조되었다는 유력한 근거가 있다.[2] 이후 거의 같은 제조법으로 계속 생산되어 2000년 전의 대 플리니우스 시대까지 맥을 이었다. 납덩어리를 두 칸으로 나뉜 전용 점토 단지의 한 칸에 넣는다. 반대쪽 칸에 식초를 부은 뒤 단지를 동물의 똥으로 둘러싸고, 밀폐된 오두막에 30일 동안 둔다. 그 사이에 식초의 산성 기체가 납과 반응해 아세트산 납을 생성하는, 비교적 간단한 화학 반응이 일어난다. 똥이 발효되면서 발생한 이산화탄소가 아세트산과 반응해 탄산이 된다(버디그리를 만드는 과정과 흡사하다). 한 달이 지나면 불쌍한 담당자가 냄새를 뚫고 탄산납을 거둬들인다. 그리고 켜가 진 퍼프 페이스트리 같은 흰색 덩어리를 둥글넓적하게 빚어 판다.

리드 화이트는 두루 쓰인다. 20세기까지 도자기 그릇에 입히는 법랑이나 수건걸이 같은 화장실 집기는 물론, 가정용 물감이나 벽지에도 쓰였다. 투명할 뿐더러 어느 표면에도 잘 달라붙고 (비율을 잘 맞춘다면) 유화에도 쓸 수 있었으므로 화가들은 좋아했다. 또한 자존감이 있는 화가라면 누구라도 신경 쓸 가격이 쌌다. 1471년 유명한 플로렌스의 벽화가 네리 디 비치가 베르데 아주로(아마도 말라카이트, 즉 공작석)를 위한 고급 아주라이트를 시세보다 2.5배 비싸게 샀던 데 반해 지알로 테데스코(리드 틴 옐로)는 10분의 1 가격이었다. 이에 반해 리드 화이트는 100분의 1 수준이었다.[3] 당시 화가들이 리드 화이트를 너무 넉넉하게 쓴 나머지, 그 빽빽한 외곽선이 엑스레이를 찍으면 일종의 뼈대처럼 드러난다. 덕분에 그림의 수정 및 보완 흔적을 확인할 수 있을 정도다. 그러나 리드 화이트는 치명적인 결함이 있었다. 영국 왕립학회의 〈철학 회보〉 1678년 겨울 호에서, 빌리버트 버나티 경은 리드 화이트의 생산에 참여한 이들의 운명을 다음과 같이 묘사했다.

> 리드 화이트의 생산에 관여한 인부들은 즉각적인 복통과 내장의 뒤틀림 및 변비를 호소했다. 급성 열과 심한 천식 또는 호흡 곤란도 딸려왔다. 곧 두통 또는 어지럼증이 찾아오고 미간에 통증이 가시지 않으며, 눈이 멀고 멍청해지며 마비는 물론 식욕상실, 고통과 잦은 구토에 진한 가래, 때로는 성마름과 극단적인 신체 쇠약을 겪는다.[4]

납중독은 새로운 병은 아니었다. 2세기, 그리스의 시인이자 의사인 니칸데르는 리드 화이트를 '혐오스러운 물질이다. 봄철에

잔뜩 펴 올리면 정말 우유처럼 거품이 끓어오른다'라고 규탄했다.
단지 분쇄와 염료의 생산만이 납중독의 원인은 아니었다.
백연은 피부를 매끈하고 희게 꾸며줘 화장품에도 오랫동안 쓰였다. 그리스의 크세노폰은 4세기에, 여성은 '세루스(백연)와 미니엄(광명단)을 얼굴에 바르면 안 된다'고 의견을 밝혔다. 한편 같은 시대에 중국에서는 쌀가루로 파운데이션을 만들었다는 근거가 있다.[5] 일본에서는 고고학자와 교수들이 1868년, 거의 300년 만에 3차 막부 시대가 막을 내린 원인이 독한 화장이라는 주장을 놓고 논의 중이다. 몇몇 학자들은 아기가 모유를 통해 납을 섭취했다고 주장한다. 3살 이하 어린이의 뼈에서 부모보다 50배나 많은 납이 검출되었기 때문이다.[6] 하지만 화장용 백연 또는 '토성의 영혼(연납을 식초로 갠 화장품)'은 몇 세기 동안이나 위험한 수준으로 인기를 누렸다. 적어도 한 명의 16세기 저자가 피부의 '생기가 죽고 회색으로 변한다'며 경고했고,[7] 엘리자베스 1세 여왕의 법정에서 여성은 양피지처럼 옅은 색의 바탕에 파란 색조 화장을 덧칠했다. 19세기에도 여성은 '레어드의 청춘 만발', '유지니의 일등 공신' 또는 '알리 아흐메드의 사막의 보물' 같은 이름의 납 바탕 미백제를 샀다. 심지어 코번트리의 백작부인이자 사교계의 미녀였던 마리아의 유명한 죽음 이후에도 바뀌지 않았다. 다소 허황된 여인이자 연납의 과도한 사용으로 유명세를 탔던 그녀는 1760년, 고작 27세의 나이로 요절했다.[8]
당시 여성들은 외모를 가다듬으려다 천천히 죽어갔으니, 끔찍한 아이러니다. 리드 화이트는 고구려 고분의 벽화를 보존해줬지만 주인공은 이미 죽은 뒤였다. 생명에 친숙한 안료는 아니었다는 말이다.

아이보리

1831년, 헤브리데스 제도(스코틀랜드 서쪽—옮긴이)의 루이스 섬에서 한 농부가 모래톱의 작은 석실분에서 보물을 발견했다. 700년이나 감춰져 있던 보물은 여러 벌의 체스에 딸린 말 78점, 백개몬(주사위로 하는 전략 보드게임—옮긴이)과 흡사한 놀이의 말 14점, 그리고 허리띠의 죔쇠였다.[1]

오늘날 루이스 체스맨이라 알려져 있는 이 보물은 불가사의하다. 제작자도, 외딴 섬에 숨겨진 연유도 밝혀지지 않았다.

각 말은 풍부한 표정이 넘쳐나는, 독특한 로마네스크 양식의 조각이다. 여왕은 절망에 잠겼거나, 또는 집중을 하려는지 양 손을 뺨에 대고 있다. 몇몇 성장(룩, rook)은 방패를 물어뜯고 있으며 다른 성장은 기대하지 않은 소리라도 방금 들은 양, 초조하게 시선을 왼쪽으로 돌리고 있다. 각 말은 머리 모양도 미묘하게 다르고 옷의 주름도 멋지다. 마법을 불어 넣으면 바로 살아 움직일 것 같거나 〈해리 포터〉 시리즈의 첫 편에 등장하는 마법사의 체스 같다. 1150~1200년에 노르웨이의 트론헤임에서 바다코끼리의 엄니(아이슬란드 전설에서 '물고기 이빨'로 불리는)를 깎아 만들었으리라 짐작되는데, 이제는 원래 칠해져 있던 붉은색이 흔적만 남고 벗겨져 상아의 자연스런 색이 드러난다.[2]

바다코끼리든 일각고래든 코끼리든 엄니는 오랫동안 귀한 재료였다. 코끼리 사냥이 신분의 상징이었던 시대에 코끼리의 엄니인 상아는 오직 특권층을 위해 자라났다. 따라서 상아색, 즉 아이보리 또한 유대를 통해 위상을 높였다. 서양의 결혼 예복은 가지각색인 것이 일반적이었는데, 빅토리아 여왕이 영국의 레이스를 단 아이보리 공단을 입자 많은 신부들이 따라해 자리 잡았다. 〈하퍼스 바자〉 1889년 9월호는 '상아 백색의 공단과

람파스(직물의 일종)를 가을의 결혼'에 권했다. 이제 아이보리는 어느 때보다도 흔하다. 사라 버튼이 디자인한 케임브리지 공작부인의 결혼 드레스는 아이보리색 공작부인 공단으로 만들었다.

몇천 년 동안 상아는 루이스 체스맨, 빗이나 솔의 손잡이에 그랬듯 고급 장식 재료로 쓰였다. 이후에는 피아노의 건반이나 장식품, 당구공에 쓰였다. 중국의 세공 장인은 불가능에 가까울 정도로 섬세한 장식으로 나무, 절, 불상 등을 마무리해 몇천 달러에 팔았다. 1913년에는 미국에서만 매년 200톤의 상아를 소비했다. 높은 가치 덕분에 코끼리의 엄니, 즉 상아는 '흰 금', 바다코끼리의 엄니는 '북극의 금'이라 불렸다.[3] 이런 수요 탓에 엄니의 주인인 동물이 결국 피해를 입었다. 1800년대만 해도 2,600만 마리의 코끼리가 있었다고 추산되었으나 1814년이 되기 전에 1,000만 마리로, 1979년에는 130만 마리로 줄었다. 서양에서 상아의 거래가 마침내 금지된 10년 뒤에 코끼리는 고작 60만 마리만이 남았을 뿐이다.[4]

특히 중국이나 태국에서 상아의 수요는 여전히 막대하다. 불법 채취가 만성적이고, 갈수록 심해지는 것 같다. 2014년까지 3년 동안 코끼리 10만 마리가 상아 때문에 희생되었고, 매년 상아가 없는 시체 2만 5,000구가 발견된다. 이런 추세라면 야생 코끼리는 10년 남짓 사이에 멸종할 것이며 바다코끼리 또한 멸종 위기 동물 목록에 이름을 올릴 것이다.

루이스 체스맨이 만들어지기 9천 년 전에 이미 멸종한 동물의 엄니 또한 오늘날 거래되고 있다는 기묘한 사실을 덧붙인다. 남극 평원의 빙하와 빙산이 녹으면서 몇천 년 만에 매머드의 시체가 모습을 드러냈다. 대부분의 상아가 암거래 되는 탓에 정확한 수는 헤아리기 어렵지만 중국에 현재 공급되는 상아의 절반 이상이 매머드에서 채취한 것이라 추산된다. 2015년에도 90킬로그램짜리 상아 한 짝이 홍콩에서 350만 달러에 팔렸다.

실버

산에 전설이 얽히는 경우야 흔하다. 하지만 솟아오른 볼리비아의 붉은 정상 세로 리코 드 포토시(Cerro Rico de Potosii, 포토시의 부유한 산—옮긴이)만큼 많은 이야기를 품은 산도 없다. 4,800미터에 좀 못 미치는, 안데스 산맥에서 가장 높은 산이지만 높이보다 내용물 때문에 매력적인 산이다. 언저리부터 정상까지, 세로 리코는 온통 은광이다. 전통에 의하면 가난한 지역민이 은광의 비밀을 발견했다고 한다. 1545년 1월 잃어버린 라마를 찾으러 헤매던 디에고 후알파가 산의 추위에 맞서려고 불을 피웠는데, 불이 타들어가며 마치 상처에서 피가 배어나오듯 땅에서 은이 녹아 스며 나왔다.
귀금속으로서 오랫동안 중요한 문화적 지위를 누린 은을 인류는 끊임없이 찾아 나서고 쓰임새를 개발했다. 20세기에는 미래를 개척하기 위한 우주여행이나 발전에 쓰였다. 최초의 유인 우주선인 머큐리 7호의 지퍼를 올려 입는 방식의 빛나는 우주복이나 파코 라반의 금속 미니드레스, 1960년대 유행했던 앙드레 쿠레쥬의 은박지 패션까지, 실버는 한번 입어보면 무중력과 연관지어 생각하게 되는 색이다.
하지만 실버는 상상 속의 미래만큼이나 낡은 미신에 대한 상징이다. 스코틀랜드의 오래된 민담에서는 흰 벚꽃이 피거나 은색 사과가 열린 은색 가지는 요정 세계의 여권으로 쓸 수 있다.[1] 또한 은은 접촉하면 색이 변하므로 독을 감지하는 데도 쓰일 수 있다고 여겨진다. 이런 믿음 덕분에 은 식기는 유행을 타다 못해 표준으로 자리 잡았다. 한편 악을 응징하는 데 은 총탄이 쓰였다는 기록은 17세기 중반까지 거슬러 올라간다. 독일 북동부의 그라이프스발트 지방에서 늑대인간이 창궐해 인구가 줄어들고 마을이 버려지려는 찰나, 학생 한 무리가 귀한 은으로 머스킷 총의 총알을 만들었다. 은은 늑대인간부터 흡혈귀까지 모든 악의 존재를 섬멸하는 수단으로, 이제 공포영화의 기호 체계에 확고하게 자리 잡았다.[2]

아마 이러한 미신은 은이 품고 있는 밤의 이미지와 관련이 있을 것이다. 태양빛에 금보다도 더 빛나지만 은은 달과 얽힌다. 이 짝짓기는 아주 설득력이 있다. 은은 광내기와 산화의 주기를 달이 차고 지듯 되풀이한다. 반짝반짝 빛나다가도 곧 황화은의 검은 막을 입고 저문다. 은의 불완전함에 인간은 공감한다. 우리가 죽듯 은도 광채를 조금 잃는 것이 삶의 주기를 따르는 것 같다.[3]

지구의 선물이라도 찾듯 흙에서 빛나는 은 쪼가리를 찾을 수 있다. 자연 발생적인 금속이지만 대체로 다른 반짝이는 광물이나 합금과 섞여 있으며 반드시 제련으로 추출해야 한다. 이집트에서 구슬을 비롯한 작은 은제 물건의 역사는 신석기시대까지 거슬러 올라가는데, 기원전 20~19세기에 더 흔해진다.[4] 이집트의 한 고고학 발굴품 가운데 9킬로그램에 달하는 은제 집기 153점이 발견되었다.[5] 이후 은은 보석 가공, 메달, 옷의 장식품이나 동전 등에 두루 쓰였다.

남미 및 중미에서 채굴한 은 덕분에 에스파냐 제국은 거의 500년이나 번성할 수 있었다(심지어 그들은 나라의 이름마저 은에서 따서 붙였다. 아르헨티나는 은을 의미하는 라틴어 아르젠툼argentum에서 딴 국명이다). 16~18세기에 정복자들(콩키스타도르conquistadors)은 15만 톤가량의 은을 수출했다. 이는 세계 총 공급량의 80퍼센트 수준이며, 식민지 및 다른 유럽 적국과 벌인 전쟁의 돈줄 역할을 했다.

스페인 제국의 가장 짭짤한 은맥 가운데 하나였던 세로 리코의 채굴을 위해 스페인은 원주민을 착취했다. 잉카 제국이 사원을 세우고 길을 닦은 강제 노역 체계인 미타를 응용해, 스페인은 생계만 가능한 저임금으로 18세 이상의 지역주민을 부려먹었다. 그렇게 세로 리코에서 채굴한 은으로 태평양을 건너 고향까지 닿는 다리를 세운 뒤에도 남은 은을 가지고 건너 돌아갈 수 있노라고 뻐겼다. 그 탓에 원주민에게 세로 리코는 '식인 산'으로 악명을 누렸다.

화이트워시(회)

1894년 5월, 홍콩의 골목을 두려움이 휩쓸고 지나갔다. 전염병이었다. 3차이자 마지막 대(大) 역병이 중국 대륙에서 40년 동안 종종 퍼지다가 홍콩에 상륙했다.[1] 증상은 구분하기 아주 쉬웠다. 일단 감기 같은 오한과 발열 뒤에 두통과 근육통이 찾아온다. 혀는 부어오르고 구태가 낀다. 식욕도 감퇴한다. 구토와 설사—때로 피를 동반한—가 바로 뒤를 잇고 가장 치명적인 림프절의 매끄럽고도 고통스러운 부기가 샅과 목, 겨드랑이에 찾아온다.[2] 죽음은 흔했고 고통스러웠다.

정확한 감염 수단이나 경로도 밝혀지지 않았지만 절망한 이들은 맞서 싸웠다. 자원 봉사자들은 시신을 찾아 필사적으로 뒷골목을 누볐으며 환자는 긴급 설립한, 수용소 같은 고립 병원으로 보내졌다. 그리고 감염된 지역의 거리와 가옥을 맹렬하게 회로 칠했다.[3]

회는 석회(석회석을 부숴 가열해 만든)와 칼륨염이나 소금, 물을 섞어 만드는 가장 싼 물감이다. 1848년 영국에 독감 및 티푸스가 창궐했을 때 공동주택의 한 동 안팎을 전부 칠하는 데 7페니, 노임을 빼면 5페니 반이 들었다.[4] 회는 쓸 만하지만 좋은 물감은 아니었다. 쪼가리가 부스러지면서 떨어져 매년 다시 칠해야 할 뿐만 아니라, 주재료 비율이 잘 맞아떨어지지 않으면 옷에 묻어날 수도 있었다. 한편 소독 기능 덕에 유제품 외양간이나 헛간을 칠하는 농가에서 인기를 누렸다. '회를 쓸 만큼은 넉넉하지만 다른 물감을 쓸 수는 없을 만큼 가난하다'라는 속담은 가난했던 켄터키 주에서 나왔으니, 회의 사회적 위상을 헤아리기에 부족함이 없다. 마크 트웨인의 소설 〈톰 소여의 모험(1876)〉에서도 회는 유명세를 탄다. 싸움 탓에 더러워진 톰에게 폴리 아줌마가 벌로 폭 30에

높이 9야드짜리 담장(27미터×8미터—옮긴이)을 칠하라고 시킨 일화다.

그는 한숨을 쉬며 붓을 담갔다가 맨 위의 널빤지를 문지르고 문지르고 또 문질렀지만 칠해야 할 담장의 막대한 영역에 비하면 칠한 부분이 너무 보잘것없는지라 낙담하고 나무 상자에 주저앉았다.[5]

물론 톰은 친구들을 꾀어 일을 대신 시키지만 벌의 상징성이 시사하는 바가 있다.
폴리 숙모 이전에도 벌로 회칠을 시킨 이는 많다. 종교개혁 기간 동안 교회와 교구는 이제 불경하다고 낙인찍은 성자의 벽화나 제단화를 회칠해 덮었다(세월이 지나 회가 벗겨지면서 다시 얼굴이 드러나기는 했다). 이러한 사례가 특히 태생적으로 정치에서 흔한 '눈가림하다(whitewash)', 즉 불쾌한 사실을 은폐하려는 시도를 일컫는 의미로 쓰이는 계기가 되었으리라.
역병과 싸웠던 이들에게 들통에 담긴 우윳빛 소독 석회는 위안을 주다 못해 의식적이었다. 의사가 흰 가운을 입기 시작해 의학의 상징으로 자리 잡은 시기가 이때라는 게 과연 우연일까?

이사벨린

이사벨라 클라라 에우헤니아는 당시 기준으로 본다면 엄청나게 아름다웠다. 거의 동시대 인물인 엘리자베스 1세 여왕처럼, 그녀도 창백한 안색에 고운 마멀레이드색의 머리칼, 합스부르크가의 핏줄을 살짝 드러내는 입술과 높고 넓은 이마를 지녔다. 또한 스패니시 네덜란즈라 불리던 유럽 북부의 넓은 지역을 다스릴 정도로 위력도 갖췄다.[1] 하지만 이 모든 사실 탓에 그녀의 이름에서 따온 색깔이 우중충한 황백색이라는 사실이 더더욱 어이없게 다가온다. 〈수제 레이스의 역사〉 저자가 1900년에 묘사한 바와 같이 이사벨린은 '회색이 도는 커피색, 아니면 좀 더 간단하게 흙색'이다.[2]

이사벨린의 유래는 1601년으로 거슬러 올라간다. 이사벨라의 남편인 오스트리아의 알브레히트 7세 대공이 벨기에의 항만 도시 오스텐트의 침공을 개시했다. 침공이 금방 끝나리라 믿은 이사벨라는 남편이 승전보를 가지고 귀환할 때까지 씻지도, 옷을 갈아입지도 않겠다고 맹세했다. 3년 뒤 드디어 침공이 끝났을 때 이사벨라가 입고 있던 여왕의 아마포는 밀짚처럼 누런색이었다.[3]

딱한 여왕에게는 다행스럽게도, 근거 없는 이야기라는 이유는 쉽게 찾을 수 있다. 일단 이 유래가 문헌에 등장하는 시기는 19세기다. 민담에게는 영겁에 해당되는 시간차인 데다가, 엘리자베스 1세의 옷장에서 당시 이사벨라가 입던, 면죄부를 줄 수 있는 색상의 드레스가 두 벌이나 나타났다. 침공 1년 전의 재고 기록에 의하면 여왕은 두 벌의 이사벨린 커텔(kirtell, 긴 드레스나 튜닉으로 전부 126점이나 가지고 있었다)과 '은색 반짝이가 달린 이사벨린색의 공단 가운'을 보유했다.[4]

하지만 왕가에서 발굴한 근거로도 색깔에 품는 선입견은 바꿀 수 없었으며, 유행은 금방 지나가고 말았다. 하지만 이사벨린은 자연과학에서, 특히 동물을 묘사하는 데 새로운 쓰임새를 찾아냈다. 옅은 색의 팔로미노 말과 히말라야 불곰의 색깔이 이사벨린이며, 옅은 회갈색의 깃털 때문에 긴다리사막딱새에 '이난테 이사벨리나(Oenanthe isabellina)'라는 학명이 붙었다. 한편 '이사벨니즘'이라는 용어도 있다. 깃털을 검은색, 회색, 또는 진갈색으로 물들이는 염색체의 변이로 깃털이 연한 노란색을 띠게 되는 현상이다. 북극 마리온 섬의 킹펭귄 가운데 한 무리가 이사벨니즘으로 고생한다.[5] 옹기종기 모여 있는 펭귄 떼 가운데에서 너무나도 눈에 잘 띄는 약자인지라 자연사 다큐멘터리를 한 번이라도 본 사람이라면 그들의 운명에 대해 잘 안다. 딱한 이사벨라 대공비를 따라다니는 불명예스러운 전설임이 틀림없다.

초크(백악)

13~17세기 유럽의 옛 거장들이 쓴 물감 시료를 현미경에 올려놓고 잠깐 보자. 전혀 예상하지 못했던, 물감보다 훨씬 더 오래된 물질이 눈에 들어온다. 바로 석회비늘편모류라 불리는 고대 단세포 해양생물의 초미화석이다. 이 생물은 대체 어떤 연유로 그림에 자리를 잡았을까? 백악 때문이다.

백악은 바다 아래에 단세포의 해조류가 침전된 뒤 몇 백만 년에 걸쳐 형성되는, 탄산칼슘 바위의 부드러운 바다진흙으로 만든다.[1] 유럽의 북서부, 그리고 도버 해협 절벽의 흰색을 책임지는 데서 알 수 있듯 잉글랜드의 남부 및 동부에도 많은 양이 매장되어 있는 진흙이다. 외부에 노출되어 규소를 분리하기 쉬워진 큰 덩어리에서 캐내어 물속에서 갈고 닦은 뒤 큰 통에서 가라앉힌 뒤 이를 물에서 건져내 말리면 백악이 켜켜이 갈라진다. 맨 위의 가장 곱고 하얀 켜는 파리 화이트(호분胡粉)로 팔리고, 그 바로 아래의 살짝 거친 켜가 도금사의 고급 흰색(extra guilder's white)으로 팔린다. 둘 다 화가의 안료로 쓰인다. 마지막으로 가장 급이 낮은 초크가 싼 물감이나 건축자재에 쓰이는 상업용 흰색이다.[2]

화학자이자 색채전문가인 조지 필드는 초크에 콧방귀를 뀐다. 1835년에 펴낸 〈색층분석〉에서 그는 백악이 '화가에게 그저 크레용처럼 쓰인다'고 썼다.[3] 다른 이들은 그만큼 초크를 무시하지는 않았다. 네덜란드의 화가이자 전기 서술가인 아르놀트 후브라켄은 1718년 '렘브란트의 색은 너무 생생해서 바닥에서 코로 그림을 집어 올릴 수 있을 정도였다'라고 쓴 바 있다.[4] 물론 이는 초크 덕분이었다. 물감이 걸쭉해져 캔버스에서 더 두드러져 보이거나, 낮은 굴절률 덕분에 유화에서는 거의 완전히 반투명해지기 때문이다.[5] 한편 초크는 그대로, 또는 파리의 석고인 젯소의 일부로 바탕칠에도 자주 쓰인다.[6] 백악 가루는 완성된 그림의 바탕으로서 보이지는 않지만 그림, 특히 벽화가 빨리 바래지 않아 후원자에게 돈을 청구하는 데 도움이 되었다. 15세기의 저자 첸니노 첸니니는 〈미술의 책〉에서 다른 품질의 젯소 제조법에 여러 쪽을 할애했다. 이수석고(gesso sottile)는 한 달 동안 매일 저어줘야 만들 수 있지만, 그는 '덕분에 비단처럼 부드러운 젯소를 만들 수 있다'고 독자를 안심시킨다.[7] 그렇게 거창한 준비 없이도 백악은 미술에서 오랫동안 쓰였다. 백악 부조인 어핑턴의 백마를 예로 들어보자. 청동기 말기에 만들어졌는데 남부 잉글랜드의 버크셔 다운스 외곽의 언덕에서 여전히 겅중거린다. 독일 공군의 표적이 될까 봐 제2차 세계대전에는 가려졌다가, 전쟁이 끝나자 웨일즈의 고고학 교수인 윌리엄 프랜시스 그라임스가 발굴의 과업을 맡았다.[8] 그라임스는 아직도 많은 사람들이 여전히 믿고 있듯이, 백마가 언덕의 지면을 파서 만든 부조라고 생각했다. 하지만 실제로는 참호를 얕게 판 뒤 백악을 채워 만든 것이었다(사실 17세기에 〈로빈슨 크루소〉의 저자 대니얼 디포가 굉장히 상세히 묘사했지만 모두가 그를 무시했다).[9]

어핑턴의 백마에 대해서는 아직도 밝혀지지 않은 게 많다. 대체 왜 수고를 무릅써가며 만들었을까? 3천 년 동안 대를 물려 백악을 윤내거나 걷어낸 뒤 다시 채웠을까?[10] 현미경으로 옛 거장들이 선호하던 기초 재료였음을 밝혀내기는 했지만 백악에는 밝혀지지 않은 비밀이 아직 많다.

베이지

듀럭스는 가지각색의 물감을 파는 소매상이다. 베이지색을 사랑하는 이라면 두꺼운 색상 카드를 뒤척이는 즐거움을 마음껏 누릴 수 있다. '밧줄 돌리기', '가죽 사첼 가방', '저녁의 보리' 또는 '고대 유물'이 그다지 내키지 않는다면 '문지른 화석', '자연스러운 헤센(자루를 만드는 데 쓰는 갈색 천—옮긴이)', '트렌치코트', '북유럽 항해'를 포함한 몇백 가지 색깔 가운데 마음에 드는 걸 고를 수 있다. 하지만 바쁘거나 기발한 이름이 쓰인 카드를 뒤적이고 싶지 않은 이라면 난감할 수 있다. 지금껏 소개한 옅은 황회색이 실제로 '베이지'가 아니기 때문이다.

쫀쫀한 모음이 가운데 박힌 이 단어에 매력이 없기 때문일까?(홍보 전문가라면 그런 특성도 헤아릴 수 있다.) 베이지는 19세기 프랑스에서 유래한 단어로 염색하지 않은 양털을 일컫는다. 종종 그래왔듯 '베이지'라는 단어는 색깔에도 쓰이지만 강한 열정을 의미하는 경우는 거의 없다. 〈런던 소사이어티〉에 의하면 1889년 늦가을에 베이지가 유행이었지만 이 또한 '멋진 갈색 및 금색과 아름다운 조화' 때문이었다.[1] 오늘날 베이지는 위에서 읊은 더 아름다운 이름에 밀려 패션계에서는 거의 언급되지 않는다.

베이지는 1920년대에 인테리어 디자인을 창시한 엘지 드 울프가 좋아하는 색깔이었다. 그는 아테네의 파르테논 신전을 보고 매료되어 '베이지색! 나의 색이다!'라고 외쳤다. 하지만 그녀 말고도 베이지색을 좋아하는 이는 더 있었다. 20세기에는 많은 이가 베이지를 더 강렬한 색의 바탕색으로 썼다.[2] 두 과학자가 200,000개의 은하계를 조사해, 우주 전체를 놓고 보면 일종의 베이지색임을 발견했다. 그래서 즉시 더 섹시한 호칭을 찾았고

'빅뱅 버프'나 '스카이 아이보리' 같은 이름이 물망에 올랐지만 '코스믹 라테'로 타협했다.[3]

그게 베이지색이 짊어진 평판 문제의 핵심이다. 나서지 않고 안전하지만 너무 칙칙하다. 베이지색으로 꾸민 임대 공간에 방문하면 금세 질린다. 몇 시간 만에 건물 전체가 한데 어우러져 이를 악물고 일궈낸 무해함의 바다처럼 다가온다. 집을 파는 비결을 다루는 요즘의 책은 아예 베이지를 쓰지 말라고도 못 박는다. 색깔에 대한 챕터는 부동산 시장에 만연한 색깔의 독재를 비판하며 시작된다. '어찌된 영문인지 베이지색을 중립적이라고 받아들이는 것 같다'라고 저자는 말한다.[4] 그러나 사실 상황은 그보다 더 열악하다. 모두가 좋아하리라는 기대를 품지도 않고, 그저 누구의 기분도 건드리지 않기 위해 베이지색을 고르기 때문이다.

베이지색은 부르주아의 핵심 색깔이 될 수 있다. 통상적이고 독실한 척하며 물질적이다. 양에서 따온 색깔이 양처럼 소심한 이들에게 선택받는 색깔이 되었다는 사실은 신기하게도 적절해 보인다. 베이지만큼이나 고상하면서도 밍밍한 소비주의를 상징하는 색이 또 있을까? 듀럭스에서 그런 이름을 잔뜩 붙이는 이유를 이해할 만하다. '지루한 베이지색'의 선입견을 피하고 싶은 것이다.

Blonde
Lead-tin yellow
Indian yellow
Acid yellow
Naples yellow
Chrome yellow
Gamboge
Orpiment
Imperial yellow
Gold

노랑 계열

1895년 4월, 런던의 카도간 호텔 앞에서 오스카 와일드가 체포당했다. 다음날 〈웨스트민스터 가제트〉는 '오스카 와일드, 겨드랑이에 노란색의 책을 낀 채로 체포'라는 헤드라인을 내세웠다. 와일드는 한 달 남짓 뒤에 음란죄로 유죄 판결을 받았고, 오랫동안 나쁜 평판에 시달렸다. 멀쩡한 남자라면 노란색 책을 보란 듯이 들고 길을 다니겠는가?
19세기에 이런 책을 죄악처럼 여긴 원인은 무엇이었을까? 드러내놓고 생생한 노란색 표지로 장식한 프랑스의 선정주의 소설 탓이었다. 출판사는 색깔을 홍보에 적극적으로 활용했고 곧 노란 표지의 소설을 모든 기차역에서 싸게 살 수 있었다. 1846년에는 미국 작가 에드거 앨런 포가 '노란색 소책자의 영원한 무가치'라는 경멸조의 글을 썼다. 하지만 다른 이들에게 노란색은 현대성과 아름다움, 그리고 퇴폐적인 움직임의 상징이었다.[1]
빈센트 반 고흐의 1880년 그림 두 점에도 노란 책이 등장한다. '성경이 있는 정물'과, 만져보고 싶은 책 무더기를 그린 '파리지앵 소설'이다. 반 고흐를 포함한 화가 또는 사상가에게 노란색은 노화의 상징, 그리고 억압된 빅토리아 시대의 가치를 거부하려는 태도로 다가왔다. 1890년대 말 리차드 르 갈리엔은 사람들의 마음을 돌리려, 무려 2,000단어나 들여 에세이 〈노란색의 전성시대〉를 썼다. 그는 '곰곰이 생각해보면 삶에서 노란색이 얼마나 중요하고 유쾌한 역할을 맡는지 깨달을 수 있다'라고 주장했다. 그의 설득이 먹혀, 이후 19세기의 마지막 10년은 '노란색의 90년대'라 알려졌다.
전통주의자들은 별 감흥을 느끼지 못했다. 노란색 책은 강력한 도덕적 해이의 상징이었으며 아방가르드로는 두려움을 잠재울 수 없었다(그들에게 도덕적 해이는 절반의 이유일 뿐이었다). 와일드의 1890년 출간작 〈도리언 그레이의 초상〉은 주인공이 사라지고는 다시 돌아오지 않는 줄거리로 도덕적인 혼란을 그렸다. 주인공이 결정적인 도덕적 갈등에 시달릴 때 친구가 노란색 표지의 책을 줬으니, 덕분에 그는 '세계의 죄악'에 눈을 떠서 타락했고 결국 몰락했다.

그런 경향에 편승해 한몫 챙기고자 1894년 4월에는 〈더 옐로 북(The Yellow Book)〉이 출간되었다.[2] 현대 저자인 홀브룩 잭슨은 〈더 옐로 북〉이 '엄청나게 새롭다. 부끄러움을 모르는 귀족이 옷을 벗어젖히고… 노란색이 대세로 자리 잡는다'[3]라고 썼다. 와일드가 체포된 뒤 〈가제트〉가 '노란 책'의 원흉이라 언급한 비고 가의 출판사에 군중이 들이닥쳤다.[4] 사실 와일드가 가지고 있던 책은 피에르 루이의 〈아프로디테〉였으며 그가 출판에 관여한 책도 아니었다. 잡지의 미술 감독이자 삽화가인 오브리 비어즐리는 와일드의 출판사 출입을 금지시켰고, 와일드는 〈아프로디테〉가 '칙칙'하고 '제대로 노랗지도 않다'고 화답했다.

와일드의 혐의(와 〈더 옐로 북〉 직후의 실패)는 노란색이 오염과 얽힌 처음도, 마지막도 아니다. 예를 들어 화가는 노란색 탓에 엄청나게 어려움을 겪었다. 화가가 의존하는 두 안료, 즉 오피먼트와 갬부지의 독성이 굉장히 강했기 때문이다. 베수비어스 산의 분화구에서 채취하는 나폴리 옐로는 12세기 중반까지 쓰였으나 종종 물감에 쓰면 시커멓게 변색됐다. 물소의 담석을 부숴 수지를 탄 물에 갈아 섞는 담황색도 있었다. 인디언 옐로는 아마도 오줌으로 만들었을 것이다.[5]

한편 인간에게는 노란색이 대체로 질환의 전조다. 혈색이 나쁜 피부나 황달, 담즙 문제 등 말이다. 집단이나 무리로 따져보면 인식은 더 나쁘다. '저널리즘'에 달라붙으면 무모한 선정주의를 의미한다. 동양, 특히 중국에서 20세기 초에 유럽이나 북미로 이민을 온 이들에게는 '황색 재난'이라는 딱지가 붙어 다녔다. 순진한 서양을 덮치는 인간 이하의 무리를 잭 런던은 '재잘거리는 노란색 군중'이라 일컬었다.[6] 그리고 나치가 유태인에게 착용을 강요한 노란 별이야말로 오명의 가장 악명 높은 상징이다. 중세에도 하찮은 취급을 받은 이들이 노란색 옷을 입거나 표식을 붙이고 다녔다.

하지만 노란색은 정반대로 가치와 아름다움의 상징이기도 하다. 예를 들어 서양에서 블론드는 이상적인 머리색 취급을 받아왔다. 경제학자는 옅은 색 머리의 매춘부가 돈을 더 받을 수 있었으며 인구 비율보다 더 많은 금발이 광고에 등장함을 밝혔다. 중국에서는 '노란색'의 인쇄물이 포르노 책이나 이미지를 의미하지만 어떤 달걀 노른자의 색깔(임페리얼 옐로)은 황제의 사랑을 받았다. 당나라(617~907년)의 초기 문헌에 의하면 '평민과 관료에게는 붉은 기가 도는 노란색의 의복 착용'을 명시적으로 금지시킨 한편 황궁의 지붕은 같은 색으로 칠했다.[7] 인도에서 노란색은 현세보다 영혼의 세계에 위력을 더 미친다. 평화와 지식의 상징인 크리슈나는 대개 푸르스름한 연기색의 피부에 생생한 노란색의 가운을 입은 모습으로 묘사된다. 미술사학자이자 저자인 B.N. 고스와미는 '노란색은 모두를 한데 아우르고 영혼을 북돋우며 시야를 넓혀주는, 풍성하게 빛나는 색'이라 묘사했다.[8]

하지만 무엇보다 금속의 노란색이 가장 큰 인기를 누린 것 같다. 연금술사는 다른 물질을 금으로 바꾸려는 시도에 몇 세기 동안 매달렸으며 위조 금 만드는 법은 널려 있다. 종교 시설에서는 영원히 빛나는 이미지를 자아내고 신도에게 경외심을 불러일으키고자 금을 쓴다.[9] 금박공이라 일컫던 중세와 근대 초기의 장인은 그림의 바탕에 붙일 수 있도록 금화를 거미줄만큼이나 얇게 펼 수 있었으니, 이는 고도로 전문적이면서도 막대한 비용이 드는 사업이었다.

금의 표준화와 더불어 금화는 가치를 잃었지만 상이나 메달은 여전히 금(또는 금도금)으로 만들며 색깔의 상징적인 가치는 언어에도 남아 있다. '황금시대'가 좋은 예며, 사업에서는 황금의 악수나 작별이라는 어휘가 존재한다. 지참금이나 가난한 계층의 예금 계좌 역할을 대신하는 인도에서는 정부의 단속 탓에 활발한 암시장과 기발한 밀수가 판을 친다. 2013년 11월, 100만 달러에 이르는 금괴 24점이 여객기 화장실 변기에서 발견되었다.[10]

르 갈리엔은 '노란색은 방랑하는, 다채로운 삶으로 이끈다'라고 썼다. 동의하지 않을 수 없지만 그도 이런 사례까지는 생각하지 못했을 것이다.

블론드

멍청한 금발로 처음 알려진 로잘리 뒤테는 18세기 중반 프랑스에서 태어났다. 어릴 때부터 미모로 유명했던 터라 부모는 문제를 일으키지 말라고 그녀를 수녀원으로 보냈다. 하지만 오래지 않아 뒤테는 부유한 영국의 재정가인 3대 에그레몬크 백작의 눈에 띄었고, 그의 보호 아래 수녀원에서 탈출했다. 그리고 백작의 돈이 다 떨어지자 정부가 되어 멍청함만큼이나 나체화를 위해 자세를 취하는 기꺼움으로 악명을 떨쳤다. 1775년 6월에는 파리의 랑뷔기 극장에서 자신을 혹독하게 다룬 1막짜리 풍자극 '장터의 웃음거리'를 보고 굴욕감을 너무나도 크게 느낀 나머지, 키스해줄 테니 명예를 회복시켜 달라고 제안했지만 아무도 응하지 않았다.[1]

사실보다 허구에 가깝겠지만 로잘리의 전설은 대부분의 소수자가 그렇듯, 금발에 얽힌 편견을 드러낸다. 사회에서 미움과 사랑을 동시에 받는 금발로 태어나는 이는 세계 인구 전체의 2퍼센트밖에 되지 않는다. 20세기 중반 나치는 파란 눈에 옅은 색 머리칼의 아리아인이 인류의 정점이라 여겼다. 그래서 뮌헨의 시립박물관에서 열린 을씨년스러운 전시에서는 머리 색깔 도표도 볼 수 있다. 히틀러가 규정한 표준 인종의 번식을 위한, 아리아인의 육체적 특성을 구분하는 자료의 일부다.

금발, 특히 여성은 종종 육욕과 얽힌다. 고대 그리스에서 상류계층의 매춘부—헤타이라이(hetairai)—는 탄산과 노란 꽃의 즙을 섞은 고약한 액체로 머리를 탈색했다.[2] 로마의 매춘부는 머리를 옅은 색으로 물들이거나 금발의 가발을 썼다고 한다.[3] 2014년에 벌어진 여성 매춘부의 시간 기준 화대 조사에 의하면, 태생적인 또는 자연스러워 보이도록 물들인 금발이 다른 머리칼의 소유자보다 돈을 더 많이 요구할 수 있었다고 한다.[4] 타락을 그린 그림에서 성경의 원죄자인 이브는 종종 아무것도 가리지 못하는 금발을 풀어 헤친 모습으로 그려진다. 반면 동정녀 마리아는 대체로 갈색 머리에 목부터 발끝까지 비싼 원단의 옷차림이다. 존 밀턴은 1667년에 출간한 〈실낙원〉에서 이러한 상징에 강하게 의존했다. 이브의 '꾸밈없는 금발 머리채'는 근처에서 대기 중인 하수인(뱀)의 똬리와 같은 형상인 '난잡한 곱슬머리'로 변했다는 것이다.

1889년에 태어난 미국의 각본가 애니타 루스도 금발을 싫어했다. 그녀에게서 저널리스트이자 지식인인 H.L. 멩켄을 앗아간 이가 바로 금발이었기 때문이다. 그래서 1925년, 그녀는 복수를 위한 칼럼을 썼고 이후 소설과 연극을 거쳐 1953년 메릴린 먼로 주연의 영화로 각색되었다. 그 작품이 〈신사는 금발을 좋아해〉로, 줄거리는 간단하다. 눈을 사로잡는 미모의 로렐라이 리가 별 볼일 없는 주인공으로 등장해 백만장자만 골라서 만나고 다닌다. 경제적인 이익은 잘 헤아리지만—다이아몬드 왕관을 노리며 '중요한 때에는 나도 똑똑해지거든'이라 말한다—다른 사안에는 결정적으로 멍청하다. 성교육을 받은 적이 없는지 유럽행 여객선에서 '대부분의 선원들은 바다가 아주 거칠 때 항해에서 데려온 고아를 데리고 사는 것 같아요'라고 말한다.[5]

여신들, 동화의 남녀 주인공들, 모델들은 전부 금발이다. 금발의 여종업원은 팁을 더 많이 받는다는 사실이 밝혀졌다.[6] 12번 염색체에 G(구아닌) 대신 A(아데닌)를 가지고 태어날 정도로 운이 좋지 않다면 염색이라는 대안이 있다.[7] 1960년대 클레이롤의 염색약 광고에 등장하는 문구처럼 '한 번 산다면 금발'이다.

리드 틴 옐로

많은 미술의 신비가 아직 풀리지 않았다. 페르메이르의 '진주 귀고리를 한 소녀'의 신원이나 카라바조의 '성 프란치스코와 성 로렌스의 성지순례'의 행방, 1990년의 이사벨라 스튜어트 가드너 미술관 도난 사건의 주범 등이 그 예다. 한편 별 관심은 못 끌지만 전혀 해결되지 않은 문제도 하나 있다. 어떤 노란색의 행방이다. 페테르 파울 루벤스와 이사벨라 브란트는 1609년 10월 3일, 안트베르펜의 성 미카엘 수도원에서 결혼했다. 이사벨라는 유명인사인 얀 브란트의 딸이었고, 루벤스는 이탈리아에서 8년 동안 화법을 다듬는 결실을 거두고 막 돌아온 참이었다. 그는 안트베르펜에 넓은 작업실을 차리고 법정화가로 갓 촉탁되었다. 루벤스가 자신과 막 결혼한 아내를 함께 담은 초상화에는 사랑과 자신감이 넘쳐난다. 이사벨라는 근사한 밀짚모자에 큰 주름 깃이 있고 노란 꽃이 수놓인 긴 스터머커(stomacher, 가슴옷) 차림이다. 한편 루벤스는 오른손으로 아내의 왼손을 잡고, 왼손으로는 검의 자루를 만지작거리고 있다. 그리고 노란색과 파란색의 비단 소매의 풍성한 더블릿(14~17세기에 남성이 입던 짧고 꼭 끼는 상의—옮긴이)을 입고 약간 우스꽝스러운 자몽색의 무릎 양말을 신고 있었다. 이 모든 상징적인 금색을 불어 넣는 데 루벤스가 썼던 안료는 리드 틴 옐로였다.[1]

루벤스만 이 색깔에 의존한 것도 아니었다. 리드 틴 옐로는 15~18세기의 주요 노란색이었다. 1300년대에 처음 쓰기 시작해 피렌체에서 조토의 작품에 나타나기 시작했고 이어 티티앙, 틴토레토, 렘브란트의 작품에서도 나타났다.[2] 하지만 1750년대 언저리에 딱히 이유도 없이 덜 쓰이기 시작했고, 19~20세기에는 전혀 쓰이지 않았다. 1941년까지 존재 자체를 아무도 몰랐다는

사실은 한층 더 놀랍다.[3]

왜 그랬을까. 일단 오늘날 리드 틴 옐로라 일컫는 색이 하나의 이름으로만 불리지 않았기 때문이다. 이탈리아에서는 대개 지아롤리노(giallorino 또는 giallolino)라고 알려졌으며, 유럽 북부에서는 한때 마시코트(massicot)로, 또한 헤눌리(genuli)나 플리갈(plygal)로도 불렸다.[4] 나폴리 옐로 같은 안료에도 같은 이름을 썼으므로 한층 더 헷갈렸다. 설상가상으로 납(lead) 바탕인 다른 노란색 산화납(PbO) 또한 마시코트라 불렸다.[5] 한편 20세기까지도 미술사가가 존재를 몰랐던 이유는, 복원 전문가나 연구자가 쓰는 시험 방식으로는 물감의 모든 안료를 파악할 수 없었기 때문이다. 노란색 물감에서 납이 검출되면 그저 나폴리 옐로라 여겼다.

리드 틴 옐로의 존재를 밝혀낸 장본인은 뮌헨 소재 연구소의 연구원 리하르트 야코비였다. 그는 1940년경 연구를 하다가 여러 그림의 노란색에서 납을 검출했다.[6] 흥미를 느낀 그는 존재를 몰랐던 이 노란색 물감을 직접 만들어낼 수 있는지 알아보려 실험을 시작했다. 그는 일산화산화납과 산화주석을 3대1 비율로 섞어 가열하면 리드 틴 옐로를 만들 수 있다는 걸 발견했다.[7] 두 원료의 혼합물이 섭씨 650~750도에서는 좀 더 불그레하고, 720~800도 사이에서는 레몬색을 띠었다. 어쨌든 결과물은 진한 노란색 가루로, 기름에 개면 아주 투명하고도 분리되지 않으며 빛에 노출되어도 변색되지 않았다. 또한 덤으로 리드 화이트처럼 제조비가 싸고 유화물감을 빨리 말려줬다.[8] 1941년 야코비가 연구결과를 발표했을 때 미술계는 어안이 벙벙했다. 하지만 좋은 수수께끼가 그렇듯 아직 의문은 남아 있다. 대체 왜, 어떤 연유로 제조법이 유실된 걸까? 추종자조차 단점을 인정했음에도 화가들은 왜 리드 틴 옐로 대신 나폴리 옐로를 쓰기 시작했을까? 답은 분명치 않지만, 리드 틴 옐로가 옛 대가들의 노란색이라는 사실만큼은 의심의 여지가 없다.

인디언 옐로

햇살처럼 환하고 밝은 색이지만 인디언 옐로의 역사는 명확하지 않다. 특히 17~18세기에 라자스타니나 파하리 전통의 계승자를 비롯한 많은 인도 화가들이 인디언 옐로를 썼지만 유래는 물론 소멸의 이유를 아무도 몰랐다.[1] 서양인에게 이 안료는 굉장히 흡사한 색 갬부지처럼 교역과 제국의 산물이었다.[2]

1700년대 말 동양에서 유럽에 상륙했는데, 썩은 머스터드의 색깔을 띠는 가루를 뭉친 공이었으며 달걀 노른자처럼 중심부는 밝았고 특징을 분명히 드러내는 요산의 악취를 풍겼다. 냄새가 너무나도 강한 나머지 구매자—물감상 조지 필드 앤 미스터즈, 윈저 앤 뉴튼—는 꾸러미를 풀면서 내용물을 짐작할 수 있었다. 프랑스의 물감상인 장 프랑수아 레오노르 메리메는 인디언 옐로에서 오줌과 비슷한 냄새가 난다는 사실을 인정했지만 딱 잘라 결론짓지는 않았다.[3] 하지만 다른 이들은 머뭇거리지 않았다.

〈신 휴대용 사전〉 1913년판은 '동물 배설물로 인디언 옐로를 만든다는 이야기가 있다'고 밝혔다.[4] 영국 화가인 로저 듀허스트의 지인은 1780년, 듀허스트에게 동물 오줌으로 인디언 옐로를 만든 것 같으니 안료를 쓰기 전에 반드시 헹구라고 권했다.[5] 조지 필드는 아예 앞뒤 재지 않고 말했다. '(인디언 옐로는) 낙타 오줌으로 만들었다.' 하지만 그마저도 완전히 확신하진 못했다. 그래서 '물소나 인도 소의 오줌으로 만들었을 수도 있다'라고 덧붙였다.[6]

1880년에는 성마른 빅토리아 왕조의 탐험가이자 식물학자인 조지프 후커 경이 직접 나섰다. 인디언 옐로와 수상한 냄새에 얽힌 비밀의 답을 더 분명하게 구하겠노라고 결심한 것이다.

그래서 그는 큐 왕립식물원장으로 활동하던 시기에 바쁜 가운데 조사에 착수했다.

1883년 1월 31일, 그는 인도 사무부에 서신을 보냈다. 그리고 이 별것 아닌 안료에 대해 잊고도 남을 아홉 달 반 뒤에 답신을 받았다.[7] 지구 반대편에서 36살 공무원인 타라일로키야나트 무크하르지가 후커의 서신을 보고 행동을 취한 것이었다.

무크하르지는 후커에게 '피우리'라 일컫기도 하는 '인디언 옐로'는 인도에서 벽, 가옥, 울타리에 칠하고 (비록 냄새 탓에) 드물지만 옷감의 염색에도 쓰인다고 밝혔다.[8] 그는 신비로운 노란색 공을 끈질기게 추적해 유일한 원산지라 들은 곳을 수소문하여 결국 찾아냈다. 그곳에선 벵갈 주 몽기르에 위치한 작은 시골마을 미르자푸르였다. 그곳에서는 괄라스(우유 배달부)가 망고잎과 물만 먹여 비실비실한 소를 키운다. 망고잎 먹이 탓에 소는 굉장히 밝은 노란색의 오줌을(소 한 마리당 4.5리터) 싼다. 괄라스는 작은 도기 단지에 오줌을 모아두었다가 매일 밤 끓여 졸이고 걸러 얻은 침전물을 둥글게 뭉쳐 불에 살포시 구운 뒤 햇볕에 말린다.[9]

후커가 받은 무크하르지의 답신이 바로 그달의 회지에 수록됐다. 하지만 의문은 여전히 풀리지 않았다.

인디언 옐로는 얼마 뒤 완전히 사라져버렸고, 제조가 법으로 금지되었다는 게 정설이었지만 기록은 더 이상 찾아볼 수가 없었다. 더군다나 당시 지역 담당 영국 관리는 해당 지역에 대한 광범위한 조사 기록을 남겼는데, 유감스럽게도 소의 수나 근처 마을 샤이크푸라에서 매독으로 벌어진 참상에 대한 기록을 자세히 남겼지만, 귀중한 소나 오줌으로 만든 염료에 대해서는 언급조차 하지 않았다.[10]

2002년에는 영국의 저자인 빅토리아 핀레이가 무크하르지의 자취를 추적해보았지만 역시 허사였다. 지역의 괄라스를 포함한 미르자푸르의 사람들은 피우리가 무엇인지 감조차 잡지 못했다. 무크하르지가 독립주의자여서 아둔한 영국인들을 속이려 들었던 건 아닌지 핀레이는 곰곰이 생각했다.[11]

하지만 그럴 리가 없었다. 무크하르지는 농업 수익창출부 소속이었다. 명칭이 다소 경직되기는 했지만 당시 농업 수익창출부는 지역의 인도인 전문가를 지원하는 데에 비교적 진보적인 기관이었다. 후커에게 답신을 보내기 몇 달 전, 무크하르지는 1883년 암스테르담 박람회를 위해 카탈로그를 제작하고 있을 정도였다. 1886년, 그리고 2년 뒤에 글래스고에서 열린 식민지와 인도 박람회를 위해서도 똑같은 일을 했다.[12] 런던 인도박물관의 준학예사가 되었고 1887년에는 오스트레일리아의 빅토리아 국립박물관에 1,000점의 광물과 식물 표본을 기증하기도 했다. 심지어 1889년 자신의 저서 〈유럽 방문기〉를 빅토리아 여왕에게 증정도 했으니, 이 모든 활동으로 미루어보건대 완고한 독립주의자의 행동이라고는 생각하기 힘들다. 오히려 그보다는 딱한 소와 그 오줌으로 만든 밝은 노란색 안료에 대해서 답신을 써서 보내면서도 신뢰받지 못할 거라는 느낌이 들었던 것은 아니었을까?

그래서 조지프 경에게 관련 증거를 첨부했을 것이다.

괄라스에게서 구입한 염료 덩어리와 오줌 단지, 망고 이파리 몇 점, 그리고 오줌이었다. 1883년 11월 22일 이 모두가 조지프 후커 경에게 배달되었다.

오줌, 단지, 이파리는 자취를 감췄지만 인디언 옐로 안료만은 여전히 오줌 냄새를 희미하게 풍기며 큐 왕립식물원의 수장고에 남아 있다.

애시드 옐로

2015년, 옥스퍼드 영어 사전은 그해의 단어가 이모지 '기쁨의 눈물을 흘리는 얼굴(😂)'이라고 발표했다. 같은 해에 문자(와 이모지)가 모든 매개체에서 일관되게 보이도록 관리하는 기관 유니코드에서는 이 노란 얼굴이 지금껏 잘못 쓰였노라고 발표했다. 이런 경우가 더 있다. 콧구멍에서 김을 뿜어내는 이모지(😤)는 분노의 상징이라고 믿었지만 사실 의기양양함을 표현한다. 그리고 유니코드 1F633('홍조 띤 얼굴' 😳)은 운영체계마다 완전히 다르게 쓰인다. 애플에서는 놀라움의 표현으로 쓰이지만 마이크로소프트에서는 '멋쩍은 눈의 태평스러운 표정(😳)'처럼 보인다.[1]

이런 가운데 딱히 규명이 필요 없는 이모지인 기본 스마일리가 있다. 조잡한 디자인—오롯이 밝은 노란색 동그라미에 까만색의 작은 선으로 그린 두 눈, 그리고 반원호의 입—의 의미는 아무도 의심하지 않는다. 조잡한 스마일리는 1963년 미국의 텔레비전 프로그램에 등장했다. 필라델피아의 형제가 비슷한 디자인을 배지에 찍었는데, 1972년까지 5,000만 개가 팔렸다. 하지만 1970년대의 정치적인 격동기에 아이 같은 분위기의 스마일리는 전복의 상징으로 자리 잡았다. 1988년에는 딱히 이치에 맞지는 않지만 대중문화의 현상으로 음악과 새로운 클럽가의 상징이 되었다. 노란색 스마일리는 토킹헤드의 '사이코 킬러', 밤 더 베이스의 '비트 디스'의 영국판 표지와 런던에 있는 슈룸 클럽의 상징적인 홍보물에, 그리고 이후에는 너바나의 비공식 로고로(양쪽 눈이 멀고 우물쭈물하는 입 모양으로 변형된 형태) 쓰였다.[2] 한편 피가 튀긴 스마일리는 앨런 무어와 데이브 기본스의 디스토피아적 그래픽노블 〈왓치맨(1985)〉의 주요 시각적 소재로 쓰였다.

곧 스마일리의 애시드 옐로는 춤을 즐기는 젊음, 크나큰 기쁨의 순간, 서서히 퍼져나가는 화학적이고 반항적인 순간의 상징색으로 자리 잡았다. 레이브 문화—또는 이를 촉발한다고 여기는 약물—는 도덕적 공황을 불러 일으켰다. '애시드'는 하우스 뮤직의 하위 장르부터 LSD를 가리키는 단어로 쓰였으며, 이 밝은 노란색은 한편 나이트클럽의 레이저 조명 쇼를 연상시키기도 했다.

레이브 문화는 2000년대 직전 절정에 이른 뒤 잦아들었지만 비공식적인 상징, 얼핏 순해 보이는 애시드 옐로 스마일리의 미소는 계속해서 퍼져나갔고 새 세대에게는 완전히 다른 상징으로 자리 잡았다. 1982년, 카네기 멜론의 연구교수 스콧 E. 팔먼 교수의 건조한 이메일에 처음 등장했다고 알려진 이모티콘 말이다. '다음의 문자 조합을 농담을 위한 표식으로 제안합니다 :—).'[3] 처음엔 별것 아니었지만 스마일리 이모티콘은 현대 커뮤니케이션의 고유한 상징으로 자리 잡아 예전의 전복적인 흔적을 잠시나마 지웠다.

나폴리 옐로

1970년대 초, 독일 다름슈타트의 한 오래된 약국에서 작은 병 90점이 한꺼번에 발견되었다. 잼 병처럼 둥글고 평범하게 생긴 것도, 잉크통처럼 생긴 것도, 작고 마개가 달려 향수 병을 닮은 것도 있었다. 각각에는 손글씨로 세심하게 쓴 딱지가 붙어 있었지만 내용물을 구분하는 데는 도움이 안 됐다. 가루, 액체, 수지에는 '연초록의 애리스', '이끼 페르시아', '검질(gummy) 구슬'처럼 생소하고도 기이한 이름이 붙어 있었다.[1] 암스테르담의 연구소에서 분석한 결과 모두 19세기에 쓰인 안료의 일부임이 밝혀졌다. 그 가운데 빽빽하게 들어찬 이름인 'Neapelgelb Neopolitanische Gelb Verbidung dis Spießglaz, Bleies'이 나폴리 옐로였다.[2]

안료의 소유주는 몰랐겠지만, 쟁여놓았을 당시 나폴리 옐로는 인기를 점차 잃고 있었다. 화가의 팔레트에 주요색으로 머물던 시절이 저물고 있었다는 의미다. 따뜻한 빨간색이 바탕에 살짝 깔린 연한 노란색인 나폴리 옐로는 안티몬산연을 합성해 만드는 물감에 붙은 적절한 이름이었다.[3] 최초 기록은 1693~1700년에 이탈리아 예수회 수사이자 바로크 화가인 안드레아 포초가 쓴 라틴 프레스코 벽화의 논문에 등장한다. 그는 이 노란색 안료를 '루테올룸 나폴리타눔(luteolum Napolitanum)'이라 언급했는데 그걸 시초로 이름이 붙었을 수도 있고, 아니면 이미 그 시점에서 일반적으로 쓰였을 수도 있다. 지오롤리노 디 나폴리(giollolino di Napoli)에 대한 참고문헌은 18세기에 더 자주 등장했으며 곧 영어로도 자리 잡았다.[4]

크롬 옐로보다 더 사랑받았으며 더 안정적이지만 나폴리 옐로는 가장 안정적인 안료라고는 할 수 없다. 조지 필드는 나폴리 옐로의 투명함이 '굉장한 명성을 누리'며 '유쾌하고 가볍고 따뜻한 노란 색조'라 언급했지만 단점도 있음을 마지못해 인정했다. 광택제를 잘못 바를 경우 '습기와 나쁜 공기로 인해 검게 변색하는 성질'을 지녔다. 또한 무쇠나 철제 화구가 닿지 않도록 주의를 기울여야만 한다. 필드는 철제 대신 상아나 뿔 주걱의 사용을 권장했다.[5]

나폴리 옐로의 매력이라면 독일의 약국에서 발견된 병처럼 유래가 확실하지 않다는 점이었다. 필드가 1835년, 살바도르 달리가 1948년에 썼듯 많은 이들이 베수비어스 산에서 처음 채굴했다고 여겼다. 사실 안티몬산연은 가장 오래된 합성안료 가운데 하나다(고대 이집트에서도 만들었는데, 원료인 산화납과 산화안티몬 또한 화학적으로 만들어야 했으므로 상당한 수준의 기술과 전문지식이 필요했다).[6] 한편 최상의 색깔을 뽑아내더라도 살짝 칙칙하고 갈색기가 도는 황토산화철을 제외한다면 20세기까지도 믿을 만한 노란색이 없었다는 실용적인 이유도 거들었다. 나폴리 옐로는 좋은 안료가 아니고 단점도 분명했지만 많은 화가에게 오랫동안 필수 색으로 쓰였다. 후기 인상주의 화가인 폴 세잔은 1904년, 동료화가의 팔레트에 나폴리 옐로가 없는 걸 발견하고 큰 충격을 받았다. '고작 이런 색으로 그린다고?' 그는 외쳤다. '나폴리 옐로는 어디에 두고?'[7]

크롬 옐로

찌는 듯한 1888년의 여름은 반 고흐에게 가장 행복한 시기였다. 그는 프랑스 남부 아를의 '노란 집'에서 영웅인 폴 고갱의 도착을 조바심 내며 기다리고 있었다. 반 고흐는 아를에 둘이 함께 화가 공동체를 설립하기를 바랐고, 미래를 낙관했다.[1]

그는 8월 21일 동생인 테오에게 편지를 써 고갱에게 '기회가 닿는 대로 내려갈 준비가 되었다'는 쪽지를 받았노라고 알렸고, 모든 것이 완벽하기를 바랐다. 그래서 작업실 전체를 덮을 해바라기 연작을 그리기 시작했다. 또한 테오에게 '마르세유 사람이 부이야베스를 먹는 기세'로 그림을 그리고 있으며 '거칠거나 깨진 노란색'과 '오렌지 납(백랍을 450도로 가열해서 얻는다—옮긴이)을 얇게 펴 바른 화폭 위에 가장 옅은 베로나 블루부터 진한 로얄 블루까지의 파란색'이 어우러지게 그릴 거라고 썼다. 이런 작업에 자연만이 유일한 걸림돌인 것 같았다. 그는 '꽃이 빠르게 시드는 탓에 한 번에 전체를 그려야 하므로' 이른 아침에만 그릴 수 있다고 밝혔다.[2]

오늘날의 아방가르드 예술가는 놀랍도록 채도가 높은 빨간색 및 파란색을 얼마든지 쓸 수 있지만 세 번째 원색인 노란색의 사정은 달랐다. 노란색 없이는 균형 잡힌 구성을 이끌어내기 어렵거나, 인상주의자들이 극적인 효과를 위해 쓰는 보색의 대비를 충분히 강렬하게 자아내기 어렵다고 믿었다. 예전부터 쓰였던 색이 아니다 보니 반 고흐도 크롬 옐로에 굉장히 의존했다. 크롬 옐로는 1762년 시베리아 안쪽의 베레소프 금광에서 발견된 진홍색의 수정에서 비롯되었다.[3] 홍연광 또는 향신료 사프란을 일컫는 그리스어 크로코스(krokos)로 불리는 이 광물은 과학자가 발견해 프랑스에 의해 플롬 루즈 드 시베리(plomb rouge de Sibérie,

시베리아의 홍연)라는 이름이 붙었다. 크롬 옐로가 애초부터 안료로 쓰인 건 아니다. 공급이 너무 불규칙하고 가격 또한 너무 높았다. 하지만 프랑스 화학자 니콜라스 루이 보클랭이 홍연석을 연구해 이내 새로운 요소를 함유하고 있는 오렌지색 광물을 발견했다.[4] 그리고 그리스어로 '색깔'을 의미하는 단어에서 착안해 이 금속에 크롬 또는 크로미움(chromium)이라는 이름을 붙였는데, 크롬염은 정말 빼어난 수준으로 다양한 색채를 드러냈기 때문이다. 예를 들어 기본 크롬산납은 추출방식에 따라 레몬 옐로부터 '황적색 또는 아름다운 진한 적색'까지 띨 수 있다.[5] 연구를 바탕으로 1804년, 보클랭은 크롬염으로 유용한 안료를 만들 수 있을 거라 예상했다. 그리고 크롬 옐로는 1809년까지 화가의 팔레트에 자리 잡았다.

화가와 미술 애호가들에게는 슬프게도, 크롬 옐로는 시간이 지나며 갈색으로 변하는 단점이 있다. 암스테르담에서 반 고흐의 그림을 수년간 연구한 학자들은 햇볕에 노출된 꽃잎의 크롬 옐로가 심각할 정도로 진하게 변색되었음을 밝혔다.[6] 그래서 반 고흐의 해바라기는 실제 꽃이 그렇듯 시드는 것처럼 보인다.

갬부지

1832년, 윌리엄 윈저와 헨리 C. 뉴튼은 런던의 38 래스본 플레이스에서 작은 가게를 열고 안료를 팔기 시작했다. 주요 판매 안료 중 하나였던 갬부지는 동인도 회사의 지사로부터 우편으로 배달되었다. 각 꾸러미에는 묵은 귀지 색깔의, 10펜스짜리 동전만 한 가느다란 원통 몇 점이 나뭇잎에 싸여 담겨 있었다.[1] 윈저 앤 뉴튼의 직원들은 이를 무쇠 모루와 망치로 조각내 작고 갈색이 도는 안료 덩어리로 나눴다. 경험 많은 화가들은 이 안료의 비밀을 알고 있었다. 물 한 방울을 떨어뜨리면 토피 같은 갈색의 안료 덩어리가 형광인 양 아주 밝고 빛나는 노란색 물감이 된다. 2세기에 걸쳐 팔레트의 붙박이로 쓰였건만(동인도 회사에서 처음 수입한 해가 1615년이다), 갬부지의 기원은 잘 알려지지 않았다.[2] 1835년 출간된 안료에 대한 논문에서 조지 필드는 '일설에 의하면 인도의 캄바자(Cambaja)에서 가져온다고 하는데, 몇몇 종류의 나무로 만든다고 들었다'[3]고 대강 얼버무렸다. 적어도 나무에 대한 주장은 맞았다. 갬부지는 가르시니아 나무의 굳은 수액이고 대부분이 캄보디아 또는 옛 이름인 캄바자가 원산지다. 그래서 이름도 갬부지라 붙었다.[4] 수액 채취는 인내심이 필요한 일이다. 적어도 10년은 자란 나무의 둥치에 깊은 골을 판다. 속을 비운 대롱으로 흘러나오는 수액을 받는다. 수액으로 가득 찬 대롱이 굳는 데 1년이 넘게 걸린다. 가공되지 않은 크메르루주의 통치 시절의 수지 덩어리를 부쉈는데, 호박에 갇힌 고대 곤충처럼 총알이 발견된 적도 있다.

일본, 중국, 인도에서 두루마리 서화 및 꾸민 대문자, 고대의 축소 조상 조각에 쓰인 갬부지는 1603년 네덜란드 교역선을 통해 유럽에 처음 소개되었다. 색깔 부족에 시달렸던 서양화가들은 햇살처럼 빛나는 노란색을 게걸스레 썼다.[5] 금빛 색조가 등장인물에 후광을 더해주었으므로, 렘브란트는 유화에 갬부지를 선호했다.[6] J.M.W. 터너나 조슈아 레이놀즈 경의 작품과 팔레트에서도 갬부지가 발견되었다.[7] 영국 왕립식물원의 식물화가였던 윌리엄 후커는 갬부지를 프러시안 블루와 섞어, 식물의 이파리 색으로 완벽한 후커 그린을 만들어냈다.[8]
많은 옛 안료가 그렇듯, 갬부지 또한 화가의 팔레트만큼이나 약국의 선반에서도 자리를 잡았다. 1836년 3월 7일 강의에서 의학박사 로버트 크리스티슨은 갬부지 안료가 '아주 훌륭하게 잘 듣는 설사약'이라 묘사했다. 적은 양으로도 '물똥을 쭉쭉 쏟아낼 수 있으'니 많은 양은 위험하다고 밝혔다.[9] 윈저 앤 뉴튼에서 갬부지를 쪼개는 직원은 적어도 1시간에 한 번 화장실로 달려가야만 했다. 안료에게 매력적이라고는 할 수 없는 부작용이었지만, 과학계에서는 다른 용도로 갬부지가 쓰였다. 1908년, 프랑스 물리학자인 장 페랭이 아인슈타인이 3년 전에 제안했던 브라운 운동 이론을 갬부지로 증명한 것이다.[10] 겨우 0.12밀리미터 깊이의 갬부지 용액을 며칠 동안 손대지 않고 두어도 노란색 입자가 살아 있는 듯 움직였다. 이 연구로 페랭은 1926년 노벨 물리학상을 수상했다.[11] 이 시기에 이미 갬부지는 덜 밝고 불투명하지만 색이 덜 바래는 인공 안료인 오레올린으로 거의 교체되었다. 윈저 앤 뉴튼은 2005년까지 생 갬부지 안료를 팔았는데, 판매 중지는 화가가 아니라 직원들에게 의심의 여지 없이 큰 부담을 덜어주었다.

오피먼트

첸니노 첸니니는 저서 〈미술의 책〉에서 오피먼트가 '연금술로 빚어내는 색'[1]이라 썼다. 대부분의 안료를 인공적으로 합성해 썼던 초기 르네상스 시대까지만 해도 이 말은 사실이었지만, 사실 오피먼트는 광물에 자연적으로 생기는 안료이며 비소의 비율이 60퍼센트 안팎인 카나리아 노란색의 황화비소(As_2S_3)였다.[2] 금을 닮았다고 여겼던, 이 빛나는 노란색의 원형은 남동석이나 녹색 구리 광석인 공작석과 더불어 광물 안료이고 오커(ochre, 황토)와 더불어 고대 이집트 미술에 쓰였던 두 노란색 중 하나다. 벽과 파피루스 두루마리에 쓰였을 뿐만 아니라 투탕카멘 묘의 바닥에서 쌈지에 담긴 채로도 발견되었다.[3] 이 강렬한 노란색은 19세기 〈켈스의 서〉, 타지마할의 벽, 그리고 중세 문서인 〈매패이 클라비쿨라(Mappae clavicula)〉에서도 발견되었다. 로마에서는 오피먼트를 아우프리피그멘툼(auripigmentum), 즉 '금색'이라 일컬었을 정도로 아꼈다. 그래서 안료로 쓸 뿐만 아니라 비법으로 금을 추출할 수 있으리라 믿었다. 대 플리니우스는 부유함에 목을 맨 나머지 막대한 양의 생 오피먼트를 제련했지만 정작 금은 추출하지 못한 칼리굴라 황제의 이야기를 예로 들었다. 오피먼트는 금의 요소를 전혀 함유하고 있지 않으니 이런 실험은 쓸모없을 뿐만 아니라 광석을 채굴하는 노예의 생명 또한 위협했다.

첸니니는 '병을 얻을 수 있으니 오피먼트가 입에 닿지 않도록 주의하라'고 경고했다.[4] 사실 오피먼트는 치명적이다. 자연에서 얻을 수 있고 안료로 인기를 누린 자바, 발리, 중국에서 19세기까지도 설사약으로 쓰였지만, 남용의 부작용은 잘 알려져 있었다.[5] 게오르그 에버하르트 럼피우스라는 활기찬 이름의 독일

상인은 1660년 작 〈암보네의 흥미로운 사건〉에 바타비아(오늘날의 자카르타)에서 오피먼트를 너무 많이 먹은 여성의 이야기를 담았다. 미쳐서 '고양이처럼 벽을 탔다'는 내용이었다.[6] 오피먼트는 물감으로도 단점이 있다. 유화에서 잘 마르지 않아 프레스코 화에 쓸 수 없다. 게다가 구리나 납 바탕의 다른 안료에 스며들기도 한다. 베네치아를 중심으로 활동했던 르네상스 시대의 색채 화가인 파올로 베로네세가 '성 헬레나의 꿈(1570)'에서 보여준 것처럼, 변색시킬 것 같은 다른 물감에서 조심스레 걷어내야 한다.[7] 그래도 오피먼트에게는 장점이 한 가지 있다. 색깔 말이다. 첸니니의 말을 빌자면 '어떤 색보다 금색을 내는 멋진 노란색'이다.[8] 그럼 충분하지 않을까.

임페리얼 옐로

캐서린 오거스타 칼은 스스로를 차분한 사람이라 여겼을 것이다. 남북전쟁 종전 두 달 전에 뉴올리언스에서 태어났으니 어린 시절에 겪은 불안정한 정국에 단련되었다고 믿었다. 이후 그녀는 미국을 떠나 파리에서 미술을 공부했고 그 뒤에는 유럽과 중동을 여행하는 등 방랑자로 살았다. 하지만 중국에서 삶을 바꿀 기회를 찾았다. 중국을 40여 년이나 다스린 서 태후의 초상화를 그려달라는 의뢰를 받은 것이다. 1903년 8월 5일, 11시 직전에 캐서린은 자금성의 중심에 있는 알현실에서 세계에서 막강한 권력을 지닌 여성을 뜯어보았다.[1]

중국 왕조는 공포심을 불러일으키기 위해 적금 황색을 필사적으로 아껴두었다가 넉넉하게 썼다. 예를 들어 중국의 건물 지붕은 대체로 회색이지만 황궁의 지붕에는 금색을 칠했다.[2] 한편 서 태후의 예복은 임페리얼 옐로의 비단으로 지었다. 빳빳하게 등나무를 수놓은 양단과 서양배 모양의 진주 줄기로 장식한 데다가 술이 달려 있어, 옷보다는 껍데기에 가까워 보였다. 5센티미터의 손톱 보호대가 달린 오른손은 무릎에 놓여 있었다. 황실의 무당이 초상화 그리기에 가장 길한 시각이라고 정한 11시 정각에 알현실의 시계 85점이 동시에 울리기 시작했다. 캐서린은 떨며 앞으로 나아가 여제의 초상을 그리기 시작했다.[3]

중국에서는 평범한 노란색마저 천 년 넘도록 특별 대접을 받아왔다. 노란색은 적색, 청록색, 검정색, 흰색과 더불어 오행론의 다섯 색깔에 속한다. 각 색은 계절, 방향, 원소, 행성, 그리고 동물을 상징하는데, 노란색은 '천지현황(天地玄黃)'이라는 천자문의 첫 구절처럼 땅이나 중심, 토성, 늦여름 혹은 긴 여름의 색이다. 기원전 2세기경에 쓰인 〈춘추번로〉는 노란색을 '통치자의 색'이라 규정한다. 그래서 노란색, 특히 한 가지 색조의 사용을 엄격하게 통제했다. 첫 번째 법은 당나라 초기인 서기 618년에 선포되었는데, '평민과 관료의 적황색 의복 착용을 금지한다'라고 못 박는다.[4]

고대의 기준으로 보아도 임페리얼 옐로의 염색법은 노동집약적이었다. 핵심 재료는 트럼펫 모양의 꽃을 피우는 길쭉한 금색 비트 같은 뿌리의 지황 또는 중국 디기탈리스다. 정확한 색상을 얻기 위해 음력 8월에 구근을 수확해 매끈한 곤죽이 될 때까지 손으로 빻는다. 4.6평방미터의 비단을 염색하는 데 뿌리 곤죽 1.2리터가 들었다.[5] 염료가 천에 제대로 스며들게 하여 색이 빠지지 않게 하고, 색상을 살려주는 물질인 매염제는 참나무, 뽕나무, 아니면 흰 쑥의 재로 만들었다. 이를 태우는 가마솥은 녹이 슬지 않는 재질이어야 하며 각 비단은 살짝 다른 색상의 염색조에 담갔다.

서 태후도 캐서린도 몰랐지만 임페리얼 옐로의 전성기는 저물고 있었다. 이전 몇십 년 동안 임페리얼 옐로의 명성이 잦아들고 있었다는 의미다. 원래 왕족의 색이었으나 경호원에게 쓰이고 곧 평민을 기리는 데도 쓰였다. 여제 자신이 천민인 기관사에게 임페리얼 옐로의 웃옷을 하사해 물의를 빚기도 했다. 중국 마지막 여제의 초상화를 그린 지 불과 몇 년 뒤에, 신해혁명이 일어나 중국의 마지막 왕조인 청나라를 전복시켰다. 황가의 몰락과 더불어 천 년 동안 상징성을 지닌 신비한 색상의 시대도 저물었다.

골드

구스타프 클림트의 1907년 작인, '아델레 블로흐 바우어 부인의 초상'은 골드가 욕망의 색임을 보여준다. 빈의 벨베데레 궁 미술관에 처음 걸렸을 때, 그림에서 너무나도 열렬하게 사모하는 마음이 묻어나는 나머지 사람들은 부인과 화가가 사랑하는 사이라 추측했다. 증거는 결코 드러나지 않았지만 그림에 마음이 묻어났음은 의심의 여지가 없다. 클림트의 '황금기' 말기에 그려진 그림에서 아델레는 귀금속에 둘러싸여 있다. 평범하고 납작한 것도, 상징이나 테셀레이션(tessellation, 기하학적 무늬의 타일을 붙여 꾸미기—옮긴이)으로 세공된 것도 있다. 드레스 또한 복잡하게 물결치는 골드였다. 오로지 손과 머리칼, 그리고 얼굴, 살짝 벌린 입과 강렬한 눈만이 살아 숨 쉬는 여성을 그릴 뿐, 배경이며 옷은 여신을 위한 것이었다.

금은 언제나 숭배의 색이면서 숭배의 대상이었다. 희귀성과 불균일한 유통이 금의 매력을 북돋았다. 금광은 세계 전역에서 발견되었지만 새로운 금의 가능성 탓에 기존의 광산이 금방 버려져, '골드러시'라는 말이 생겼다. 한편 유럽에는 금맥이 상대적으로 적어 주로 아프리카나 동양의 교역에 의존해왔다.[1] 예수가 탄생하기 천 년 전에 이미 지중해를 지배했던 카르타고 인들이 아프리카에서 유럽으로 금의 주 유통책 역할을 맡았으며, 심지어 그들마저도 그 권리를 활발하게 방어했다.[2] 그럼에도 불구하고 금의 수급은 제한되었다. 카르타고는 기원전 202년의 막대한 패전 이후 금으로 전후 배상금을 지불할 수 없어 대신 은을 썼다. 그리고 패전 후 50년 동안 360톤이 조금 못 되는 양을 지불했다.[3]

금은 또한 경외심을 유발하는 데도 쓰였다. 말리의 황제인 신성한 만사 무사는 1324년 카이로를 거쳐 메카로 성지순례를 떠났는데, 덕분에 유럽과 아랍의 교역상들은 아프리카 대륙의 빛나는 부유함을 직접 확인할 수 있었다. 1.8킬로그램씩 금을 지닌 노예 500명의 선발대와 더불어 6만 명 규모의 순례단이 따라갔고, 화물 운반용 낙타 80마리에도 금이 136킬로그램이 실려 있었다. 그가 전설적인 여정을 거치며 푼 금 탓에 그 지역의 금 시세는 10년 평균 최저를 기록했다.[4]

비단이나 마에 금실을 섞어 직조한 금란(金襴)은 고대 로마시대부터 존재했고 유럽 왕족의 사랑을 받았다. 1520년 유럽에서 가장 젊고 욕망이 넘치며 반짝이던 두 군주 잉글랜드의 헨리 8세와 프랑스의 프란시스 1세가 만났는데, 상대를 기죽이기 위한 금란 행렬의 이야기가 전해 내려온다. 차양 전체를 금란으로 덮은 헨리 8세의 승리였다.

자매금속인 철, 구리, 은처럼 금은 움직이는 전자 덕분에 빛을 강하게 반사해 특유의 광채를 낸다.[5] 광채가 나면서 녹도 잘 슬지 않는 속성 덕에 신성의 상징으로 쉽게 쓰여왔다. 중세 기독교 교회는 금에 탐닉했다. 예를 들어 피렌체의 우피치 미술관에는 동정녀 마리아와 예수에게 바쳐진, 세 점의 광대한 제단이 안치된 방이 있다. 조토가 1310년경에 조각한 마지막 제단은 미술관에서 몇 구역 위에 있는 오니산티 교회를 위한 것이었다. 다른 제단처럼 조토의 상 또한 방이나 배경을 보여주지 않지만 매끈한 금 바탕 위에 놓여 있다. 뼈대와 성인의 후광 또한 금이다. (전면부에 자리 잡은 성인의 후광이 뒤쪽의 얼굴을 희미하게 가려서 당시에는 불경스럽다고 여겨졌다.) 그리고 동정녀 마리아의 진한 금색 가운의 장식 가장자리 또한 금이었다.

그런 부조에 금박을 입히는 작업은 지난했다. 금화를 두들겨 만든, 가로와 세로가 8.5센티미터인 아주 얇은 금박으로 작업을 시작한다. 숙련된 금박공은 더컷 금화 1개를 두들겨 많게는 100장의 금박을 만들어냈다. 각 금박은 핀셋으로 들어 패널, 틀, 액자에 눌려 가공됐다. 굉장히 얇기 때문에 꿀, 아라비아고무, 달걀 흰자로 만든 유약 등 어떤 접착제도 쓸 수 있었다. 당시만 해도 금은 불순물 때문에 광채가 그리 강하지 않아 광을 따로 내야만 했다. 첸니니는 헤머타이트의 사용을 권했으며(아마도 중세의 적색과 금색의 관계 때문이었을 것이다), 사파이어나 에메랄드 같은 귀금속('귀한 금속을 쓸수록 더 광이 난다'), 아니면 사자, 늑대, 개, 또는 '육식을 한 어떤 동물'의 이빨을 권했다.[6]

납작한 금박을 입히면 밝은 부분이 흰색, 어두운 부분이 검은색을 자연스레 띠지 않고 전체가 균일하게 빛나므로, 물체가 진짜처럼 보이지 않았다. 화가들은 현실적인 효과보다는 가치 때문에 골드를 썼다. 르네상스 시대에 더 자연스러운 배경과 투시도법을 통해 현실적인 그림을 그리게 되었음에도 화가들은 여전히 풍성한 골드 사용을 좋아했다.[7] 비싼 원단의 가장자리를 금으로 두르는 시도는 부유함 또는 신성함을 상징했다. '비너스의 탄생(1484~1486)'에서 보티첼리는 비너스의 머리칼에 골드를 썼다.

금을 향한 인간의 욕망과 헌신은 욕심, 시기, 탐욕 등의 더 비열한 감정을 드러내는 경향이 있다. 이러한 경향은 손을 대는 모든 것이 금으로 바뀌기를 소망했으나 그 결과 생물을 죽이고 먹을 수도 없게 된 미다스 왕의 신화에 잘 나타난다. 플리니우스의 〈박물지〉에도 금을 향한 인간의 욕망을 향한 혐오가 드러난다.

'(어머니 지구의) 내장을 파내려가 금과 은의 핏줄을 캐낸다… 내장을 파내서는 손가락을 장식한다.'[8] 오늘날 금 욕심을 부리는 이는 조잡하고 취향이 없다는 취급을 받는다. 클림트의 금화는 오스트리아의 점령과 더불어 상속을 하려는 마지막 소유주의 바람에 반해, 50년 동안 미술관에 머물렀다. 오스트리아 정부와 지난한 법정 투쟁 끝에 그림은 결국 아델레의 질녀에게 돌아갔다. 블로흐 바우어는 이제 맨해튼의 노이에 미술관에서 그녀의 소중한 금 장막을 굽어본다.

Dutch orange
Saffron
Amber
Ginger
Minium
Nude

오렌지 계열

과일이 색에서 이름을 따왔는지, 색이 과일에서 이름을 따왔는지 궁금했다면 이제 더 이상 고민할 필요가 없다. 오렌지는 아마 중국에서 처음 경작된 뒤 서양으로 서서히 퍼져나갔고, 그 이름 역시 생각 없이 버린 돌돌 말린 껍질처럼 퍼져나갔다. 페르시아에서는 나랑(nārang), 아랍에서는 나라니(nāranj)였고 산스크리트어의 나랑가(nāranga), 스페인어의 나랑하(naranja), 프랑스어의 오렝쥬(orenge), 그리고 마침내 영어의 오렌지가 되었다. 색의 이름으로는 16세기나 되어서야 쓰이기 시작했으며 이전에는 번거로운 조어인 지올루레아드(giolureade) 또는 황적색으로 불렸다.[1] 오렌지라는 단어가 색의 이름으로 쓰인 첫 번째 기록 문헌은 1502년, 마가렛 튜더를 위해 요크의 엘리자베스가 '오렌지색의 사서넷을 잔뜩 샀다'는 기록이다.[2] 러시아의 추상화가 바실리 칸딘스키는 1912년의 논문 〈예술에 있어서 정신적인 것에 대하여〉에 '오렌지는 자신의 힘을 확신하는 남자와 같다'[3]고 썼다. 오렌지에 자신감이 배어 있다는 사실에는 의심의 여지가 없다. 파란색이 흐릿한 미지수를 상징한다면 색상환의 정반대편에 있는 오렌지는 긴급함의 색으로, 위험을 경고하는 데 쓰인다.[4] 관타나모 만 수용소의 한 벌짜리 재소자복, 에이전트 오렌지(미군이 베트남 전쟁에서 쓴 고엽제—옮긴이), 9/11 이후 미국에서 사상 두 번째로 위급한 테러 위협 단계인 코드 오렌지가 그 예다. 한편 오렌지는 낮은 조도에서도 청회색의 아스팔트와 확실한 대조를 이루므로 교통 표지판이나 경고의 상징으로 쓰인다.[5] 항공기의 비행 정보를 기록하는 블랙박스도 이름과 달리 오렌지로 칠한다. 추락했을 경우 쉽게 찾을 수 있으리라는 바람을 담은 것이다.

초기 근대 유럽에 미친 오라녜 가문의 영향 덕분에 상징 색인 더치 오렌지는 널리 퍼져나갔다. 물론 가장 확실한 예는 네덜란드다. 국가대표팀이 오렌지색 유니폼을 입고 경기를 치르며, 보어인이 지배하던 남아프리카 지역은 오렌지 자유주로 알려져 있다. 물론 명칭에 맞는 깃발도 있다. 특히 오렌지는 아일랜드에서 프로테스탄트와 저항의 상징으로, 프로테스탄트는 오렌지맨으로 불렸다.[6]

1935년 건축가 어빙 모로는 샌프란시스코와 마린 카운티를 연결하는 금문교의 색깔로 오늘날 GGB 인터내셔널 오렌지라 일컫는, 약간 녹이 슨 색조의 오렌지를 골랐다. 주변의 산봉우리와는 잘 어울리지만 바다와 하늘과는 대조를 이뤄 두드러져 보일 것이라 판단했기 때문이다.[7] 오렌지는 종종 패션의 세계에서도 눈에 확 들어온다. 헬렌 드라이든의 대담한 아르데코풍의 〈보그〉 표지 삽화에는 오렌지가 1920년대 패션의 고정 컬러로 등장했고, 1960년대 후반과 1970년대에도 잠시 유행을 탔다.[8] 하지만 이 모두는 세계에서 가장 성공한 명품 상표인 에르메스의 상징 컬러로 자리 잡는 방편이었을 뿐이다. 제2차 세계대전 이전 에르메스의 포장은 크림색이었다. 전쟁 탓으로 물자가 고갈되어 머스터드로 바꿨다가 어쩔 수 없이 마지막으로 남은 오렌지색 판지를 썼다.[9]

칸딘스키는 오렌지를 '노란색에 의해 인류에게 가까이 이끌린 빨간색'이라 묘사했다.[10] 이 말처럼 오렌지는 양 옆의 빨간색과 노란색, 아래의 갈색에 빨려 들어갈 위험에 처해 있다. 뒤에서 소개하는 색상에게는 더더욱 실제 일어난 일이다. 몇몇 오렌지색, 특히 크롬과 오커는 연구 결과 다른 색에 속했다. 또한 오렌지는 비교적 최근까지 독자적인 색깔로 인정받지 못했다. 명백하게 오렌지 계열인 미니엄이 좋은 예로, 현대에 와서도 빨간색이나 노란색 취급을 받아왔다.
이런 오렌지의 위력을 인상파가 확실하게 보여주었다. 인상주의라는 화풍의 명칭을 결정한 클로드 모네의 '인상, 일출'에는 오렌지색으로 밝게 빛나는 태양이 한가운데에 자리 잡고 있다. 새로 등장한 인상파는 색상 대조에 대한 새로운 광학적 이론을 동원해가며 오렌지의 활발한 사용에 앞장섰다. 엄청나게 밝은 크롬과 카드뮴 안료가 툴루즈 로드렉, 뭉크, 고갱, 반 고흐 같은 화가들에게 (색상환의 정반대에 자리 잡은) 파란색과 짝지어져 쓰이면서 생기 넘치는 대조를 자아냈다.
매개체에 상관없이 오렌지에는 허풍의 분위기가 배어 있는 게 확실하다. 1855년 출간된 〈고디 여성Godey's Lady's Book〉은 '오렌지색은 너무 화사해 우아하지 않다'고 규정한다.[11] 앤서니 버지스도 1962년 작인 디스토피아 소설에 〈시계태엽 오렌지〉라는 제목을 붙이며 같은 생각을 했을 가능성이 높다(그는 생전에 제목의 유래에 대해 몇 갈래로 설명했다. 한번은 '이스트엔드의 펍에서 시계태엽 오렌지처럼 괴이한'이라는 문장을 엿들었다고 했으며, 다른 한번은 스스로 지어낸 말임을 시사했다). 1912년에 처음 발명된 가장 요란하고 밝은 광고의 형식인 네온사인도 원래는 오렌지색이었으니, 여전히 광고판이나 가게 정면에 쓰인다. 니켈로디언, 이지제트, 후터스를 비롯한 많은 상표도 생생함과 시각성을 감안해 오렌지색을 쓴다. 칸딘스키에게는 미안하지만 오렌지에게는 다음의 묘사가 더 잘 어울리지 않을까. '오렌지는 타인에게 필사적으로 위력을 납득시키려는 남자 같은 색깔이다.'

더치 오렌지

그날 발타사르 제라르는 리 하비 오스왈드와 같은 존재였다. 1584년 6월 10일, 그는 네덜란드 통치자의 숙소인 프린센호프에 잠입해 오라녜의 왕자 빌럼 1세의 가슴에 권총을 세 번 쏘았다. 빌럼 1세는 네덜란드인의 자비를 위해 기도하고 숨을 거뒀다. 네덜란드인에게 빌럼 1세(침묵의 빌럼)는 아버지와 같은 존재였다. 그는 굉장히 어려운 시기에 태어났다. 16세기 중반에 로랜드(유럽 북해 연안의 벨기에, 네덜란드, 룩셈부르크로 구성된 지역—옮긴이) 북부는 가톨릭 광신교인 스페인의 필립 2세에 의해 지배당하는, 프로테스탄트의 비율이 높은 지역이었다. 자신도 가톨릭이지만 종교의 자유를 신봉한 빌럼 1세는 스페인에서 반란을 이끌었다. 오라녜 가문은 이후 몇 세기에 걸쳐 유럽의 정치에 큰 영향을 미쳤으며, 빌럼의 후손은 여전히 네덜란드의 왕족이다.[1] 하지만 몇 세기 동안의 격동을 겪으며 네덜란드인은 역사와 국가, 그리고 왕족의 상징 색에 강한 자부심을 품게 되었다.

오라녜 가문을 보면 개인 브랜딩이 새로운 일이 아니라는 걸 알 수 있다. 왕족의 초상화에는 오렌지 색조가 빛난다. 아드리안 토마즈 키의 1579년 작을 연구한 결과, 빌럼 1세는 가장자리를 오렌지색과 금색으로 곱게 수놓은 검은색 고급 양단 예복 차림이었다.[2] 토마스 머리 덕분에 영국의 왕이자 더치공화국의 통령(저지대 국가의 오라녜 가문이 받은 명예직)인 윌리엄(빌럼) 3세는 한층 더 대담하게 그려졌다. 그는 적갈색의 양단을 배경 삼아 어민(북방 족제비의 흰색 겨울 털—옮긴이)이 달린 풍성한 공단 망토를 입고, 눈길을 잡아끄는 호박색의 넓은 비단 술로 그 망토의 앞자락을 여민 차림새다.

네덜란드는 빌럼 1세에게 경의를 표하는 의미에서 오렌지색을 열정적으로 채택했다. (네덜란드가 선호하는 색조는 세월이 흐르며 바뀌었다. 현대 회화에서 오라녜 가문이 입은 오렌지색은 거의 탄 호박색에 가깝다. 오늘날에 선호되는 색조는 쨍한 감귤색이다.) 별것 아닌 당근을 예로 들어보자. 남미가 원산지이며 쓰고 질긴 구근인 당근은 17세기 이전에 자주색 또는 노란색이었다. 하지만 이후 100여 년 동안 네덜란드 농가에서 선택 교배를 통해 오렌지색 품종을 만들어냈다.[3] 한편 오늘날 파란색, 흰색, 빨간색의 조합인 네덜란드 국기는 원래 빌럼 1세의 상징 색을 기려 파란색, 흰색, 빨간색과 오렌지색의 줄무늬였다. 하지만 색이 빠지지 않는 염료를 찾을 수가 없어서, 오렌지색은 노란색으로 바래거나 빨갛게 물들어서 진해졌다. 결국 1660년대까지 네덜란드는 오렌지색 찾기를 포기하고 빨간색을 대신 썼다.[4]

오렌지색을 향한 네덜란드인의 열정적인 애정을 가장 잘 보여주는 단편적인 사건이 1673년 7월 20일에 벌어졌다. 그날 네덜란드군은 뉴욕을 점령하고 영국군을 내쫓기 위해 브로드웨이까지 진군했다.[5] 승리에 힘입어 네덜란드군은 도시를 뉴 오라녜라 새로이 명명했지만 채 열두 달도 가지 못했다. 동시에 여러 곳에 참전한 네덜란드군은 득을 보지도 못했고 다른 전선을 함락당하는 것도 참지 못했다. 결국 1674년 도시—와 이름—를 영국에게 반환하는 조약을 맺었다. (뉴욕 시의 깃발은 네덜란드와 달리 아직도 오렌지 줄무늬를 가지고 있어, 네덜란드의 기원을 배신한다.)

빌럼 1세의 전설은 신대륙에 영원히 자리 잡지 못했지만 새로운 시각적 요소는 선사했다. 스포츠 행사마다 눈에 확 들어오는, 넘실거리는 오렌지색의 유쾌한 물결을 볼 수 있다. 그리고 매년 4월의 코니헤스다흐(왕의 날)에는 모두 머리부터 발끝까지 이국적인 새처럼 빛나는 감귤색으로 차려 입고 모여 '오라녜 보벤Oranje boven! 오라녜 보벤!(정상의 오렌지! 정상의 오렌지!)'을 목청 높여 부른다.

사프란

해가 뜨기 전의 가을 아침, 푸른 안개가 낀 들판을 상상해보자. 이란의 작은 들판 풍경이지만 스페인, 마케도니아, 캐슈미르, 프랑스, 아니면 모로코일 수도 있다. 태양이 떠오르며 들판을 비추니 전날 밤에 비해 훨씬 더 황량한 가운데 활짝 핀 작은 꽃이 들어차 있다. 몇천 송이의 사프란이다. 각 꽃의 중심부인 육감적으로 활짝 핀 꽃잎 안에 세 점의 진홍색 암술머리, 즉 꽃의 암생식기가 기대어 있다. 떼어 말리면 향신료인 사프란이 된다. 다만 사프란이 되기 전에 꽃을 수확해야 되는데 시간이 넉넉하지 않다. 낮 동안의 뜨거운 햇살에 꽃이 시들어버리기 때문이다. 그리고 저녁이면 완전하게 진다.

아무도 사프란이 처음 경작된 곳을 모른다. 사실 꽃은 번식이 불가능해 야생에서 자랄 수가 없다. 하지만 감질나는 실마리 몇 가지가 있다. 이라크에서 5만 년 전에 그려진 동굴 벽화에서 사프란의 흔적을 찾아볼 수 있다. 사프란은 고대 그리스에서도 염색에 사용되었고 1세기에는 이집트에서 남 아라비아로 홍해를 건너 교역되었다.[1] 961년에는 스페인은 물론 영국에서도 몇 세기 동안 경작했다.[2] 에드워드 3세(1312~1377년)의 통치 시절 레반트(동부 지중해 지역. 키프로스, 이라크, 시리아 등—옮긴이)에서 성지순례를 마친 순례자들이 모자챙이나 빈 지팡이 속에 구근 한 점을 숨겨 들어왔다는 이야기가 있다. 물론 확실하지 않은 일화다. 구근은 생식력이 좋았는지 곧 몇몇 영국 마을이 사프란 생산의 강자로 떠올랐다. 그 가운데 16세기에 이름을 '사프란 월든'으로 바꾼 마을이 가장 유명하다. (심지어 휘장마저 바꿨는데 일종의 말장난을 통해 시각적인 재미를 꾀했다. 세 송이의 사프란이 두꺼운 장벽에 둘러 싸여 있는데, '벽에 둘러싸인walled—in'은

'월든walden'과 발음이 같다.)[3] 하지만 사프란은 개명까지 한 마을에게 친절하지 않았다. 1540년과 1681년에는 수요가 급락했고 1571년에는 지력이 떨어져 사프란이 비실비실했다. 심지어 작황이 좋은 해—사프란 농부 혹은 '크로커(croker)'가 '신이 사프란 똥을 싸 갈겼다'며 좋아했던 1556년의 풍년—에도 사프란은 순수한 기쁨의 원천은 아니었다. 1575년에는 크로커는 강에 사프란 꽃을 버릴 수 없다는 칙령이 발표됐다. 위반할 경우 이틀 동안 형틀에 묶이는 처벌을 받았다.[4]

이모저모 따져보아도 사프란은 세계에서 가장 비싼 향신료 가운데 하나다. 2013년에는 1온스(28.35그램)에 365달러였는데, 같은 양의 바닐라가 8달러, 백두구가 고작 3.75달러였다.[5] 수요가 워낙 높기 때문이다. 16세기 기록에 따르면 사프란은 '따뜻한 밤, 달콤한 이슬, 비옥한 토양, 그리고 안개 낀 아침'을 선호한다고 한다. 각 꽃뿐만 아니라 밭 전체가 하룻밤 새에 피고 질 수 있다.[6] 꽃을 따서 암술을 떼어내는 작업은 수작업으로만 할 수 있다. 너무나도 섬세한 나머지 기계화 시도는 전부 실패했다. 31,800~45,500송이의 꽃에서 향신료가 고작 1파운드 나온다.[7] 이런 까탈스러움을 감내할 수 있다면 사프란은 훌륭한 향신료다. 사프란은 최음제로 쓰였으며 치통부터 치석까지 치료하는 만병통치약이었다. 어떤 것과도 닮지 않고 향과 맛도 빼어나다. 달면서도 쓰고 향긋하며, 밀짚의 향기를 풍겼다가 이내 버섯처럼 숲의 냄새도 풍긴다.

울시 추기경은 권력과 부, 영향력이 절정일 때 공기에 향을 들이고자 햄프턴 코트 궁전의 접견실 바닥에 사프란을 흩뿌려 두었다.[8] 몇 세기에 걸쳐 온갖 사치를 저질렀노라고 의심받은 클레오파트라는 사프란으로 목욕을 했다고 전해진다. 사프란이 너무나도 비싼 나머지 위조를 비롯한 범죄행위의 기록이 많이 남아 있다. 1374년에는 바젤로 향하는 800파운드의 사프란이 강탈당해 14개월에 이르는 사프란 전쟁이 벌어졌다. 1444년 뉘른베르크에서는 요브스트 핀더러르스라는 남자가 천수국을 사프란에 섞었다는 죄목으로 생매장을 당했다.[9]

또한 사프란은 색에서도 노란색과 오렌지색의 경계를 넘나들며 비슷하게 쓰인다. 무엇보다 승복에 쓰이는 것으로 가장 유명하다. 부처는 식물 염료로만 승복을 물들일 수 있다고 규정했지만 알다시피 사프란은 너무 비쌌다. 따라서 강황이나 바라밀을 대신 썼다(물론 요즘은 대부분이 합성염료로 염색된다).[10] 어쨌든 사프란은 옷과 머리에 강렬한 색깔을 들인다(딱히 물이 빠지지도 않는다). 알렉산더 대왕은 금발처럼 보이고자 사프란으로 머리칼을 물들였다고 전해진다.[11] 조로아스터 교의 승려는 사프란으로 노란색 잉크를 만들어 악을 불리치는 특별한 주문을 썼다. 나중에는 금의 저렴한(그리고 딱히 믿음직스럽지는 않았을) 대체제로 불경에 쓰였다. 17세기 초의 레시피에 의하면 달걀 흰자 유약과 섞은 뒤 하루 반 동안 놓아두어 만든다고 한다.[12]

사프란은 인도의 국기에도 쓰인다. 오늘날 사프란은 '용기, 희생, 포기의 정신'을 상징한다. 하지만 1947년 처음 국기가 등장했을 때 의미는 달랐다. S. 라다크리슈난 박사는 당시 '사프란은 포기 혹은 무관심을 상징한다. 인도의 지도자는 물질의 축적에 무관심하고 자신을 바쳐야 한다'[13]고 설명했다. 1947년의 이상주의자에겐 슬픈 일이지만 인도에서는 부패가 넘쳐났다. 놀랄 만한 일은 아니었다. 사프란이 사람들에게 좋은 영향을 미친 적이 거의 없기 때문이다.

앰버(호박)

1941년 6월, 히틀러의 독일과 스탈린의 소비에트 연방은 위태로운 평화를 2년 동안 유지하고 있었다. 하지만 전쟁은 다가오고 있었다. 6월 22일, 나치가 소련 침공을 위한 바르바로사 작전을 개시해 독일군 300여만 명이 소비에트의 영토로 쏟아져 들어왔다.[1] 여느 전쟁처럼 침투군은 진격하며 눈에 띄는 귀중품을 챙겼다. 나치의 가장 큰 목표는 차르스코예 셀로의 궁전에 숨겨져 있었는데, 러시아는 약탈을 필사적으로 막고자 얇은 벽지를 발라 숨겨두었다. 바로 '세계 8대 불가사의' 가운데 하나로 알려진 '호박방'이었다.

방은 이름처럼 꿀색 호박을 섬세하게 깎아 만든 뒤 준(準)귀금속을 박거나 금 이파리로 마무리한 부조 및 모자이크로 채워져 있었다. 17세기에 바로크 양식의 독일인 조각가 안드레아스 슐뤼터가 디자인했고 1701년에 덴마크의 장인 고드프리드 볼프람이 만들었다. 1716년 프로이센의 프리드리히 1세가 스웨덴에 맞선 프로이센과 러시아의 동맹을 기념하기 위해 표트르 1세에게 이 방을 헌납했다. 조심스레 포장한 상자 18점에 담긴 패널은 베를린의 샤를로텐부르크 궁에서 상트페테르부르크로 보내졌다. 그리고 40년 뒤 다시 몇 마일 떨어진 차르스코예 셀로의 궁으로 옮겨져 새롭고 큰 공간에 맞춰 다시 설치되었다. 넓이가 180제곱피트, 무게는 6톤에 오늘날의 시세로 1억 4,200달러인 패널은 러시아 왕족의 자부심으로 자리 잡았다. 엘리자베스 황후는 호박방을 명상 공간으로 썼고, 예카테리나 2세는 접견실로, 알렉산드르 2세는 전리품 전시실로 썼다.[2] 하지만 1941년, 벽지로는 이 유명한 보물을 전부 감출 수 없음이 밝혀져 호박방은 불과 36시간 만에 포장되어 쾨니히스베르크로 옮겨졌다.

진짜 호박은 몇 안 되는 유기 보석의 일종이며 아주 오래되었다. 오래전에 멸종된 삼나무의 일종 및 다른 침엽수부터 스며 나온 진액이 화석화되어 만들어진다.[3] (완전히 화석화되지 않은 어린 호박은 코팔copal이라 일컫는다.) 많은 이들이 호박을 보면 영화 '쥬라기 공원'의 끈끈한 수지에 갇혀 있던 곤충으로부터 과학자가 DNA를 추출하는 장면을 떠올린다. 호박 속에 든 곤충을 종종 볼 수 있는데, 훌륭한 자연 방부제이기 때문인 것 같다. (고대 이집트인들은 호박의 위력을 알고 미라를 만들 때 썼다.) 2012년에는 연구 과정에서 먹이를 공격하는 순간에 미라가 된 거미가 발견되었다. 위기의 순간에 얼어붙어 1억 년이나 보존된 것이다. 같은 해에 가장 오래된 기생 진드기도 사진에 찍혀 기록으로 남았는데, 2억 3000년 전 호박 알갱이에 갇힌 것이었다.[4]

호박은 한때 광활한 침엽수림이 존재했던 발트 해 연안에서 가장 쉽게 찾을 수 있었는데, 태풍이 한 차례 휩쓸고 지나가면 백사장에 모습을 드러냈다. 그 외의 지역에서는 흔치 않아 귀한 대접을 받는다. 호박은 불을 붙여 공기에 소나무 향을 불어넣는 데 쓸 수 있다. 그리고 대개 타는 듯한 옅은 꿀색을 띠지만 검정색, 빨간색, 심지어 파란색도 존재해 보석가공과 장식에 쓰인다. 에트루리아인과 로마인들은 이 색을 좋아했다. 한 로마 역사가에 의하면 당시 '링쿠리우스(lyncurius)'라 불렸고 스라소니의 오줌을 말려서 만들었다고 한다. 많은 고대 무덤에서는 숫양, 원숭이, 벌 모양을 섬세하게 깎아 만든 호박 조각이 발견되었다. 1세기에 조각된, 짙은 색의 메두사를 닮은 호박 조각은 이제 J. 폴 게티 콜렉션의 일부다.[5] 한편 그리스에서는 호박을 태양 광선과 연관지어 '일렉트론'이라 일컬었다. (영어의 전기 및 전자의 유래이기도 하다.) 유명한 신화에서 헬리오스의 아둔한 아들인 파에톤은 자신의 가치를 증명하고자 아버지에게 마차를 빌어 태양 가까이 올라갔다. 하늘을 건너는 아버지의 과업을 대신 수행하려 든 것이다. 어리고 방탕하며 경솔하고 야심찬 파에톤은 아버지보다 힘과 말을 다루는 능력이 치명적으로 부족했다. 그의 약점을 파악한 말들은 지구로 점점 더 가까이 내려가서 비옥한 땅을 태워 황무지로 만들었다. 까만 연기가 피어오르는 걸 본 제우스는 파에톤에게 벼락을 내렸고, 헬리오스가 다시 말을 휘어잡았다. 한편 파에톤의 남매인 헬리아데스의 운명에 대해서는 아는 이가 적다. 동생의 죽음에 너무 비통해한 나머지 자신은 포플러 나무로, 흐르는 눈물방울은 금색의 호박으로 변했다고 한다.[6] 호박을 오팔처럼 불운의 상징이라 믿는 이들도 있는데, 호박방의 최후 또한 그런 믿음에 걸맞게 불확실하다. 쾨니히스베르크에 설치되어 있던 호박방은 1943년에 사라져버렸다. 그리고 1년 뒤 연합군에게 도시가 폭격당하면서 호박방이 있던 미술관 또한 전부 파괴되었다. 물론 패널이 폭격 전에 옮겨졌다고 믿는 이들도 있다. 낙관주의자들은 쾨니히스베르크 어딘가에 호박방이 아직도 숨겨져 있다고 주장한다. 2004년에 에이드리언 레비와 캐시 스콧 클락이 펴낸 책에 의하면 러시아의 보물을 파괴한 장본인은 다름 아닌 러시아군이라고 한다. 명령을 어겼거나 몰랐거나, 어쨌든 자기들의 소행이므로 부끄러움에 은폐한다는 주장이다. 러시아는 1970년대 후반부터 25년 동안 1,100만 달러를 들여 호박방을 복구했고, 덕분에 역사적인 순간을 포착한 복제품을 상트페테르부르크의 예카테리나 궁에서 볼 수 있다.

진저

생강과의 식물군은 부지런하다. 강황, 백두구, 생강 등이 한 가족이다. 길고 좁은 잎에 노란 꽃이 피고, 옅은 색의 뿌리줄기가 땅 밑에 숨어 있는 바로 그 식물, 생강은 남아시아의 열대우림이 고향이며 1세기경 서양으로 처음 팔려나간 향신료 중 하나다. 그리고 여전히 인류의 입맛을 사로잡고 있다. 볶음부터 끈적거리는 진저브레드를 비롯한 모든 음식의 맛에 생기를 불어넣는다. 맵고 자극적이면서도 입에 확 들어오는, 이국적인 맛이다. 그리고 어떤 영문인지 이런 특성이 한 무리의 사람들과 얽힌다. 빨간 머리 말이다.

블론드처럼 빨간 머리는 소수자다(그래서 당근대가리, 구리 문손잡이, 오줌 얼룩, 생강, 빨갱이 등 별 매력 없는 별명이 붙는다). 북유럽 및 서유럽 인구의 6퍼센트 남짓, 그리고 스코틀랜드 인구의 13퍼센트가량이 빨간 머리지만 세계 인구 전체를 따지면 2퍼센트 이하다.[1] 〈빨간색: 빨간 머리의 역사(Red: A History of the Redhead)〉의 저자이자 자신도 빨간 머리인 잭키 콜리스 하비는 신이 말벌에게 줄무늬를 준 것과 같은 이유로 여성에게 빨간 머리를 주었노라는, 할머니에게 들은 이야기를 소개한다.

이러한 신화는 몇몇 유명한 영국의 왕족으로부터 찾아볼 수 있는 듯하다. 디오 카시우스는 잠깐 동안 로마 침략군을 공격했던 부디카를 '흘러내리는 빨간 머리 덩어리'라 묘사했다. (하지만 그녀가 죽은 지 100년 가까이 지나서 기록을 남겼으므로, 어두운 머리칼의 그리스나 로마 독자에게 한층 더 무섭고 이국적으로 다가오도록 각색했을 가능성도 있다.)

하지만 너그러움과는 거리가 먼 인물로 기록에 남은 헨리 8세는 정말 다혈질이었다. 그가 24세였던 1515년, 베네치아 대사는 이렇게 썼다. '폐하께서는 내가 알현한 군주 가운데 가장 잘 생긴 분이시다. 평균 이상의 신장에 종아리는 굉장히 늘씬하며, 안색은 밝고 환하고, 짧고 곧은 붉은 머리칼을 프랑스식으로 빗질했다.'[2] (하지만 이마저도 헷갈린다. 머리칼을 묘사할 때 사용한 단어 '오번auburn'은 연한 노란색이나 갈색 또는 황백색을 일컬었기 때문이다. 그러다가 16~17세기에 좀 더 진한 적갈색을 묘사하는 단어로 의미가 바뀌었다.) 앤 불린—기록에 따라 다르지만 머리칼에 붉은 기가 돌았던—이 낳은 헨리 8세의 딸이 엘리자베스 1세로, 탁월한 빨간 머리의 통치자였다. 하지만 그녀의 머리색은 확실하지 않다. 초상화마다 딸기색 금발, 적금색, 구릿빛 적갈색 등 묘사하는 것이 다르다.

영국 왕좌 이야기를 제외한다면 빨간 머리, 그중에서도 특히 여성은 문화적인 가시성이 돋보인다. 애니, 제시카 래빗, 윌마 플린스톤 등 허구 속의 여성 인물은 모두 빨간 머리다. 예술에서도 빨간 머리가 등장한다. 티치아노는 장미색 캐러멜, 모딜리아니는 적갈색 머리를 좋아했고 로제티와 그의 동료인 라파엘 전파(Pre—Raphaelites) 수사들은 머리색이 빨갛다면 까다롭게 굴지 않았다. 구릿빛 머리칼의 시인인 엘리자베스 시달은 많은 라파엘 전파의 화가들에게 영감의 대상이었다. 그녀는 존 에버렛 밀레이 경의 '오필리아'와 로제티의 '성스러운 베아트리체(Beata Beatrix)'의 주인공으로 로제티의 연인이었다가 아내가 되었다. 시달이 아편 중독으로 죽자 로제티는 함께 쓴 시집도 함께 파묻었지만 나중에 책을 되찾고자 무덤을 팠다. 목격자에 의하면 시달의 불타는 머리는 계속 자라서 열어젖힌 관을 가득 채웠다고 한다. 로제티는 그 광경을 떨쳐내지 못했다.

빨간 머리의 조상에 대한 기원이나 행방은 아직도 풀리지 않았지만, 기대할 만한 역사의 근거는 1994년에 밝혀졌다. 스페인 북부의 엘 시드론에서 발굴된 턱뼈 두 점 덕분이다. 처음에는 턱뼈의 상태가 너무 좋았으므로 비교적 최근의 것이며, 아마 스페인 내전 시기쯤의 것으로 추측됐다. 그러나 이후 근육을 칼로 발라낸 흔적이 있는 뼈가 나오면서 현장에는 살인 및 식인의 끔찍한 분위기가 감돌았다. 경찰과 감식과학자가 동원되었다. 실제로 범죄가 벌어졌던 건 분명하지만 이미 5만 년 전에 벌어진 사건이었다.[3]

동굴에는 네안데르탈인 일족의 잔해가 남아 있었다. 남자 셋, 여자 셋에 십대 소년 셋, 어린이 둘, 그리고 아기 하나. 그 가운데 두 사람이 밝은 빨간 머리임을 밝힐 만한 증거를 확보했다.[4] 그들은 가해자가 아닌 피해자였다.

미니엄

〈글라드조르 복음서(Gladzor Gospels)〉의 첫 장을 펼치면 성인의 초상화로 장식된 금박의 바탕 아래에 글씨가 눌려 쓰여 있다. 소용돌이 모양을 한 형형색색의 나뭇잎과 환상적인 동물이 성인을 둘러싸고 있다. 파란 학처럼 생긴 동물 한 쌍은 빨간색과 녹색의 날개를 서로 마주보고 있으며 부리를 벌려 소리 없이 지저귄다. 놀란 공작과 라일락 자고새를 닮은 새 네 마리는 하트 모양의 빨간 이파리를 입에 물고 있다. 몇몇 페이지는 금박 나뭇잎으로 들어차 있는데 분위기가 기괴한지라, 그림을 보고 있으면 글은 중요하지 않은 것 같다는 느낌이 든다.

1440년 요하네스 구텐베르크의 활자가 등장하기 직전, 책은 귀족, 성직자, 사무직처럼 일에 꼭 필요한 이들에게만 제한되어 있었으며 또한 비쌌다. 필사본은 문자 그대로 손으로 베껴 만들었다(라틴어 마누manu는 '손', 스크립터스scriptus는 '쓰인'을 의미한다). 그리고 자신의 신성 및 지위를 반영하고 싶은 위력 있는 후원자만이 일을 맡길 수 있었다. 책 한 권에 몇백 시간의 노동을 들여 만든 책 한 권은 오롯이 고유한 물건이었으며 동물 가죽으로 만든 피지에 염료로 강조되어 필경사의 손으로 넘겨졌다.

〈글라드조르 복음서〉는 14세기, 흑해와 카스피해 중간쯤에 있는 중앙 아르메니아 지역에서 만들어졌다. 예나 지금이나 아르메니아는 정치 및 문화적으로 동양과 서양의 틈바구니, 무슬림과 기독교 세상 사이에 끼어 있다. 서기 301년, 빛의 성자 그레고리우스가 이름에 걸맞게 이 지역을 기독교로 개종시켰다.[1] 세계 최초였는데, 아마도 그 사실 때문에 느낄 자부심과 몽골 점령으로 인한 불안감이 맞물려 〈글라드조르 복음서〉의 필사 및 삽화에는 광기 어린 창의력이 쏟아 부어졌다. 대부분의 수도적인 노력이 그렇듯, 〈글라드조르 복음서〉에는 정확하게 분업화된 노동이 투입되었다. 일단 필경사가 그림을 위한 공간을 조심스레 남겨놓고 글을 필사하면 화가 무리가 일을 시작했다.[2] 한 질의 규모가 클 경우 수도승 한 명이 대문자, 제목, 단락에 눈에 확 들어오는 특정한 붉은 주황색을 더했다.

이때 사용되었던 안료가 바로 미니엄이며, 이를 칠하는 수사는 '미니에이터(miniator)', 눈에 확 띄는 문양이나 제목을 필사본에 더하는 일을 '미니아투라(miniatura)'라고 일컬었다('미니어처(miniature)'의 어원이지만 원래 뜻은 작음과 전혀 상관없다).[3] 미니엄은 중세에 필사본을 강조하는 데 집중적으로 쓰였으며, 11세기 버밀리언의 등장과 맞물려 서서히 사라졌다.[4]

미니엄 혹은 사산화납은 자연 광물로도 찾을 수 있지만 드물어서 대개 인공적으로 제조한다. 리드 화이트와 한 뿌리에서 나왔으니, 제조과정이 아주 유쾌하리라 짐작할 수 있다. 11세기의 〈매패이 클라비쿨라〉를 살펴보자.

사용한 적 없는 단지에 납 한 장을 담는다. 아주 강한 식초를 붓고 뚜껑을 덮어 밀봉한다. 따뜻한 곳에 한 달 동안 둔다. 그리고 납 주변에 붙은 침전물을 긁어 도자기 단지에 담아 불에 올린다. 염료를 계속 저어주면 눈처럼 하얘지는데 이를 연납 혹은 세루스라 일컬으니 필요한 만큼 덜어 쓴다. 남은 것을 불 위에 올려 계속 저으면 빨간색이 든다.[5]

미니엄은 종종 버밀리언이나 시나바(cinnabar, 적색 황화수은)의 싼 대체재로 쓰였다. 사실 미니엄이 나머지 둘보다 더 노랗지만 세 안료는 쉽게 혼동된다(대 플리니우스는 미니엄을 '불꽃색'이라 묘사했다).[6] 광명단이 싸고 밝고 만들기 쉽지만 이상적인 안료는 아님을 감안하면 혼동보다 착각 같다. 리드 화이트와 한 뿌리에서 나와 그리스나 중국에서 화장품으로 쓰이기도 했지만 그만큼 독하다.[7] 또한 어디에서나 쓰이는 리드 화이트를 포함한 다른 안료와 잘 섞이지 않았다. 1835년 조지 필드가 밝혀낸 것처럼 깨끗하지 않은 공기에 노출되면 검게 변색되는 경향도 있었다.[8] 역사가에게는 다행스럽게도 아르메니아의 공기도 똑같이 문제였다. 글라드조르 수도원의 돌벽은 사라진 지 오래지만 이 필사본의 미니엄만은 언제나처럼 빛난다.

누드

정치적 상황에 처한 여성의 의상 선택은 때로 물의를 빚지만, 2010년 5월 한 의상을 둘러싼 시비는 평소보다 더 거셌다. 인도의 대통령을 환대하는 국가 정찬의 자리에서 첫 아프리카계 미국인 영부인인 미셸 오바마는 나임 칸이 디자인한 따뜻한 크림과 은색의 가운을 입었다. 칸이 뭄바이 태생이었으므로, 가운은 의복을 통한 외교적 시도였다.[1] 하지만 소식이 보도되면서 문제가 불거졌다. 연합 통신은 드레스를 '살색'이라고 묘사한 반면, 다른 매체에서는 디자이너인 칸의 말을 빌려 '은색 반짝 구슬이 달린, 추상적인 꽃무늬의 끈 없는 누드 가운'이라 표현했다. 반응이 즉각 불거져 나왔다. 〈제제벨Jezebel〉의 저널리스트 도다이 스튜어트의 말을 빌자면 '누드라니? 누구의 누드인가?'라는 식이었다.[2]
특정한 연한 색을 가리키는 용어 '누드' 또는 '살색', 아니면 그보다 덜 쓰는 '볕에 그을린', 또는 '벌거벗은'은 코카서스 백인의 피부 색조를 지칭하므로 문제다. 세계 패션 시장에서 고통스럽게 배제되었지만 여전히 흥미로울 정도로 완고하다. 누드 하이힐은 붙박이로 신는 구두다. 또한 매일 몇백만 명이 누드 립스틱을 입술에 바른다. 의복에 쓴다면 모래, 샴페인, 비스킷, 복숭아, 베이지 등의 대안이 무수히 많지만 여전히 살아남아 쓰인다.
누드는 코르셋, 거들, 팬티스타킹, 브라렛 등의 여성 속옷 색깔로 1920년대와 1930년대에 등장했다. 곧 헐벗은 살과 비단처럼 고운 속옷의 관계가 성적인 흥분을 불러 일으켰다. 디자이너는 이 경향에 계속 이끌렸고, 특히 1990년대와 2000년대 초기 '겉옷 같은 속옷'의 유행에 영향을 미쳤다.[3]
하늘하늘한 옷감 밑에 받쳐 입어도 비쳐 보이지 않으리라는 생각에 '누드' 속옷이 등장했을 것이다. 물론 현대의 누드 속옷과 마찬가지로 당시의 누드 속옷 또한 백인 여성 가운데서도 극소수의 피부색과 일치했다. 이를 누구보다 잘 이해한 이가 브라질의 사진가 안젤리카 다스다. 2012년부터 안젤리카는 인간 피부색의 '색상 견본'을 작업하고 있다. 현재진행형인 '휴머내Humanæ' 프로젝트에는 세계 곳곳의 2,500명의 초상이 담겨 있다. 알몸인 것 같지만 머리와 어깨만 보이는 각 초상들은 같은 조건의, 깔끔하고 밝은 조명 아래에서 찍었다. 그녀의 사진이 돋보이는 이유는 배경 덕분이다. 각 배경은 모델의 얼굴에서 추출한 피부색에 맞춰 염색되었으며, 아래쪽에 팬톤 색상 코드가 적혀 있다. 안젤리카의 얼굴색은 팬톤 7522C다.[4] 초상화는 '백인'이나 '흑인' 같은 명칭이 얼마나 설득력이 없고 부정확한지 즉각적으로 분명하게 보여준다는 점에서 모아서 보면 그 위력을 발휘한다. 피부색의 다양함은 압도적이며 신기하도록 감동적이다.

'누드'가 특정 피부색을 지칭하는 색깔의 이름이 아니라는 점을 주장해도 큰 무리는 없을 것이다. 진짜 문제는 색이나 단어 자체가 아니다. '누드'라는 단어 뒤에 도사리고 있는 자민족중심주의다. "'누드'보다 피부색이 짙은 우리는 반창고부터 팬티스타킹, 브래지어에 이르기까지 얼마나 긴 세월 동안 우리가 색의 측면에서 배제되어왔는지 깨닫는다"'고 스튜어트는 2010년에 쓴 바 있다. 물론 변화도 생겨나고 있다. 옅은 모래색 파운데이션 한 가지만을 내놓고 '모든 피부색에 맞는다'고 우기는 화장품 회사가 눈에 띄게 줄어든 것이다. 그리고 2013년, 크리스찬 루부탱은 연한 색부터 짙은 색까지 다른 피부색에 맞는 다섯 종류의 펌프스를 출시했다.[5] 이제 우리는 '누드'가 색상이 아닌 색의 범위임을 안다. 그리고 세상도 이를 반영할 때가 되었음을 안다.

Baker-Miller pink
Mountbatten pink
Puce
Fuchsia
Shocking pink
Fluorescent pink
Amaranth

핑크 계열

핑크는 소녀, 파랑은 소년을 위한 색이라고 한다. 그 증거는 어디에서나 찾아볼 수 있다. 2005년에 시작된 '핑크 앤 블루 프로젝트'에서 한국의 사진가 윤정미는 어린이들의 물건을 사진에 담았다. 여자아이들이 너나할 것 없이 똑같은 핑크색 바다에 표류한 듯 앉아 있다.

놀랍게도 소녀는 핑크, 소년은 파랑이라는 엄격한 분리의 역사는 고작 20세기 중반에 비롯되었다. 몇 세대 전만 해도 상황은 완전히 달랐다. 아기 옷에 대한 〈뉴욕 타임스〉의 1893년 기사는 '언제나 남자애에게 핑크색, 여자애에게 파란색의 옷을 입혀야 한다'고 언급한다. 저자는 물론 인터뷰를 한 점원도 이유는 확실히 헤아리지 못했지만, 그는 농담 섞인 가설을 내세운다. '아마도 남자아이의 얼굴이 언제나 더 빨개서, 베이비 블루의 옷이라도 입히지 않으면 여자의 삶에 대해 생각할 수 없기 때문이리라.'[1] 1918년의 무역 전문지 또한 남자아이에게 핑크를 입히는 경향이 '일반적으로 통하는 규칙'이라고 밝힌다. '핑크는 더 확고하고 강건한 색이고, 파랑은 더 섬세하고 앙증맞은 색이기 때문'이라는 것이다.[2] 훨씬 더 현실적인 설명이다. 핑크색은 결국 물 빠진 빨간색일 뿐이다. 진홍색 상의의 군인이나 적색 가운 차림의 추기경이 가장 남성적으로 보이는 반면 파란색은 동정녀 마리아의 상징 색이다. 20세기 초반에 성별에 따라 다른 색깔의 옷을 입히자는 발상은 좀 이상했다. 출생률과 사망률이 모두 높아서, 모든 아이들은 두 살이 될 때까지 표백이 쉬운 흰 마 소재의 내리닫이를 입었다.

핑크라는 단어도 상대적으로 어리다. 17세기에 옥스퍼드 영어 사전에서 옅은 빨간색을 묘사하는 단어가 최초로 쓰였다. 그전에 핑크는 일종의 안료를 가리켰다. 핑크 안료는 갈매나무 열매나 양골담초의 추출액 같은 유기질 색료를 백악 같은 무기질 재료에 더해서 만들었다. 핑크색도 조금씩 달라서 그린 핑크, 로즈 핑크, 브라운 핑크 등이 있지만 대부분의 경우는 노란색이 섞인 핑크다.[3] 연한 녹색이나 노란색이라면 그렇지 않은 데 반해, 연한 빨간색에 고유의 이름이 붙은 건 신기한 일이다(러시아어를 비롯해 몇몇 언어에는 옅고 진한 파란색을 일컫는 별개의 단어가 존재한다). 대부분의 낭만적인 언어는 장미꽃에서 따온 '로즈'를 대신 쓴다. 한편 확실하지 않지만 핑크색이 다른 꽃, 즉 패랭이꽃(Dianthus plumarius)에서 유래했을 가능성도 있다.

하지만 핑크색은 꽃이나 공주의 드레스만을 위한 색이 아니다. 18세기에는 프랑수아 부셰나 장 오노레 프라고나르 같은 로코코 화가가 연어색 비단 드레스(든 아니든)를 입은 여성을 화폭에 담았다. 페미니즘의 상징 같은 건 아니었지만 스스로의 매력을 완전히 장악한 여성의 모습이었다. 그림의 주인공은 프랑스 루이 15세 국왕의 정부이자 밝은 핑크색의 세브르 도자기의 인기에 한몫한 퐁파두르 부인이다. 대담하고 풍성한 핑크색이 강하고 개성 있는 여성과 만났다. 잡지 편집자인 다이아나 브리랜드는 핑크색을 '인도의 네이비 블루'라 말하며 선호했다.[4] 이탈리아의 패션 디자이너인 엘사 스키아파렐리, 상속녀이자 잡지 편집자인 데이지 펠로우즈, 설명이 필요 없는 메릴린 먼로가 모두 주목을 끌고 싶은 20세기 여성의 색깔로 쇼킹 핑크를 선택했다.

현재 핑크색이 겪는 문제의 일부는 패션의 묵은 성차별주의에 대항하는 페미니즘에서 비롯됐다. 미성숙한 색일 뿐만 아니라, 몇몇 화가들이 여성의 알몸을 그리는 과정에서 코치닐, 오커,

흰색을 섞으면서 성적 대상화의 색이 되어버렸다. 나체화는 여전히 압도적일 정도로 여성의 비율이 높다. 1989년, 메트로폴리탄 미술관의 나체화 가운데 85퍼센트가 여성이었지만, 여성화가의 비율은 고작 5퍼센트였다. 예술계의 다양성을 추구하는 무리인 '게릴라 걸스'의 최근 문건에 의하면 요즘은 상황이 더 나쁘다.[5] 핑크색이 성적 대상화의 색으로 쓰이는 경향이 1970년 한 색의 놀라운 발견(베이커 밀러 핑크)으로 인해 더 심해졌다는 것이다.

요즘은 옷부터 자전거 헬멧, 요실금 패드까지 여성을 위한 제품이 남성이나 소년을 위한 것과 똑같은데도 더 비싸다는 사실이 밝혀졌다. 2014년 11월 프랑스의 여성부 장관인 파스칼 부아스타르는 '핑크색이 사치의 색입니까?'라는 질문을 던졌다. 마트에서 핑크색 일회용 면도기가 1개에 1.93달러인 데 반해 파란색 일회용 면도기는 10개 들이에 1.85달러에 팔리고 있었기 때문이다.[6] 이런 현상을 이제는 '핑크 세금(pink tax)'라고 일컫는다. 지난 세기 동안 색상의 선호도가 바뀌었을 수도 있지만, 남성의 미래가 더 장밋빛으로 보이는 것만은 여러 측면에서 분명하다.

베이커 밀러 핑크

1970년대에 미국 도시는 약물의 유행과 치솟는 범죄율로 고초를 겪었다. 그래서 1979년, 한 교수가 시민의 공격성을 덜어낼 방법을 찾았다고 발표하자 온 나라가 귀를 기울였다. 비밀은 알렉산더 G. 샤우스가 〈보완대체 정신의학〉에서 발표한, 구역질나게 밝은 핑크였다.

이후 샤우스는 많은 실험을 거쳤다. 먼저 젊은 남자 153명의 체력을 측정한 뒤 절반에게는 진한 파란색, 나머지 절반에게는 핑크색의 판지를 1분 동안 쳐다보라고 지시했다.[1] 후자의 무리에서 두 명을 제외한 이들이 평균보다 체력이 약해졌다. 흥미를 느낀 그는 좀 더 정확한 측정이 가능한 악력계로 38명의 남자를 추가 실험했는데, 모두에게 핑크색이 삼손의 머리칼처럼 영향을 미쳤다. 연구소 밖에서도 같은 색깔이 영향을 미치는 것 같았다. 1979년 3월 1일, 미국 시애틀 소재 해군 형무소의 두 교도관인 진 베이커와 론 밀러가 감옥에 핑크색을 칠하고 효과를 살폈다. 1갤런의 순백색 수지 물감에 빨간색의 마감용 페인트 1파인트를 정확하게 섞어 위장약 펩토 비스몰과 똑같은 색깔을 만든 뒤 감방의 벽, 천장, 철창에 칠했다.[2] 베이커의 말을 빌자면 교도소 내 폭력은 '엄청난 문제'였지만 핑크색을 칠하고 156일 동안 단 한 건의 사건도 발생하지 않았다.[3] 캘리포니아 주 샌버너디노의 쿠이퍼 소년원에서도 흡사한 결과가 나왔다. 사실 폴 보쿠미니 박사가 기쁘게 보고한 것처럼, '너무 효과가 좋은 나머지 미성년자들이 지나치게 쇠약해져 색깔에 노출을 제한시켜야만 했다.'[4]

샤우스는 시애틀의 두 교도관 이름을 딴 베이커 밀러 핑크의 효과를 알리기 위해 대중 앞에 모습을 드러냈다. 그는 베이커 밀러 핑크가 가장 강한 남자의 힘마저 빨아들이는 색깔이라 주장했다. 기억에 남을 만한 텔레비전 출연에서 샤우스 박사는 캘리포니아 주지사에게 색의 효과를 입증했다. 딱한 주지사는 이두박근 운동을 한 번도 끝내지 못했다. 그리고 곧 베이커 밀러 핑크는 미국의 대중문화 현상으로 자리 잡았다. 버스 의자며 주택 단지의 벽, 소도시의 주정뱅이 유치장(그래서 '드렁크 탱크 핑크'라는 또 다른 별명도 얻었다), 마침내 대학 미식축구 경기장의 원정팀 대기실에도 진출했다.[5] 결국 홈팀과 원정팀의 대기실 색깔이 같다면 어떤 색이나 칠할 수 있다는 규정이 생겨났다.

학계에서도 이 색의 영향을 연구했다. 이후 10년 동안 과학자는 불안 수준부터 식욕, 암호식별 능력에 이르는 모든 것에 베이커 밀러 핑크의 영향을 따져보았다. 결과는 모순적이었다. 1988년의 연구에 의하면 색과 혈압의 상관관계를 밝힐 수 없었지만, 표준 숫자·부호 시험에는 참가자의 속도 및 정확도에 영향을 미쳤다.[6] 1991년 연구에서는 감정적으로 영향을 받은 참가자의 수축 및 이완 혈압이 핑크색으로 칠한 방에서 내려간다고 밝혔다. 재소자 및 재소자 시늉을 하는 남자 대학생을 대상으로 벌인 연구에 의하면 베이커 밀러 핑크로 칠한 방과 핑크 필터를 거친 조명 아래 노출되면 진정하는 데 시간이 덜 걸림을 밝혔다.[7]

하지만 오늘날 베이커 밀러 핑크는 감옥에서조차 찾아보기 어렵다. 미국의 범죄율이 떨어지기 시작하자 베이커 밀러 핑크는 뒷전으로 밀렸다. 또한 구역질 나는 색이다 보니 경비원, 간호사, 간수 등이 노출을 꺼렸다. 그래서 이 색을 향한 세계의 관심은 잦아들었고 몇 백 개 질문의 답도 못 밝혀냈다. 다시 범죄로 난장판이 되기 전까지는 그런 상태이지 않을까.

마운트바텐 핑크

20세기에 들어선 뒤 60년 동안, 매주 목요일 오후 4시 정각이면 대형 호화 유람선의 경적이 사우샘스턴 수면 위에 울려 퍼지고 유니언캐슬의 배가 정박지를 미끄러져 빠져나와 케이프타운으로 남하했다. 출발 시각이 정확하게 맞아 떨어지지 않더라도 유니언캐슬의 배는 혼동할 수 없었다. 검정 줄무늬를 끝에 두른 스칼렛의 굴뚝과 빛나는 흰색의 갑판, 칙칙한 라벤더 그레이 핑크의 선체 덕분이었다. 핑크색이 도는 선체가 햇빛을 받으며 푸른 파도를 헤치고 나아가는 자랑스러운 광경은 광고 포스터에도 적극 활용되었다.

1940년 HMS 켈리호에 탑승했던 영국의 정치인 마운트바텐 경에게는 그다지 쾌활한 광경이 아니었으리라. 제2차 세계대전의 첫 해에 영국 왕실 해군은 막대한 패배를 입었다.[1] 하늘에서는 전투기가, 해저에서는 유보트가 수송선을 추적했다. 인명 피해도 엄청났지만 영국은 해외에서 들여오는 군수물자에 크게 의존하고 있던 터라 확실한 대처가 필요했다. 선장들은 독일군을 따돌리기 위해 여러 종류의 위장을 시도했다. 몇몇은 제1차 세계대전 때 쓰였던 거슬릴 정도로 눈에 확 들어오는 디자인에 공을 들였다. 얼룩말 같은 줄무늬도 이때 등장했다. 적군에게 혼란을 주기보다 적재 화물이나 속력, 거리를 가늠하기 어렵게 만드는 게 목표였다. 아니면 바다와 하늘의 색상 차이를 본떠서 선체에 짙은 회색을, 선루에 옅은 회색을 칠했다.[2]

마운트바텐도 이런 맥락에서 징발한 유니언캐슬 선박을 보았지만, 생각을 좀 달리 했다. 배를 그 색 그대로 두더라도 다른 수송선보다 눈에 더 띄지 않을 거라 본 것이다. 그는 더 나아가 눈에 잘 띄는 유니언캐슬의 선체 색깔이 해군에게 필요하다는 결론을 내렸다. 낮에는 잘 보였지만 배가 공격에 가장 취약한 일출과 일몰에는 칙칙한 퓨스(암갈색)가 사라지는 것처럼 보였다. 결국 그는 선단 소속 구축함을 중간 밝기의 회색에 베네치아 레드를 약간 섞은 색으로 칠했고, 이는 곧 마운트바텐 핑크라 불렸다.

다른 함장들도 마운트바텐을 따라 배를 색칠했다. 나름의 색깔과 무늬를 고수한 해군성 공식 위장이 아니었다면 마운트바텐 핑크는 해군 전체로 퍼져나갔을 것이다. 곧 모든 선박은 얼룩말 무늬 같은 화려한 디자인을 고수한 채 가라앉은 회색과 파란색으로 색만 바뀌어 칠해졌다. 해군성이 마운트바텐 핑크 또한 실험에 포함시켰는지의 여부는 확실하지 않고, 계속 바뀌는 색깔에 대한 승무원의 반응 또한 잘 알려지지 않았다. 하지만 마운트바텐 핑크가 사라진 1942년에는 모두가 그 효과를 납득했음은 확실하다. 마운트바텐 핑크의 기적적인 위장 효과를 입증하는 일화가 하나 있다. 색을 바꿔 칠한 뒤 '핑크 레이디'라는 별명이 붙은 HMS 케냐는 1941년의 마지막 몇 달 동안 노르웨이 해안의 박소 섬에서 격렬한 공격에 휩싸였다. 몇 분 동안 선미에 두 기의 대형 기총으로 사격을 당했지만 사상자 없이 외관만 손상을 입고 빠져나올 수 있었다. 해군이 오랫동안 찾아온 색이 바로 이 핑크인 것 같다는 방증이었다.

퓨스

혁명 이전의 프랑스에는 도발적인 색 이름이 넘쳐났다. 애플 그린과 흰 줄무늬는 '생기 있는 양치기'라 불렸다. 한편 '시끄러운 불평'이나 '엄청 좋은 평판', '막은 입 사이 흘러나오는 탄식', '운무(雲霧)'도 있었다.[1] 지금처럼 최신 유행을 따르는 것은 지위와 부, 그리고 프랑스 왕족의 일가에 속한다는 일종의 표식이었다. 그렇게 멍청한 상황에서 퓨스가 한때 유행을 탔다.

1775년 여름, 20세의 마리 앙투아네트는 1년 동안 프랑스의 왕좌를 지켰지만 썩 좋은 통치자는 아니었다. 봄에는 곡물 수가를 놓고 '밀가루 전쟁'이라 일컬은 폭동이 몇 차례 일어났다. 격변이 온 나라를 뒤덮은 가운데 외국 태생인 왕에게 증오가 몰렸다. 엄청난 도박이 있다는 소문이 돌았고 가짜 우유 배달원이 베르사유 궁전 부지의 프티 트리아농을 침탈했으며 비싼 옷과 모자로 가득 찬 옷장이 있다는 유언비어도 퍼졌다. 굶주리는 백성들은 그런 소문에 울분을 터트렸다. 프랑스 상황을 보고 받은 어머니이자 무시무시한 마리아 테레지아 여제는 그녀의 '패션 사치'를 꾸짖는 편지를 썼다. '스스로의 격을 낮춰도 모자랄 어려운 시기에 사치스러운 지출 탓에 심연으로 가라앉고 있다'[2]고 말했지만 앙투아네트는 듣지 않았다.

앙투아네트의 남편인 루이 16세는 그녀의 복식을 향한 집착이 위험할 정도로 꼴사납다고 판단했고, 갈색과 분홍색과 회색 사이의 색깔을 띤 러스트린(반짝이는 비단 호박단) 가운을 입는 광경에 특히 질색했다. 여성을 위하는 마음이 있었다면 '빛바랜 장미색'이라 표현했겠지만 그는 대신 couleur de puce, '벼룩 떼의 색'이라 말했다.[3] 부인에게 망신을 주려는 의도였다면 역효과였다. 오베르키르슈 백작부인은 "다음날 왕가의 모든 여성이 벼룩색 가운을 입어서 '늙은 벼룩', '젊은 벼룩', '벼룩의 배', '벼룩의 등' 천지였다"라고 썼다.[4] 그해 여름에 프랑스 왕가에서 쓴 편지에서 스펜서 부인은 퓨스가 '퐁텐블로 궁에서 유일하게 입는 색으로 제복'[5]이라고 썼다.

왕가가 몰락한 뒤 17년이 지난 1792년 8월 10일, 부르봉 왕가의 여건이 완전히 바뀌었다. 혁명 이후의 거주지인 아파트는 비좁고 더러운 것이 첨탑 꼭대기의 작은 방 같았다. 거기에서 왕족은 다음해 사형에 처해질 때까지 연금 상태로 지냈다. 자연스레 마리 앙투아네트도 옷을 많이 입을 수 없었을 뿐더러, 그나마도 새로운 삶에 맞게 골라야만 했다. 조악한 주거 환경과 거듭된 세탁에도 견디는 한편 '민중의 암살자' 및 죄수로서의 신분에도 들어맞는 옷이어야만 했던 것이다. 그녀의 옷은 단순한 흰색 슈미즈, 수놓인 모슬린 치마, 어깨 망토 두 벌, 드레스 세 벌이 전부였다. 드레스라고 했지만 고작 갈색으로 나염된 밝은 장식용 천, 승마복 같은 깃이 달린 단순한 슈미즈, '파리의 진흙'이라 알려진 색과 벼룩 색의 태피터 가운이었다.[6]

푸시아

푸시아는 꽃에서 이름을 따온 많은 색 중 하나다.[1] 흰색, 빨간색, 분홍색, 자주색 등 다양한 색조를 띤 꽃들이 존재하는 가운데, 파란색을 바탕 삼은 밝은 분홍색의 독특한 두 겹의 꽃 이름을 받았다. 오늘날엔 그다지 자랑거리라고 하기 어렵다. 1998년 푸시아는 영국에서 가장 인기 없는 세 가지 색깔 가운데 하나로 뽑혔으며 오랫동안 영단어 경진대회의 참가 학생들에게 골칫거리였다.[2] 하지만 꽃의 이름에 얽힌 이야기의 핵심은 사랑, 식물을 향한 사랑이다.

기원전 460년경 코스 섬에서 태어난 히포크라테스는 식물의 삶에 가장 먼저 관심을 품었을 거라고 기록에 남은 사람이다. 그의 연구는 의학과 관련이 있었다. 많은 식물이 병을 치료하거나 일으킬 수 있었고, 좋은 의사라면 이를 구분할 줄 알아야만 했다. 이후 다른 그리스인인 테로프라스투스(기원전 371~287년)가 이 주제에 대해 처음으로 논문을 썼다. 그리고 〈박물지〉에서 800종의 꽃을 다룬 대 플리니우스(서기 23~79년), 서기 980년경에 태어난 페르시아의 철학자이자 과학자며 천재 저자인 아비센나(그의 책 가운데 240여 권이 여전히 남아 있다)도 있었다.[3] 하지만 500년 뒤에도 식물학은 전혀 발달하지 않았다. 바이에른에서 의사가 되기 위해 공부를 하던 레온하르트 푹스가 식물 연구를 시작할 때까지 말이다.

이러한 상황을 바꾸고자 푹스는 구할 수 있는 모든 식물로 정원을 채웠다. 당시 기록을 보면 엄청나게 집중하는 표정으로 한 손에 식물을 쥐고 서 있다. 그는 유럽 전역은 물론 신세계를 탐사하는 친구들에게 처음 접하는 식물의 샘플이나 묘사를 보내달라고 부탁했다. 고된 연구의 결실인 〈식물학의 주목할 만한 주장(De historia stirpium commentarii insignes)〉이 마침내 1542년에 출간되었다.
'인간으로서 가능한 최선의 노력을 기울였습니다'라고 푹스는 자랑스럽게 쓰고 있다. '모든 식물의 뿌리, 줄기, 이파리, 꽃, 씨, 열매의 정보를 담았습니다.'[4] 세 명의 화가가 책의 삽화 512점을 책임졌다. 400종의 야생 식물, 100종의 재배 식물은 물론 고추처럼 유럽인 가운데서도 소수만 본 적 있는 신세계의 식물도 기록되었다(고추, 즉 칠리 페퍼는 '큰 깍지'라는 뜻의 라틴어다). 그는 흔해서 수백 번은 보았을 식물에 인상적인 이름을 붙였다. 흔한 지황에 '디기탈리스 퍼르푸레아(Digitalis purpurea, 자주색 손가락)'이라는 이름을 붙인 것이다.[5]
얄궂게도 레온하르트 푹스는 자신의 이름이 붙은 식물을 생전에 보지 못했다. 오늘날 세계적으로 흔한 식물이지만 유럽인에게는 푹스가 세상을 떠난 지 137년이 지난 1703년에 발견된 식물로, 카리브 해에 있는 히스파니올라 섬의 야생식물이었다. 이 꽃을 발견한 식물학자 페레 샤를 플뤼미에르는 그의 영웅인 푹스를 기리기 위해 푸시아라 명명했다.

쇼킹 핑크

윈스턴 처칠과 클레멘타인 처칠 부부에게 '난국(亂局)의 화신'이라 불렸던 데이지 펠로우즈는 정녕 파격적인 여인이었다.[1] 그녀는 19세기 파리의 삼복더위에 프랑스의 관료와 재봉틀 기업의 상속녀인 이사벨 블랑슈 싱어의 외동딸로 태어났다. 1920~1930년대에 그녀는 대서양을 넘나들며 영국과 미국에서 동시에 악녀의 명성을 누렸다. 발레 교사에게 코카인을 흡입시키고 프랑스판 〈하퍼스 바자〉를 편집했으며 유명인사와 떠들썩한 연애를 연이어 했고, 숙적들만 골라 초대해 파티를 열었다. 예술가인 지인은 그를 '당대의 가장 아름다운 퐁파두르 부인이며 앨버트로스만큼 위험한 인물이다'라고 묘사했다. 한편 〈뉴욕 타임스〉에 글을 썼던 미첼 오언스는 펠로우즈를 '멩보쉐 정장 차림의 몰로토프 칵테일(화염병—옮긴이)'이라 묘사했다.[2] 그녀의 많은 악행 가운데 하나는 쇼핑이었으니, 카르티에에서 사들인 물건이 말 많고 탈 많은 분홍색을 세상에 널리 알렸다. '테테 드 벨리에르(Tête de Bélier, 숫양의 대가리)'라는, 밝은 분홍색의 17.47캐럿짜리 다이아몬드였다.[3] 한때 러시아 왕자의 소유물이었던 이 다이아몬드를 펠로우즈는 가장 좋아하는 디자이너이자 독창적이고 비현실적인 여성복 디자이너인 엘사 스키아파렐리와 만날 때 착용했다. 펠로우즈는 살바도르 달리와의 협업으로 만든 악명 높은 챙 높은 모자를 쓸 만큼 대담한 두 여인 가운데 한 명이었는데, 다른 한 명은 스키아파렐리였다. 스키아파렐리는 다이아몬드에 첫눈에 반했다. 그녀는 '밝으면서도 현실의 색이 아닌 것 같고, 뻔뻔스럽고도 적절하게 내 눈앞에서 빛나는 그 색은, 세계의 빛과 새와 물고기를 모아놓은 것처럼 생명의 기운을 풍겼으며 서양이 아닌 중국이나 페루의 색이었다. 그만큼 충격적이고 순수하며 흐려지지 않은 색이었다'고 나중에 쓴 바 있다.[4] 그녀는 다이아몬드에서 받은 영감을 향수의 포장에 담아 1937년에 첫 출시했다.[5] 초현실주의 화가 레오노르 피니가 여배우 메이 웨스트의 육감적인 상반신을 형상화하여 디자인한 향수병은 눈에 확 띄는 진한 분홍색 상자에 담았다. 상품명은 당연하게도 '쇼킹'이었다. 이 색은 스키아파렐리에게 일종의 시금석으로 자리 잡아, 이후 컬렉션에 등장했고 심지어 인테리어 장식에도 쓰였다. 그녀의 손녀인 모델 겸 배우 마리사 베렌슨은 하트 모양의 쇼킹 핑크 베개로 뒤덮인 침대를 기억하고 있다.[6]

세월이 흘러도 색의 매력은 사그라들지 않았다. 자신만만한 1980년대에 크리스찬 라크루아는 쇼킹 핑크를 종종 강렬한 빨간색과 짝지었지만 대부분은 자주 쓰지 않았다. 주목할 만한 예외를 영화 '신사는 금발을 좋아해'에서 볼 수 있다. 1953년 의상 디자이너인 윌리엄 트라빌라는 갑자기 촬영장으로 호출되었다. 영화 제작자는 주연인 메릴린 먼로의 나체 사진이 실린 달력의 발매에 경악했고, 매체는 들썩였다. 제작사는 그녀의 자산을 좀 더 질투를 불러일으키도록 관리해야 된다고 마음 먹었다. 후일 트라빌라는 '몸을 많이 가리는 드레스를 만들었다. 뒤에 나비 모양 리본이 달린, 아주 유명한 분홍색 드레스였다'라고 썼다.[7] 먼로는 그 드레스를 입고 '다이아몬드는 여자의 가장 좋은 친구'를 불러 할리우드의 붙박이로 자리 잡았다. 당시 단호하다 할 만큼 우아한 데이지 펠로우즈가 63세의 나이에 노래 가사에 진심으로 동의했음은 의심의 여지가 없다.

플루오레센트 핑크

1978년 4월 21일, 영국의 펑크 밴드 엑스레이 스펙스는 '세계가 '데이글로(Day—Glo, 오렌지와 노랑, 초록, 핑크의 형광 계열—옮긴이)'로 뒤덮인 날'이라는 새 싱글을 15,000장 한정으로 발매했다. 호박 오렌지색의 7인치 비닐 레코드였다. 표지에는 노란색, 빨간색, 독성을 지닌 양 밝은 핑크색의 지구본이 라임색 배경 앞에 놓여 있었다. 보컬 폴리 스티렌의 깩깩거리는 발성 덕에 거의 알아들을 수 없는 노래의 가사는 세계에 퍼지는 인위성을 개탄하는 내용이었다.

1960년대에 광고 전문가와 대중 예술가에게 인기를 얻었던 밝은 색을 한 단계 더 요란하게 만든 형광색은 1970년대에 엄청나게 인기를 끌었다. 1972년 크레욜라는 울트라 핑크와 핫 마젠타가 포함된 여덟 가지 형광색의 한정판을 출시했다. 모든 색깔은 불가시광선 아래서도 밝게 빛났다. 엄청나게 밝은 색의 거친 자신만만함은 부상하던 펑크 운동의 미학과 완벽히 어울렸다. 엄청나게 밝은 플루오레센트 분홍색은 모히칸 헤어스타일이나 당시의 많은 고전 펑크 앨범의 글자에 쓰였다. 1977년에 제이미 리드가 디자인한 섹스 피스톨즈의 앨범 '네버 마인드 더 볼록스(Never Mind the Bollocks)'의 표지가 좋은 예다.

우리가 형광이라 여기는 많은 색깔이 실제로는 아주 강렬한 색조일 뿐이다. 그저 강렬하다면 형광색이 아니다. 진짜 형광색은 염료의 화학구조나 재료 덕에 인간이 볼 수 없는 스펙트럼의 자외선에서 단파를 흡수한 뒤 볼 수 있는 장파를 발산해 밝아 보인다.[1] 그래서 낮은 물론 밤에도 빛난다.

흔한 형광펜이 이 기술을 적용한 가장 좋은 예다. 1960년대에 발명된 형광펜은 원래 펠트 촉에 수용성 잉크가 배어 나와 글자가 보이는 원리였다. 10년 뒤 형광 염료가 더해졌고, 덕분에 글자가 눈에 더 잘 띄게 되었다. 스타빌로는 지금까지 2억 개의 형광펜을 팔았는데, 색이 갈수록 다양해지고 있지만 높은 비율로 가장 잘 팔리는 색은 두 가지다. 바로 전체의 85퍼센트를 차지하는 노란색과 분홍색이다.[2]

아마란스

'장미와 아마란스가 정원에 나란히 피었다'는 문구로 이솝의 우화가 시작된다. 긴 줄기에 상큼한 녹색 이파리가 붙어 있고 빽빽하고 버들강아지 같은 꽃이 피는 아마란스는 이웃인 장미에게 말한다. '너의 아름다움과 달콤한 향이 정말 부러워! 모두에게 사랑받는 이유를 알겠어.' 그러나 장미는 대답한다. '나는 잠깐 피지만 꽃잎은 곧 시들어버리고 죽음을 맞지. 하지만 너의 꽃은 절대 시들지 않잖아… 영원히.'[1]

이솝 우화의 독자라면 장미의 말뜻을 알아차렸을 것이다. 많게는 50종이 '생각 없는 잡초', '납작 명아주', '줄맨드라미' 등의 불쾌한 별명을 지니는 가운데 아마란스는 오랫동안 사랑받았다. 아마란스라는 단어는 '영원하다'는 뜻의 단어로도 쓰인다. 불사에 견줄 만큼 오래 피는 꽃 덕분에 아마란스 화환은 아킬레우스 같은 영웅을 기리는 데 쓰였다.[2] 존 밀턴은 〈실낙원〉에서 천사의 무리에게 아마란스와 금으로 짠 왕관을 선사했다.

하지만 누구보다 아즈텍인이 아마란스—유오틀리라 일컬은—를 사랑했다. 가장 오래된 고고학적 증거에 의하면 아마란스는 현재의 멕시코에서 유래했으며 역사는 기원전 4000년까지 거슬러 올라간다. 아마란스는 식용도 가능하다. 이파리는 시금치처럼 익힐 수 있고 콩만 한 씨는 볶거나 갈아서, 아니면 옥수수처럼 뻥튀겨 먹을 수 있다.[3] 어떤 아마란스는 특수 부양정원에서 자란다. 흙을 채운 배에 심긴 채 호수에 떠다니면 물이 토양의 온도를 유지해주고 동물에게 먹히지 않도록 보호해준다.[4] 농부들은 매년 아즈텍의 마지막 통치자인 몬테주마(1466~1520년)에게 매년 아마란스 씨 22,000톤을 공물로 바쳤다.[5]

스페인의 정복자는 아마란스를 매우 의심했고, 식생활보다 종교에 미친 영향이 문제라고 여겼다. 아즈텍인은 아마란스를 신성하게 여겨 많은 의식에 핵심 재료로 썼다. 가톨릭인 스페인 정복자는 아즈텍인이 인간 제물의 피를 아마란스 반죽에 섞은 뒤 케이크를 구워 신자들끼리 나눠 먹었다는 사실을 특히 우려했다. 용납하기 어려울 정도로 성찬식의 패러디였다.[6] 결국 아마란스 재배나 섭취는 물론이고 소유까지도 법으로 금지되었다.

하지만 아마란스는 강인함과 다산성 덕분에 살아남았다. 이삭 1개에 씨를 500,000알까지 담을 수 있으며 어디에서나 자랄 수 있다. 결국 스페인 정복자는 아마란스를 완전히 몰아내지도, 신성과의 연관성을 끊지도 못했다. 1629년, 한 신부는 지역민이 아마란스 반죽으로 예수상을 만들어 종교의 상징으로 삼는다고 탄식했다. 19세기에는 같은 반죽으로 묵주도 만들었다. 뻥 튀긴 아마란스와 꿀을 섞어 틀에 굳혀 자르면 멕시코의 단 음식인 '알레그리아(alegria, 행복)'가 된다.[7]

색으로서의 아마란스는 쇠락했다. 18세기와 19세기에는 많이 쓰여 사전과 패션 보고서에도 등재되었다. 예를 들어 1890년의 〈하퍼스 바자〉는 가지, 자두, 와인 효모 색과 함께 아마란스를 비단과 모직의 색깔로 추천했다.[8] 아마란스는 1880년에 발명된 라즈베리 색조의 질소 염료 이름으로도 쓰였다. 지금도 E123라는 식품 첨가제로 쓰이는데, 유럽에서는 마라스키노 술과 시럽에 절인 체리 특유의 색을 책임지지만 미국에서는 발암성이 의심되어 금지되었다. 이름은 여전히 쓰이지만 이제 아마란스는 체리 레드인지, 더스티 그레이프인지, 리치 플럼인지도 불분명해졌다. 장미의 아름다움은 여느 때보다 더 사랑받지만 아마란스의 운은 시들었으니, 이솝 우화도 옛 이야기가 되었다.

Scarlet
Cochineal
Vermilion
Rosso corsa
Hematite
Madder
Dragon's blood

빨강 계열

여종업원은 빨간색 옷을 입는 게 좋다. 2012년에 출간된 〈숙박업 및 관광 연구 저널〉에 실린 한 연구 결과를 따르자면 그렇다. 이유가 뭘까? 빨간색을 입으면 남성 고객으로부터 받는 팁이 26퍼센트나 증가한다는 것이다. (원래 팁을 짜게 주는 여성 고객에게는 효과가 없다.)[1]

심리학자는 빨간색이 인간의 심리에 미치는 영향에 오랫동안 관심을 가졌다. 예를 들어 2007년의 연구는 지적 행위에 미치는 색의 영향을 실험했다. 대상자는 단어 구성 검사를 받았는데, 빨간 표지의 시험지를 받은 이는 녹색이나 검정색 표지를 받은 이보다 결과가 나빴으며 주로 쉬운 답을 골랐다.[2] 2004년 아테네 올림픽에서는 빨간색을 입은 격투 종목 참가자가 55퍼센트나 승리를 거두었다. 그리고 제2차 세계대전 이후 열린 경기를 분석해보니 빨간색을 입은 영국 축구팀이 다른 팀보다 더 많이 우승하고 평균 성적도 좋았다.[3] 인간만 영향을 받는 것도 아니다. 히말라야 원숭이나 개코원숭이는 엉덩이, 얼굴, 생식기 주변이 테스토스테론의 강도와 공격성을 드러내는 체리색이다.[4] 하지만 빨간색에 흥분하기로 유명한 동물인 물소는 색맹이다. 단지 투우사가 들이대고 펄럭이는 망토에 반응할 뿐이다. 실험에 의하면 마젠타와 파란색에 똑같이 성을 내며 덤벼든다고 한다.

인간이 처음 옷감을 염색하기 시작한 건 기원전 6000~4000년 사이라고 알려져 있다. 오늘날까지 남아 있는 로마 시대의 옷감 조각들은 전부 빨간색 계열로 염색된 것이다.[5] (로마에서는 빨간색이 너무나도 특별 대접을 받은 나머지 '색깔을 들인(coloratus)'과 '빨간색(ruber)'이 동의어였다.) 고대 이집트에서는 미라를 헤머타이트로 염색한 천으로 쌌다. 사후 및 지하세계의 신인 오시리스도 '빨간 천의 신'[6]이라 알려졌다. 한편 중국에서도 빨간색은 검정색과 더불어 죽음의 색으로 통해서, 뚜렷한 대조를 이루는 두 색이 무덤이나 묘지에 자주 등장했다. 그리고 이후 불, 여름, 화성과 더불어 유명한 오행의 체계를 확립했다.[7] 오늘날 빨간색은 공산당의 상징 색이면서 즐거움과 행운의 색이다. 그래서 결혼식처럼 특별한 경우에 선물하는 돈인 홍바오(紅包)는 빨간색 봉투에 담는다.

피의 색이기도 한 빨간색은 권력과도 강하게 얽혀 있다. 잉카의 신인 마마 우아코는 빨간색 드레스 차림으로 기원의 동굴에서 솟아 올라왔다고 전해진다.[8] 대 플리니우스는 빨간색 염료인 코치닐을 로마 장군단의 색으로 정했다. 눈에 잘 띄고 비실용적이지만 이후 영국군의 레드코트(17~20세기의 군복—옮긴이)에서 볼 수 있듯 빨간색은 용사의 색이었다. 아즈텍인은 통치자만이 빨간색 머릿수건을 쓸 수 있었고, 의식에서 신의 눈길을 끌 수 있도록 승려는 염료의 원료인 코치닐의 알을 여우 털로 만든 솔로 공들여 선인장 잎에 올렸다.[9] 한편 대서양의 반대편에서는 왕과 추기경이 고급스러운 빨간 천을 지나치게 좋아했다. 1999년에는 빨간색이 세계 국기의 75퍼센트에 쓰여, 국가 정체성 상징에 가장 인기 있는 색깔임이 밝혀졌다.

빨간색은 권력과 더불어 욕망 및 공격성 같은 저열한 감정 또한 상징한다. 전통적으로 악마는 빨간색으로 그려진다. 서양에서 빨간색은 적어도 중세부터 섹스의 색이라 인식되었고 매춘부의 색이라 오랫동안 사치 금지법에서 언급되었다.[10] 여성과 빨간색의 관계가 좋지 않았다니 신기할 따름이다. 〈주홍글씨〉의 주인공인

헤스터 프린은 1850년의 소설이 출간된 이후 독자를 매혹시켰다. 그녀는 나이와 성별에 요구되던 통상적인 순결을 거부하는 한편 청교도 이웃의 비난을 받아들였고 주홍색의 A(간통adultery의 첫 글자)를 저항 없이 착용했다. 여성과 빨간색의 양면적인 관계는 〈더 브라이드 워 레드(The Bride Wore Red)〉, 〈빨간 모자〉, 〈바람과 함께 사라지다〉에서 찾아볼 수 있다.

권력과 성의 강한 상징성 탓에, 빨간색은 상표의 색으로 쓰기가 어렵다. 버진처럼 빨간색에 내재된 힘을 기업에 잘 활용한 경우도 있지만, 역시 대담한 아웃사이더의 이미지다. 코카콜라도 1920년대까지 재료였던 코카잎와 코카인을 들여온 페루의 빨간색과 흰색 깃발에서 상징 색을 차용했다.[11] 예술가들도 모든 장르에 걸쳐 작품에 극적인 효과, 에로티시즘, 깊이를 불어넣기 위해 옥스블러드(oxblood)부터 퍼시먼(persimmon)까지 다양한 빨간색을 썼다. 라파엘 전파에게 빨간색과 빨간 머리는 거의 부적 같은 영험함을 지녔다. 자신의 주된 예술적 관심이 '인간적 요소'라 말한 마크 로스코는 거대한 캔버스에 다양한 색조의 빨간색을 켜켜이 덧칠했다. 미술 평론가 다이앤 월드먼의 표현을 빌자면 '불과 피를 쓴' 것이다. 아니쉬 카푸어는 1980년대에 피라미드, 머리, 외음부와 같은 소재를 너무 강렬한 나머지 떨리는 듯한 빨간색의 조각으로 표현했다. 크림슨의 느린 염료와 촛농의 열차인 그의 '스바얌브(2007)'는 2009년 영국 왕립미술원에 자연스럽게 미끄러지듯 진출했는데, 기괴하게도 육감적이고 뚱뚱한 립스틱처럼 보였다. 이 움직이는 미술작품은 빨간 신호등처럼 관람객의 발걸음을 멈추게 했다.

스칼렛

1587년 2월 8일, 스코틀랜드의 메리 여왕이 18년의 투옥 끝에 사형을 당했다. 당시 기록에 의하면 파서링게이 성에서 벌어진 그녀의 사형은 잔혹했다. 두 번의 칼질 끝에 목이 완전히 떨어졌다는 몇몇 기록이 남아 있고, 다른 기록에 의하면 잘린 머리를 치켜들었을 때 가발이 벗겨져 병들고 늙은 여인의 대머리에 가까운 두피가 드러났다고 한다. 기록이 조금씩 다르지만, 여왕이 사형 직전 칙칙한 옷을 조심스레 벗고 스칼렛 가운을 드러냈음은 확실하다. 동정심을 품은 구경꾼들은 여왕의 메시지를 바로 이해했다. 가톨릭 교회에서 스칼렛은 순교자의 상징이다. 하지만 스코틀랜드의 여왕과 그녀의 믿음에 적개심을 품은 이에게 밝은 빨간색 드레스는 성경에 등장하는 바빌론의 탕녀, 즉 최초의 주홍 여인이었다.

이렇게 스칼렛의 의미는 양극단에 놓여 있다. 고귀하고 위력 있는 자를 위한 색이면서 처음부터 무고한 희생자를 위한 색이었다. 예를 들자면 이름조차 색이 아닌, 사랑받는 모직에게 붙은 것이었다. 당시 가장 밝으면서도 바래거나 물이 빠지지 않던 염료인 연지벌레로 귀한 옷감을 종종 염색했기에, 스칼렛은 14세기부터 색의 이름으로 사용되기 시작했다.

코치닐처럼 너무 작아서 씨앗이나 곡물과 혼동되는 벌레의 몸통으로 연지벌레 염료를 만든다.[1] (1세기에 대 플리니우스는 연지벌레를 '벌레가 된 열매'라 묘사했다.) 서유럽에서 수입한 암컷 연지벌레 80마리로 염료 1그램을 만들 수 있었으므로 비쌀뿐더러 제대로 색을 뽑는 기술도 필요했다. 완성된 염료는 너무 밝고 물도 빠지지 않아, 염색한 옷감은 사치의 상징으로 자리 잡았다. 15세기 영국을 통치했던 헨리 6세의 회계 장부에는 조적 숙련공이

한 달을 일해야 가장 싼 스칼렛 옷감 1야드를 살 수 있다고 기록되어 있다. 고급 옷감은 두 배 비쌌다.[2]
중세 초기의 통치자였던 프랑크 왕국의 샤를마뉴는 서기 800년, 고귀한 로마 황위에 오를 때 스칼렛 가죽 구두를 신었다. 잉글랜드의 리처드 2세도 500년 뒤 같은 복식 절차를 밟았다. 13세기, 레온과 카스티야 왕국에서는 사치 금지법이 선포되어 왕만 쓸 수 있는 색의 사용을 막았다.[3] 권력과 외모에 일가견이 있는 빨간 머리의 엘리자베스 1세는 공주 시절에도 스칼렛을 즐겨 입었다. 하지만 동정녀 여왕의 색으로 채택하지는 않았으니, 1558년의 즉위 이후로는 토니, 골드, 애시(ash)처럼 중립적이거나 칙칙한 색조만 입었다. 하지만 스칼렛은 완전히 밀려나기에는 권능의 상징으로 너무 요긴했다. 엘리자베스는 시녀와 신하에게 스칼렛을 입혀 극적인 효과를 불러일으키는 배경으로 삼았다. 왕가의 배우였던 윌리엄 셰익스피어는 엘리자베스의 후계자인 제임스 1세의 대관식에 입도록 스칼렛 옷감 4야드 반을 하사받았다.[4] 부가 있는 곳에 권력도 따랐다. 1464년 교황 바오로 2세가 휘하 추기경에게 풍성한 스칼렛 대신 자주색 예복을 입으라고 선언한 뒤 티리언 퍼플의 원료인 홍합이 멸종했다.[5] 스칼렛은 특히 교회와 학계에서 휘장의 색으로 쓰는 색이었는데, 이러한 전통은 메리 여왕의 사형과 더불어 막을 내렸다.
보통 빨간색은 영국의 군복과 짝지어서 생각하지만 스칼렛과 남성의 관계는 세월을 훨씬 더 거슬러 올라간다. 로마의 최고위 장군은 밝은 빨간색의 '팔루다멘타(paludamenta)', 즉 지도자를 상징하는 망토를 한쪽 어깨에 둘렀다.[6] 이 전통을 올리버 크롬웰이 받아들여, 글루체스테셔에서 새롭게 발견한 염색법으로

물들인 스칼렛 외투의 착용을 지시했다.[7]

1606년에 세계 최초로 잠수함을 건조한 네덜란드의 과학자 코르넬리스 드레벨은 런던의 연구실에서 온도계를 만들었다. 아마도 사실이 아닐 이야기에 의하면 그는 붉은 자주색의 코치닐 용액을 끓여 창가에 두고 식혔다고 한다. 그러다 어찌된 영문인지 왕수(王水, 진한 질산과 진한 염산의 혼합액—옮긴이)가 담긴 작은 유리병이 깨지는 바람에 양철 창틀에 쏟아져, 식히고 있던 코치닐에 튀어 바로 밝은 스칼렛의 액체 염료가 되었다고 한다.[8] 한 염색공은 작업 지침서에 같은 원리로 '불꽃 같은 스칼렛, 가장 곱고 밝은 오렌지, 활활 타오르는 불, 눈이 부시도록 선명한 색'을 만들었다고 적었다.[9]

이렇게 빛나는 빨간색이다 보니 폄하하는 이가 많은 것도 당연했다. 초서의 〈캔터베리 이야기〉에 등장하는, 도덕적으로 의심스러운 등장인물 바스의 여장부도 빨간색을 좋아했다. 셰익스피어는 이를 위선, 분노, '죄'의 색이라 규정했다.[10] 킹 제임스판 성경의 요한계시록에는 '스칼렛 야수에 올라탄 여인을 보았다'라는 미사여구가 등장해, 청교도에게 당시 빨간색 예복을 착용하는 추기경이 악마라는 주장을 펼칠 근거를 제공했다. 이를 20세기의 소환사인 알레이스터 크로울리가 물려받아 여성의 욕망과 성의 상징인 델레마의 여신, 음녀를 창조했다. 14세기 이후로 끊임없이 스칼렛이 쓰였지만 모두가 좋아하지는 않았다. 1885년 〈아서스〉 2월호에는 '대체로 인도인이나 야만인의 사랑을 받지만 스칼렛은 매력적인 색이다'라고 인정하는 기사가 실렸다.[11]

코치닐

맨눈으로 보면 암컷 연지벌레는 씨앗이나 그릿(grit, 빻은 옥수수 가루로 죽을 끓여 먹는다—옮긴이) 알갱이 같다. 핀의 머리 부분보다 크지 않고 회색에 살짝 봉긋한 타원형이다. 17세기 말, 인류는 현미경으로 관찰하고 나서야 의심을 멈추고 연지벌레가 곤충임을 믿었다. 그리고 별 상관없어 보이지만, 이 연지벌레는 왕과 황제들을 등극 및 퇴위시켰으며 역사를 바꾸었다.

오늘날 연지벌레는 멕시코나 남아메리카에서 볼 수 있다. 게걸스레 먹어치우는, 유일한 먹이인 용설란의 잎에 눈처럼 흰 군락을 지어 붙어 있다.[1] 한 마리를 떼어내어 으깨질 정도로 세게 누르면 살육에 죄책감이 깃든 손가락이 밝은 크림슨으로 물든다. 연지벌레의 즙을 카마인이라 불리는 염료로 만들기는 쉽다. 벌레의 색이 옷감에 잘 들도록 돕는 매염제만 있으면 된다. 코치닐에는 흔히 명반을 쓴다. 산이나 철 같은 첨가제를 쓰면 염료의 색은 연한 분홍색부터, 너무 짙어서 거의 검정색처럼 보이는 짙은 빨간색으로 바뀐다.[2] 염료의 제조 과정에는 엄청나게 많은 벌레가 들지만(1파운드의 코치닐을 만드는 데 말린 연지벌레 7만 마리가 필요하다), 세계에서 가장 밝다고 알려진 색의 염료를 얻을 수 있다. 색료(주로 카민산)는 '사육' 또는 양식한 연지벌레로부터 얻는데, 대략 10~12파운드가 든다고 한다.[3]

인류는 오래전에 코치닐의 화려한 비밀을 알아차렸다. 중앙 및 남아메리카에서는 적어도 기원전 2세기부터 써왔으며, 아즈텍과 잉카 제국의 염료였다. 1520년경에 기록된 아즈텍의 공물 목록에 의하면 미스텍 족은 매년 코치닐 40자루, 자포텍 족은 80일마다 20자루의 코치닐을 바쳤다고 한다.[4] 또한 코치닐은 지역 권력의 상징이었다. 1572년, 최후의 잉카 왕족인 투팍 아마루의 사형을 목격한 발타사르 드 오캄포는, 집행 과정에서 보았던 왕의 복식에 감명받아 다음과 같이 신중하게 묘사했다.

그는 크림슨 우단 망토와 더블릿(14~17세기에 남성이 입은 짧고 꼭 끼는 상의—옮긴이)을 입고 자국에서 생산된 여러 색깔의 울로 만든 신발을 신었다. '마스카페이추(mascapaychu)'라 불리는 왕관 혹은 머릿수건을 머리에 썼는데, 이마에는 잉카 왕족의 휘장인 술이 드리워져 있었다.[5]

머리가 잘릴 때, 잉카 통치자의 옷차림은 코치닐의 향연이었다. 사실 잉카를 포함한 남아메리카의 많은 통치자가 코치닐 때문에 죽었다. 스페인은 남아메리카를 손에 넣자 자연자원을 필사적으로 착취하려 들었다. 금, 은과 더불어 코치닐은 스페인 제국의 확장을 재정적으로 지원했다. 한 관찰자는 1587년 한 해에만 144,000파운드, 즉 72톤의 코치닐이 리마에서 스페인으로 실려갔다고 기록했다(대략 연지벌레 100억 8천만 마리다).[6] 배 편—18세기나 되어서야 세비야나 카디르의 육로로 합법 반입이 가능해졌다—으로 스페인에 수입된 코치닐은 마을이나 사람에게 빨간색을 불어넣는 데 쓰였다. 16세기 중반부터 유명했던 베네치아 우단의 염색에 사용되었고, 네덜란드 염색 산업의 돈줄이었으며, 로마 가톨릭 추기경의 예복을 물들였으며 여성의 볼을 위한 장밋빛 연지는 물론 약으로도 쓰였다. 스페인의 필리포 2세는 몸 상태가 좋지 않을 때 연지벌레를 으깨서 식초에 갠, 구역질나는 치료제를 처방받았다.[7] 이후 코치닐은 캄보디아와 시암(타이의 전 이름—옮긴이)으로 수출되어 1700년대에 중국에 진출했다. 강시황은 이 외국의 염료를 '코차니라'라고 불렀고,

이후 서양의 빨간색이라는 의미로 '양홍'이라 불렸다.[8] 밝은 빨간색의 염료에 목말랐던 미국은 스페인에서 비싸게 들여올 수밖에 없는 코치닐을 교역선의 난파로 잃을까 봐 전전긍긍했다. 1799년 루이지애나 연안에서 침몰한 누에보 콘스탄테호에서 가죽 주머니에 담긴 코치닐 염료 10,000파운드를 인양한 사례도 있다.[9] 코치닐이 너무나도 귀중한 나머지 스페인의 독점을 저지하려는 시도도 종종 있었다. 1777년에는 로렌의 식물학자인 니콜라 조셉 티에리 드 므농빌이 프랑스 정부로부터 비밀리에 재정 지원을 받아 무모한 시도를 벌였으나 실패했다.[10]

화장품 및 식품 산업에서 쓰이는 코치닐은 요즘도 벌레에서 추출하고 있다. M&M 초콜릿부터 소시지, 레드벨벳 컵케이크와 체리코크(대개 의심을 잠재우기 위해 무해해 보이는 명칭인 E120으로 첨가된다) 등에 두루 쓰인다. 현실은 이렇지만 코치닐을 향한 인류의 욕망이 마침내 잦아드는 것 같다는 조짐도 보인다. 2012년, 스타벅스는 딸기 프라푸치노의 붉은 식용 색소에서 코치닐을 빼기로 결정했다. 채식주의자와 무슬림의 항의를 반영한 결과였다. 연지벌레에게는 희소식이지만 전 세계의 용설란에게도 그만큼 좋은 소식 같지는 않다.

버밀리언

20세기 초반까지, 폼페이는 150년 동안 고고학 발굴의 장이었다. 부르봉 왕조의 샤를 3세가 고대의 전리품을 슬쩍 가로채 소장하고자 시작된 발굴은 서기 79년의 베수비오 화산 폭발로 인해 파괴된 동시에 보존된 도시의 경이로움을 보전하려는 노력으로 진화했다. 1909년 4월, 폼페이가 모든 비밀을 뒤덮어버린 것처럼 보이는, 바다를 굽어보는 큰 창이 딸린 고급스러운 집을 고고학자들이 발견했다. 굴착을 개시하고 일주일 뒤, 섬세하고 신비로운 벽화가 너무나도 잘 보존된 상태로 발굴되었다. 부지는 이후 'Villa dei Misteri', 즉 '신비의 빌라'라 불렸다.

방의 벽에는 진한 버밀리언의 바탕 위에 사람들이 세밀하게 그려져 있다. 한쪽 구석에는 날개 달린 인물이 다른 이의 무릎에 얼굴을 파묻고 무릎을 꿇은 여인의 발가벗은 등을 채찍질하려는 찰나다. 입구 근처에는 작은 소년이 두루마리를 읽다가 정신을 차리지 못하고 있으며, 중앙에는 술 취한 남자가 앉은 이의 치마를 짓누르며 나른하게 누워 있다. 벽화의 의미를 두고 해석이 끝없이 이루어졌지만, 어쨌든 아낌없이 쓴 버밀리언으로 미뤄 볼 때 이 방은 경외감을 불러일으키기 위한 공간이었다. 당시 버밀리언은 가장 인기 많은 빨간색 안료였기 때문이다.

버밀리언의 원료는 광물인 황화수은으로, 이 적포도주색 버밀리언의 돌은 수은의 주된 원광이다. 로마의 건축가 비트루비우스는 짙은 빨간색의 바위에서 수은 방울이 배어나오는 광경을 그림처럼 생생하게 묘사했다. 그저 곱게 갈기만 하면 안료로 쓸 수 있으므로 로마인은 버밀리언을 좋아했다. 갈아낸 황화수은이 담긴 단지가 '신비의 빌라' 아래에 있는 안료 상점에서 발견되었다. 대 플리니우스는 버밀리언이 종교 기념일에만 주피터 상의 얼굴과 숭배자의 몸에 바르는 용도로 쓰인다고 기록했다.[1] 따라서 버밀리언은 귀했다. 대부분이 삼엄한 경비 속에 스페인의 시사푸에서 로마로 들어왔으며, 1파운드에 70세스테르티우스로 빨간 오커에 비해 10배나 비쌌다.[2]

그래서 버밀리언의 인공 제조법이 개발되었지만 마술 같은 화학 반응만으로는 염료의 색이 제대로 나지 않았다. 누가 언제 인공 제조법을 발견했는지도 확실하지 않다. 연금술사는 재료를 암호화시켜 기록하기를 좋아했으니, 실체도 확실하지 않은 지식을 대단한 것처럼 포장했다. 그리스의 연금술사인 파노폴리스의 조시무스는 서기 300년경 버밀리언의 제조 비밀을 알고 있다고 시사했지만 〈색소 제조법(Compositiones ad tingenda)〉의 첫 라틴어 필사본은 8세기에나 등장했다.[3]

이렇게 속임수가 들끓은 이유는 금을 만들어내려는 연금술사의 강박과 관련이 있다. 금이라 말했지만 노란색이 아닌, 새로운 안료로 만드는 빨간색이었다. 무엇보다 수은과 황 두 가지 연금술용 재료의 조합과 반응으로 버밀리언을 만들 수 있다는 사실이 중요했다. 버밀리언이 가능하다면 금도 무한정 만들 수 있을 것 같았다.

오늘날 건식 공정으로 알려진 버밀리언의 제조법은 12세기 베네딕트회 수사인 테오필리우스가 기록으로 남긴 것이다. 그는 황과 수은 가루를 1:2의 비율로 섞은 뒤 조심스레 단지에 담아 밀봉하라고 묘사했다.

그리고 (단지를) 활활 타오르는 석탄에 넣는다. 뜨거워지자마자 수은과 타는 황이 반응을 일으키는 파열음을 들을 수 있을 것이다.

> 생각 없이 제조할 경우 수은과 황의 반응은 의도보다 훨씬 더 극적으로 발생했다. 수은 연기는 맹독성이므로 누출을 막지 못할 경우 치명적이니, 결국 베네치아에서는 1294년 제조가 금지되었다.[4]
> 버밀리언은 한때 금만큼이나 비싸고 귀했다.[5] 중세 화가에게 가장 귀한 빨간색 대접을 받았고, 금박이나 울트라마린과 더불어 필사본의 대문자나 템페라 패널에 쓰였다. 그 위는 귀지와 달걀 노른자를 섞어 만든, 구역질나는 광택제로 마무리됐다.[6]
> 하지만 제조업자에게 워낙 막대한 이익을 안기는지라 빨간색의 왕자인 버밀리언은 곧 흔해졌다. 17~18세기 네덜란드 버밀리언의 건식 공정 본거지인 암스테르담에서는 1760년, 32,000파운드를 조금 밑도는 양이 영국으로 수출되었다.[7] 독일 화학자 고트프리트 슐츠가 1687년에 발견한 습식 공정은 여전히 널리 쓰인다. 15세기만 해도 화가는 버밀리언을 아껴 썼다. 레오나르도 다빈치는 그림의 밑칠에 가끔 쓸 뿐이었다.[8] 하지만 15세기 이후 버밀리언은 서양 유화의 부상에 나쁜 영향을 미쳤다. 기름에 섞으면 덜 투명해지므로 다른 빨간 광택제의 바탕, 또는 광택 자체로 더 많이 쓰인 것이다.
> 하지만 템페라와 칠기에서 버밀리언은 숨 막히도록 아름다운 색으로 전 세계의 예술가를 유혹했다. 중국 화가 차오 융의 족자화인 '말과 신랑'에는 인디고의 깃이 달린 불타는 빨간색의 외투와 묘하게 생긴 적갈색의 뾰족한 모자 차림에 아름다운 회색 얼룩말을 거느린 남자가 등장한다. 비록 1347년에 그려졌지만

버밀리언의 외투는 여전히 망치처럼 눈을 강타한다. 3세기 뒤 피터 폴 루벤스가 그린 세 폭 제단화의 가운데 작품 '십자가에서 내림(1612~1614)'에서도 같은 효과가 쓰였지만, 버밀리언은 이후 쓰임새가 줄었다.[9] '신비의 빌라'가 발굴된 지 몇 년 뒤인 1912년에 바실리 칸딘스키는 버밀리언을 '물에나 식힐 수 있는, 빛나도록 달궈진 철이 품은 날카로운 감정'이라 묘사했다.[10]

로소 코르사

1907년 9월, 깊은 M자 이마와 큰 코를 지닌 멀끔한 체격의 남자가 이졸라 델 가르다의 네오고딕 양식 궁전의 책상에 앉아 있었다. 섬으로 돌아온 지 한 달이 지났지만 그는 여전히 볕에 탄 채 여독을 느꼈고, 품위가 없다고 생각했지만 스스로에게 만족했다. '우리의 여정이 무엇보다 한 가지를 증명했다고 사람들은 말합니다'라고 시피오네 마르칸토니오 프란체스코 로돌포 보르게제 10대 술모나 공이라 사회에 알려진 이가 썼다. '한마디로 베이징에서 파리까지 자동차로 여행하기란 불가능하다는 주장이었지요.'[1] 그 자신이 일궈낸 업적이었으므로 너스레를 떠는 것도 당연했다.

몇 달 전인 1907년 1월 31일, 프랑스 신문 〈르 마탱〉이 1면에 도전 과제를 내건 게 발단이었다. '이번 여름에 베이징에서 파리까지 자동차로 일주할 이가 나올까?'[2] 페르시아를 여행했으며 모험을 즐겼던 보르게제 왕자는 프랑스 세 팀과 네덜란드 한 팀으로 이루어진 네 팀과 더불어 도전을 바로 수락했다. 멈 샴페인 한 상자, 즉 열두 병과 국가 차원의 영예가 유일한 상이었다. 자랑스러운 이탈리아 관료인 보르게제는 당연히 자국산 자동차를 쓸 거라 고집했다. 첫 자동차의 21주년을 기념할 정도로 자동차의 태동기였으므로 선택의 여지가 적었다. 보르게제는 거슬리는 파피 레드(황적색)로 칠한, '힘차지만 무거운' 40마력짜리 이탈라 모델을 토리노에서 들여왔다.[3]

만리장성과 고비 사막, 우랄 산맥을 거치는 경주는 19,000킬로미터의 대장정이었다. 보르게제는 승리를 너무나도 확신한 나머지 경로에서 몇백 킬로미터 벗어난 상트페테르부르크에서 동승자들과 축하연을 벌였다. 사람뿐 아니라 차 또한 긴 여정에 고생했다. 출발 전에 보르게제의 친구이자 기자인 루이기 바르치니는 이탈라에 대해 '목적의식과 행동에 대한 즉각적인 인상을 풍긴다'고 썼다. 러시아의 남동부 도시 이르쿠츠크에서 자동차는 처량해 보였다. 보르게제의 기계공인 에토레가 '세심한 외부 화장실'을 설치한 뒤에도 '자동차는 사람처럼 날씨에 시달려서 색깔이 진해졌'다. 결국 모스크바에 이르렀을 때 자동차는 '흙색으로 변했'다.[4]
하지만 이 모두는 보르게제 팀이 파리 대로에서 승리의 질주를 할 때 경주 참가자와 그들을 아끼는 이탈리아의 팬에게는 전혀 상관없는 것이었다. 승리를 기리기 위해 자동차의 원래 색깔인 로소 코르사, 즉 경주의 빨간색이 이탈리아 경주 국가대표팀의 상징 색은 물론 이후 엔초 페라리의 자동차 색깔로 자리 잡았다.[5]

헤머타이트

고대 이집트의 창고지기 '와(Wah)'는 기원전 1975년경, 물들이지 않은 마로 감싸인 채 미라가 되었다. 켜 사이에 부적과 노리개를 끼워넣고 한쪽 가장자리를 따라 '보호를 위한 사원의 마'라는 문구를 써놓은 헤머타이트의 천으로 감싸 마무리되었다. 고대 이집트의 사후세계를 관장하는 신인 오시리스는 〈사자의 서〉에서 '붉은 천의 신'이라 묘사되니, 사후세계 입장 같은 큰 행사에 적절한 색의 옷차림을 갖춰서 나쁠 건 없다.[1]

'와'의 사후세계 채비 또한 헤머타이트가 중요한 역할을 맡는 온갖 영적 절차의 한 예일 뿐이다. 단순하게 말하자면 헤머타이트는 이름처럼 광물 상태의 산화철인데, 다른 종류의 산화철과 오커도 함유한다. 모두 삼산화이철(Fe_2O_3), 즉 녹 덕분에 특유의 색을 낸다.[2] 이 근친적인 염료의 일족은 자연스레 생기며 지구의 지각에 널리 퍼져 있다. 분홍색부터 카이엔까지 다양한 붉은색으로 존재하며 가열하면 노란 오커 또한 빨간색으로 변한다.

진한 빨간색으로 물들인 물건은 약 5천 년 전의 상부 구석기시대부터 인간의 거주지에 존재했다.[3] 어디에서나 구할 수 있는 건 아니었지만 널리 퍼져, 인류학자 에른스트 E. 레슈너는 1980년 헤머타이트의 사용이 도구의 제작과 더불어 '인류 진화에 영향을 미친 두 가지 의미 있는 규칙'이라 언급한 바 있다.[4] 헤머타이트로 물들인 도구, 껍데기, 뼈, 그리고 다른 작은 물건들은 독일의 쾨네르스도르프, 북아프리카, 중앙아메리카, 그리고 중국의 구석기 부지에서 발견되었다.[5] 피를 닮은 색이라 고대의 장례에도 널리 쓰였다. 시신에 뿌리는 수준에 그칠 때도 있었지만 대체로 그보다 더 훨씬 공을 들였다. 중국에서는 검정색과 짝을 지었다.[6] 이집트에서는 '와'의 시신을 감싼 것과 같은, 헤머타이트로 물들인 마가 발견되었다. 유래가 기원전 2000년까지 거슬러 올라가는 천이었다.

헤머타이트는 자연에서 얻기 어려웠다. 기원전 4세기에 아테네인은 조선업에서부터 약, 잉크—큰 인기를 누린 나머지, 제목과 자막을 가리키는 단어 '루브릭(rubric)' 또한 라틴어의 빨간 오커를 일컫는 'rubrica'에서 왔다—에 두루 쓰인 케아 섬의 풍부한 헤머타이트를 법으로 독점했다.[7]

그렇다면 선사시대에는 왜 헤머타이트가 큰 인기를 누렸을까? 빨간색을 향한 애정 때문이라고 본다. 대부분의 인류학자 및 고고학자는 피의 색인 빨간색이 삶, 즉 축하, 섹스, 즐거움, 위험 그리고 죽음과 관련이 있다고 믿는다. 헤머타이트는 여러 상징의 매개체로서 귀했다. 안료로서 이 광물의 운명은 두 가지 이론을 강하게 입증하는 자료로 쓰인다. 첫 번째는 빨간색이 인간의 심리에 특별한 영향을 미칠 수 있다는 가능성이고, 두 번째, 인간은 확실히 밝은 색에 주저 없이 끌린다는 사실이다. 밝지 않은 빨간색인 헤머타이트는 더 생생한 빨간색의 대체제가 등장하자 가치가 떨어졌다. 인류 혹은 인류의 빨간색 취향이 헤머타이트를 고마운 줄도 모르고 제쳐버릴 정도로 진화해버린 걸까.

매더

'꽃은 매우 작으며 녹색이 도는 노란색이다'라고 남자는 말했다. '뿌리는 원통형이고 통통하며 빨간색이 도는 노란색이다.'[1] 청중들은 잘 몰랐겠지만, 1879년 5월 8일 런던의 왕립 예술회에서 열린 강의는 굉장히 길어질 예정이었다. 덥수룩한 콧수염의 당당한 연사는 유명인이었지만 재미있거나 짧게 말하는 재주는 없었다. 모브를 발견해 염색 산업에 혁신을 불러일으킨 헨리 퍼킨은 몇 시간에 걸쳐서 풍성하고도 정확한 세부사항을 곁들여 또 다른 성과를 알렸다. 바로 알리자린의 합성이었다. 알리자린은 '루비아 팅토룸(Rubia tinctorum)', '루비아 페레그리나(Rubia peregrina)', 그리고 매더라 더 잘 알려진 '루비아 코르디폴리아(Rubia cordifolia, 꼭두서니)'의 뿌리에서 얻는 빨간 색소였다. 그때까지 자연에서만 얻을 수 있는 것을 퍼킨은 연구실에서 생산에 성공했다.

그가 갈수록 집중력이 떨어지는 청중에게 설명을 멈추지 않았듯, 매더는 오래된 염료다. 별 매력은 없지만 분홍색 뿌리를 말려서 으깨고 빻고 체로 내리면 오랫동안 빨간색의 원천이었던, 보송보송한 오렌지 브라운의 염료를 얻을 수 있다. 기원전 1500년부터 이집트에서 사용했으며 뿌리의 물로 염색한 천은 투탕카멘의 묘에서 발견되었다.[2] 대 플리니우스는 고전 세계에서의 매더의 중요성에 대해 쓴 바 있으며, 화석으로 굳어버린 도시 폼페이의 물감 제조업자 창고에서도 매더가 발견되었다.[3] 물이 빠지지 않도록 매염제를 쓴 이후로 매더의 영향력은 더 커졌다. 인도의 친츠 면직물에 찍어내는 데에, 중세에는 결혼 예복에 축하의 색을 물들이는 데에 쓰였다. 그리고 영국군의 레드코트를 위한 코치닐의 값싼 대체재로도 한몫했다.[4]

그리고 조지 필드가 1835년 작 〈색층분석〉에서 열성적으로 찬미했던 로즈 매더 물감, 즉 밝은 적분홍색의 미술용 안료도 만들 수 있었다.[5]

한편 매더는 막대한 돈을 벌어주는 염료였다. 터키는 더 비싼 경쟁 색을 누를 수 있을 정도로 밝은 빨간색을 매더에서 추출할 수 있었고, 제조법도 오랫동안 독점했다. 18세기에는 네덜란드가, 다음에는 프랑스가, 마지막으로 영국이 터키 빨간색의 냄새가 지독한 비밀을 밝혀냈다. 산패한 피마자유, 물소 피와 똥을 쓰는 고통스러운 공정이었다.[6] 하지만 매더는 수입이 불가능한 염료 같았다. 1860년에 수입한 100만 파운드 상당의 염료 가운데 상당량이 품질이 나빴다. 영국은 벽돌 가루부터 귀리에 이르는 재료를 섞어 품질을 저하시켰노라고 프랑스를 의심했다.[7] 가격도 뛰어서 1868년까지 100웨이트(약 112파운드)에 노동자의 일주일치 급료인 30실링까지 치솟았다. 하지만 1년 뒤에는 같은 양이 고작 8실링까지 떨어졌다.[8] 이는 물론 영국의 퍼킨과 베를린의 독일 과학자 세 명이 별도로 발견한 알리자린의 합성법 덕분이었다. 역사상 처음으로 꼭두서니를 쓰지 않고도 매더의 빨간색으로 옷감 염색이 가능해졌다.

드래곤스 블러드

1668년 5월 27일 아침, 한 신사가 잉글랜드 남동부 에섹스의 후미진 외곽지대에서 말을 타고 달리다가 드래곤을 발견했다. 드래곤은 자작나무의 가장자리에서 일광욕을 즐기다가 사람이 다가오자 갑자기 일어섰다. 드래곤은 거대했다. 쉭쉭거리는 혀부터 꼬리까지 2.7미터였으며 허벅지는 성인 남성만큼 굵었고 덩치를 하늘에 띄우기에는 작아 보이는 가죽 날개가 한 쌍 달려 있었다. 남자는 말에 박차를 가했고 '드래곤이 멀어지자 즉각적인 위험을 떨쳐버렸음에 안도했다'.

하지만 드래곤의 이야기는 끝나지 않았다. 사프란 월든 근처 마을의 남자들은 출출해진 드래곤이 소떼를 노릴 것을 두려워한 나머지 직접 용을 찾아 나섰다. 놀랍게도 드래곤은 바로 그 자리에 있었다. 녀석은 몸을 공중에 띄운 채 큰 소리로 씩씩거리다가 덤불 속으로 사라졌다. 이후 주민들은 드래곤이 딱히 설명도 없이 자작나무에서 사라질 때까지 몇 달 동안 보고 또 보았다. 이 모든 모험담이 오늘날 지역 도서관에서 열람이 가능한 '날아다니는 큰 뱀, 또는 에섹스의 기묘한 소식'에 담겨 있다.[1]

마을 사람들이 드래곤을 쫓기 위해 길을 나섰다니 생각만 해도 기묘하다. 그것도 아이작 뉴턴이 과학 혁명의 씨를 뿌리던 런던에서 고작 60킬로미터 떨어진 근교에서 그런 일이 벌어졌다. 도래하는 계몽의 시대에 영원히 신화의 영역으로 몰리고 있던 드래곤이 최후의 발악이라도 한 걸까. 따지고 보면 드래곤스 블러드는 예수 탄생 이전부터 귀한 염료였다. 대 플리니우스는 예술가가 그림은 안 그리고 팔레트에 계속해서 물감의 가짓수만 늘린다고 개탄하며, '인도는 강의 범람과 드래곤 및 코끼리의 피에 공헌했다'고 드래곤스 블러드를 언급했다.[2] 건기에 드래곤이 갈증을 달래기 위해 냉각 효과가 있는 코끼리의 피를 찾았다는 믿음도 있다. 드래곤은 나무에 숨어 있다가 어슬렁거리는 코끼리를 덮쳐 피를 빨아 먹는다. 코끼리를 바로 죽여 피를 마실 때도 있지만 싸우다가 코끼리에 깔리면 같이 죽는데, 이때 두 동물의 피가 섞이면 드래곤스 블러드라 일컫는 빨간 수지 같은 물질이 된다고 한다.[3]

대부분의 신화는 작은 진실에 엄청나게 살이 붙어 전해 내려온 이야기다. 무엇보다 신화라고 해도 동물을 희생시켜 드래곤스 블러드를 얻지 않는다. 하지만 동양에는 나무에서 얻는, 같은 이름의 염료가 존재한다. 진짜로 나무에 상처를 내서 얻는 수지로, 예외는 있지만 대개 드라세나(천년초) 속의 나무에서 얻는다.[4] 1835년에 조지 필드는 염료가 '탁한 공기에 색이 진해질 뿐만 아니라 빛에 노출되면 칙칙해진다'며, 드래곤스 블러드가 그다지 흥미롭지 않다고 썼다. 게다가 흔한 백연과 반응할 뿐더러 유화에서는 마르는 데 정말 오랜 시간이 걸린다. 결국 필드는 '드래곤스 블러드는 화가가 쓸 필요가 없다'[5]고 가차 없이 결론 내렸다.

그렇게 그는 환멸을 느낀 화가 무리에게 드래곤스 블러드의 쓸모없음을 설파했다. 그렇게 단점이 뚜렷한 빨간 염료를 굳이 쓸 필요가 없다는 게 요지였다. 드래곤으로부터 얻는다는 믿음이 없이도 드래곤스 블러드는 사프란 월든의 드래곤과 함께 자취를 감췄다.

Tyrian purple
Orchil
Magenta
Mauve
Heliotrope
Violet

자주 계열

퓰리처상을 받은 앨리스 워커의 소설 〈컬러 퍼플〉에서 등장인물 슈그 에이버리는 피상적인 사이렌 같다. 소설 속의 그녀는 '집 주변의 나무들이 조금이라도 더 잘 보려고 발돋움을 할 정도로 멋진' 사람이다. 하지만 나중에 그녀는 예상치 못했던 경솔함 탓에 소설의 제목이 된 사건을 불러일으킨다. 슈그는 '들판에서 자주색(purple)을 보고도 모른 채 지나쳤다면 신의 진노를 사도 할 말이 없지'라고 말한다. 슈그에게 자주색은 신의 영광과 너그러움의 상징이다.

자주색이 특별하고 권력을 상징하는 색이라는 믿음은 놀라울 정도로 널리 퍼져 있다. 오늘날에는 색상환에서 주요 색인 빨간색과 파란색의 사이에 낀 보조색이라고 여긴다. 언어의 측면에서도 자주는 빨강, 파랑, 심지어 종종 검정에 종속된 색이라고도 여겨진다. 게다가 그 자체로는 가시광선의 일부도 아니다(특별한 초단파인 보라는 가시광선이지만).

자주색 이야기는 두 가지 훌륭한 염료와 맞물려 있다. 첫 번째는 부와 엘리트의 상징으로 신성과의 교류를 책임진 티리안이고, 두 번째는 인공 화학의 경이로서 19세기 색상의 민주화에 앞장섰던 모브다. 경이로운 고대 염료의 정확한 색상은 신비로 남아 있다. 사실 자주색(purple)은 다소 유동적인 용어다. 고대 그리스나 라틴에서는 각각 '포르피라(porphyra)'와 '푸르푸라(purpura)'를 썼는데, 둘 다 피의 색깔 같은 진홍색을 가리켰다. 3세기 로마의 법학자인 울피아누스는 소건과(小乾果)나 코치닐로 염색하지 않은 빨간색을 '푸르푸라'라 규정했다.[1] 대 플리니우스(서기 23~79년)도 최고의 티리안 옷감에는 검은색이 깃들어 있다고 썼다.[2]

아무도 티리안 퍼플의 실체를 정확히 몰랐지만 권력의 색깔임은 확실히 알았다. 썩는 조개와 마늘 사이의 냄새에 치를 떨면서도 대 플리니우스는 그 위력을 의심하지 않았다.

이 색깔은 로마의 집정관을 위한 자주색이다. 고귀한 청춘의 상징이다. 의원과 기사를 구분하는 색깔이다. 신을 달래고자 쓰는 색이다. 모든 옷에 생기를 불어넣으며 골드와 더불어 승리의 영광을 상징하는 색깔이다. 그래서 보라색에 미친 듯 열광하더라도 이해해야 한다.[3]

이런 광기 어린 욕망과 티리안의 제조 비용이 맞물려 자주색은 부유함, 과도함, 그리고 통치자의 상징 색이 되었다. 자주색에 싸여 태어났다는 건 왕가 태생이라는 의미며, 포르피라와 티리안 옷감으로 왕가의 자손을 감싸는 행위를 통해 비잔틴 시대 이후 왕자는 이 색을 최초로 목격하게 되었다. 로마의 시인 호라티우스는 기원전 18년에 출간된 〈시론〉에서 '미사여구(purple prose)'이라는 표현을 만들어냈다. '첫 구절이 매우 전도유망하지만,/여전히 미사여구가 군데군데 담겨 있다네/성림(聖林)이나 디아나 여신의 제단을 묘사할 때'[4]
자주색은 서양에서만 지위를 누리지 않았다. 일본에서는 진한 보라색, 무라사키(紫, むらさき)가 긴지키(禁色), 즉 평민에게는 금지된 색깔이었다.[5] 1980년대에 멕시코 정부는 일본 회사인 퍼푸라 임페리얼에게 기모노 염색을 위한 카라콜 바다 우렁이 채집을 허용했다(비슷한 종인 일본의 '라파나 비조아르'가 멸종 위기라도 놀랄 일은 아니다). 토착 믹스텍인들이 몇 세기 동안 카라콜 바다 우렁이를 죽이지 않고 원료를 뽑아낸 데 반해 퍼푸라 임페리얼의 방법은 치명적이어서 개체수가 급락했다. 결국 몇 년

되지 않아 계약이 취소되었다.[6]

대부분의 특별한 것들이 그렇듯 자주색도 언제나 자원을 많이 잡아먹었다. 부유한 이들의 옷을 위해 몇억 마리의 갑각류가 희생되었을 뿐만 아니라 '로첼라 팅토리아(Roccella tinctoria)'처럼 천천히 자라는 이끼도 아칠을 만들기 위한 남획 탓에 대안이나 대체재를 찾아야만 했다. 심지어 모브마저 자원이 많이 드는 색이었다. 초창기에는 귀한 원료가 너무 많이 들어가, 이후 개발자인 윌리엄 퍼킨은 사업을 아예 접기 직전이었다고 인정했다.[7]

운 좋게도 새 염료가 크게 유행을 탄 덕분에 퍼킨이 돈을 벌었으니, 이는 모브처럼 비싸게 팔 수 있는 다른 아닐린계 색의 개발 가능성을 의미했다. 갑자기 모두가 자주색을 합당한 가격에 사들일 수 있게 되었고, 수천 가지의 다른 색도 마찬가지였다. 친숙해지니 경멸받기 시작해서 자주색은 곧 여느 색처럼 평범해졌다.

티리안 퍼플

기원전 48년 말, 인류 역사상 가장 치명적인 유혹이 벌어졌다. 8월 9일 율리우스 카이사르가 파르살로스 전투에서 수적으로 훨씬 우세한 숙적이자 사위인 폼페이에게 승리를 거둔 뒤 이집트에서 머물렀는데, 세계에서 가장 유명하고 나이가 그의 절반밖에 안 되는 여성이 융단에 말린 채로 호위병의 눈을 피해 그의 숙소로 잠입했다. 9개월 뒤 클레오파트라는 아들 카이사리온, 즉 '작은 시저'를 낳았고 자랑스러운 아버지는 로마로 돌아와 오로지 그만이 입을 수 있는, 연인이 가장 좋아하는 색으로 물들인 토가를 입었다. 바로 티리안 퍼플이었다.[1]

이 풍성한 색조—대 플리니우스의 묘사에 의하면 엉긴 피의 색으로 바람직한—는 지중해에 서식하는 두 종류의 갑각류, '타이스 헤마스토마(Thais haemastoma)'와 '뮤렉스 브렌다리스(Murex brandaris)'로 만든 염료였다. 가시가 돋은 육식 복족류의 껍질을 깨어 열면 옅은 색의 아가미 아랫샘 또는 '꽃'이 몸을 횡단하는 걸 볼 수 있다. 이 샘을 짜면 마늘 냄새를 풍기는 투명한 액체를 한 방울 얻을 수 있다. 햇빛이 비치면 액체는 연한 노란색, 초록색, 파란색을 거쳐 진한 적자주색으로 변한다. 너무 진한 나머지 검정색이 도는 최고의 색은 두 갑각류의 액체를 섞어야 얻을 수 있다.[2] 길고도 냄새가 지독한 공정을 거쳐야 이 염료가 옷감에 착색되어 퍼진다. 갑각류의 샘에서 추출한 액체를 암모니아를 위해 묵혀둔 오줌통에 더하고 열흘을 발효시킨 뒤 옷감을 담근다. 두 번에 나눠 옷감을 담그라는 제조법도 남아 있다.[3]

티리안 퍼플의 염색 기록은 기원전 15세기까지 거슬러 올라간다.[4] 썩어가는 바다 우렁이, 묵은 오줌, 그리고 이 둘이 한데 모여 발효되는 냄새는 엄청나게 강했을 것이다. 고대의 염색 공장도 마을이나 도시의 외곽에서 발견되는 경향이 있다. 티리안 퍼플은 특히 페니키아의 튀루스에서 나오는 특산물이었으니, 유명했을 뿐만 아니라 교역으로 부유함도 안겨주었다. 티리안 퍼플로 염색된 옷감은 호메로스의 〈일리아드(기원전 1260~1180년)〉와 베르길리우스의 〈아이네이스(기원전 29~19년)〉에서 언급되었을 뿐만 아니라 고대 이집트에도 기록이 남아 있다.

티리안 퍼플은 '뮤렉스'와 '타이스'에게 치명적이었다. 두 종의 복족류 한 마리에서 단 한 방울의 즙이 나오므로 25만 마리를 잡아야 염료 1온스를 만들 수 있었다.[5] 몇천 년 전에 버려진 껍데기가 너무 많은 나머지 지중해 동해안을 따라 발견할 수 있을 정도였다. 우렁이는 반드시 손으로 잡아야만 하는 등 막대한 노동력도 동원되었으니, 희소성과 노동력이 맞물려 악영향을 빚어냈다. 일단 티리안 퍼플의 가격이 눈물 날 정도로 비쌌다. 기원전 4세기 중반에는 은만큼이나 비쌌고, 곧 티리안 퍼플로 염색한 옷감은 문자 그대로 금만큼 비싸졌다. 기원전 3세기에는 로마 황제가 황후에게 티리안 퍼플 드레스를 사줄 수 없노라고 말했다.[6]

티리안 퍼플은 그 이후에도 권력과 왕족의 색깔로 자리 잡았다. 로마 공화정에서 이는 엄격한 신분의 상징을 의미했다. 승리를 거둔 장군은 퍼플과 골드의 가운을 입을 수 있었고, 전장에 나가 있는 장군이라면 골드가 빠진 퍼플을 입을 수 있었다. 원로원, 집정관, 치안판사는 토가에 넓은 티리안 퍼플의 띠를 두를 수 있었다. 기사의 띠는 같은 색에 더 좁았다.[7] 이러한 시각적 위계질서는 카이사르의 로마 귀환 이후 더 엄격하게 바뀌어 법으로 강제되었다. 서기 4세기에는 오직 황제만이 티리안 퍼플을 입을 수 있으니, 위반자는 사형에 처해졌다.[8] 시 낭송회에서 연체 모브색을 입은 여성을 본 네로 황제는 방에서 끌어내 옷을 벗기고 재산을 몰수했으니, 아주 엄격하게 황권을 집행한 격이었다. 여느 통치자보다 더 실용적이었거나 혹은 더 탐욕스러웠던 디오클레티아누스 황제는 엄청난 수수료와 이익의 전액을 납부할 수 있다면 누구라도 티리안 퍼플을 입을 수 있노라고 말했다.[9] 한편 동쪽의 비잔틴 여왕은 왕손이 '자주색에서' 태어나 통치권을 확고히 다질 있도록 짙은 와인색의 방에서 출산했다.

딱한 우렁이는 다행스럽게도 국제 정치와 운명의 도움으로 멸종 위기에서 벗어날 수 있었다. 1453년 로마와 비잔틴 제국의 수도인 콘스탄티노플이 투르크족에게 함락되었고, 더불어 세계에서 가장 고운 자주색의 제조법도 유실되었다. 4세기나 지나서야 앙리 드 라카제 뒤티에르라는 프랑스의 무명 해양생물학자가 우연히 '뮤렉스'와 자주색을 발견했다.[10] 발견된 해인 1856년에는 다른 자주색인 모브의 생산도 시작되었다.

아칠

색은 가장 가망이 없어 보이는 장소에서도 찾을 수 있다. 짙은 적자주색인 아칠(별명: 오칠, 오켈, 투르네솔, 오세인, 커드베어)은 지의류로 만드는, 짙은 자주색 염료다. 대부분의 사람들은 벽돌이나 나무껍질에 딱 붙은 채로 자라는 지의류를 알아보지만 대수롭지 않게 여긴다. 그렇지만 가까이서 보면 지의류는 꽤 흥미롭다. 한 가지 생물이 아닌, 균사류와 조류 두 종류의 결합인데 긴밀한 공생관계를 이루고 살아서 현미경으로나 둘을 구분할 수 있다.[1]

몇몇 지의류로는 염료를 만들 수 있다. 초기 현대의 네덜란드 염색공은 라크 또는 리트머스라 불리는 염료를 만들어 짙은 파란색의 작은 덩어리로 팔았다. 지의류는 수소 이온 농도 지수pH에 민감하게 반응한다. 그래서 여러 종류의 지의류를 갈아 환자 소변의 산도 검사에 썼으니, 바로 '리트머스 시험'의 유래였다. 아칠을 위해 가장 많이 쓰이는 지의류는 '로첼라 팅토리아(Roccella tinctoria)'다. 바위에 붙어 있는 걸 볼 수 있지만 볼품도 없고 안료의 재료라 믿기지도 않는다. 아칠의 원료로 쓰이는 대부분의 지의류와 마찬가지로, '로첼라 팅토리아'도 더러운 버프(buff) 그레이에 파리한 해초처럼 생겨서 조금씩 드문드문 자란다. 카라니와 카보베르데 제도, 스코틀랜드, 아프리카의 일부 제한된 지역, 레반트, 남아메리카에서 자란다.[2]

아칠 생산의 비밀은 14세기에 페드리고라는 이탈리아 상인이 레반트로 찾아가 지역 지의류의 추출액을 만드는 법을 발견할 때까지 서양에 알려지지 않았다.[3] 그는 피렌체로 돌아와 지의류 염료로 양모나 비단을 물들였다. 엄청나게 사랑받았지만 그전까지는 훨씬 더 비싼 '뮤렉스' 염료로만 낼 수 있었던 풍성한 자주색이었다. 사업이 번창했고, 그의 가족은 상품화의 기회라고 여겨 성을 '루첼리스'라 바꿨다.[4] 염료의 지식은 먼저 다른 이탈리아 염색공—15세기의 〈베네치아 염색사〉의 교본에는 네 장에 걸쳐 다루고 있다—을 거쳐 유럽의 다른 국가로 퍼져나갔다. 아칠의 제조과정은 지난하다. 일단 원료를 찾아야 되는데 지의류의 군락은 약하므로, 발견되면 전체를 수확했다.[5] 교역과 제국의 전성기에는 시장의 수요를 충족시키기 위해, 아주 많은 비용을 들여 지의류를 먼 곳에서 수입했다.[6] 몇몇 종은 5~6월, 다른 종은 8월에 손으로 채집해서 가루로 곱게 빻는다. 그 다음 과정은 훨씬 더 까다롭다. 암모니아와 시간이 필요하다. 인류가 아칠을 추출해서 사용하는 기간 내내, 인간의 오줌에서 채취한 암모니아를 썼다. 1540년의 베네치아 제조법에서는 100파운드의 가루 아칠과 탄산칼륨 같은 명반 10파운드가 반죽으로 뭉쳐질 때까지 오줌과 섞으라고 지시한다. 많게는 하루에 세 번 반죽하는데, 너무 마르면 와인을 섞는다. 그리고 따뜻한 곳에 70일 동안 둔다. 그럼 '쓰기 좋게 걸쭉해진다'고 한다.[7] 현대의 제조법으로도 색깔을 제대로 내는 데는 28일이나 걸린다.[8] 아칠은 이런 불쾌하고 냄새가 지독하며 노동 집약적인 과정을 거쳐야만 추출할 수 있다. 하지만 최종 결과물은 그만한 가치가 있다. 자주색은 충성의 상징인데, 좀 더 붉은 기가 도는 색도 같은 역할을 맡은 적 있다. 장밋빛 지의류로 염색한 망토를 입은 웨일즈 여군이다. 1797년 2월 나폴레옹의 육군이 펨브로크셔의 피시가드에 상륙했는데, 색깔 탓에 레드코트의 영국군 정예부대로 착각해 총은 한 발도 쏘지 못하고 황급히 흩어졌다.

마젠타

19세기 후반, 미국에서 정착민이 식민지화에 바쁜 가운데 유럽에서는 무법천지의 서부에서나 벌어질 것 같은 갈등이 비밀스레 끓어오르고 있었다. 다만 갈등의 대상이 영역이 아닌 색이라는 점이 문제였다.

문제의 색은 끈적끈적하고 검은 콜타르에서 추출하는 합성 색료의 일종인 아닐린 염료였다. 아닐린이라는 명칭은 스페인어로 인디고를 일컫는 아닐에서 왔는데, 1826년 독일의 과학자 오토 운베르도르벤이 인디고 식물의 색료를 연구실에서 추출하려다가 발견했다. 첫 번째 합성 아닐린은 강렬한 자주색인 모브로, 1853년 런던의 십대가 발견했다. 아닐린으로부터 더 많은 색을 뽑아낼 수 있음이 확실해 보였으나, 이는 그저 시작일 뿐이었다. 전 세계 과학자들이 손에 닿는 대로 새로운 화합물을 열정적으로 시험했다.

가장 먼저 결실을 보았던 이 가운데 하나가 프랑수아 에마뉘엘 벨르갱이었다. 그는 피크르산으로부터 노란색을 추출하는 공장의 공장장이었다가 1858년, 경쟁사인 르나르 프레레 에 프랑에 취직했다. 그리고 바로 아닐린과 염화주석을 섞어 빨간색과 자주색의 경계에 있는 색을 만들어냈다.[1] 그는 꽃의 이름을 따서 새로운 색을 푸크신이라 명명했다. 거의 동시에 영국 기업인 심슨, 몰 앤 니콜슨이 아닐린 레드를 만들어냈다. 눈을 태우는 듯한 색은 즉각 인기를 끌었다. 흥미롭게도 첫 번째 구매자는 군복을 염색하려는 유럽 몇몇 나라의 군대였다. 하지만 프랑스에서는 푸시아, 영국에서는 로제인으로 불리는 이름으로는 그렇게 매혹적이고 두드러지는 색 같지 않았다. 그래서 곧 '마젠타'라는 이름이 붙었다. 1859년 6월 4일 오스트리아군에 맞서 결정적인 승리를 거두었던, 밀라노 인근의 작은 마을에서 딴 이름이었다.

마젠타는 곧 멀하우스, 바젤, 런던, 코벤트리, 글래스고 등 경쟁사의 공장에서 쏟아져나와 밝고 저렴한 새 옷감에 굶주린 대중에게 풀렸다. 이후 몇 년 동안 다른 아닐린 색이 등장했다. 노랑, 두 가지의 보라, 알데하이드 초록, 리옹의 파랑, 파리의 파랑, 니콜슨의 파랑, 달리아(모브와 마젠타 사이의 색), 그리고 검정이 시장에 쏟아졌다. 그린포드 그린의 퍼킨스 염색공장에서 아주 가까운 블랙 호스 펍의 단골들은 그 동네의 대운하의 교차로가 매달 다른 색으로 물든다고 자랑스레 말했다.[2]

슬프게도 이 모든 실험 탓에 패션계에서 마젠타의 입지가 줄어들었다. 이후 10년 동안 업계는 특허를 강화하고 지적재산을 보호하려는 기업의 소송에 잇달아 시달렸다. 베르갱도 자신이 만들어낸 색으로 별로 돈을 벌지 못했다. 그는 매출의 5분의 1을 받는 조건으로 개발한 색의 권리를 르나르 프레레 에 프랑에게 넘겼다.[3] 20세기 초에는 이 기적과 같은 몇몇의 새 마젠타에서 최대 6.5퍼센트에 이르는 비소가 검출되었다. 비소 탓만 할 수도 있지만, 마젠타는 몇천 가지 색 가운데 고작 하나일 뿐이었으니 선택의 폭이 너무 넓어져 소비자들은 염증을 느꼈다. 그래도 원색 인쇄 덕분에 마젠타는 살아남았다. 이제 확실히 분홍색인 마젠타는 잉크로서 CMYK 원색 인쇄에 쓰인다.

모브

18세기부터 19세기까지, 유럽에는 말라리아가 창궐했다. 1740년에 호레이스 월폴은 갈 곳 없는 관광객이 보여주는 특유의 집착을 담아 '말라리아라 불리는 무시무시한 것이 매 여름마다 로마에서 건너와 모두를 죽인다'고 썼다. 말라리아는 이탈리아어 '나쁜 공기'의 잘못된 표기였다. 당시만 해도 말라리아가 공기를 통해 감염되는 전염병이라고 오해했기 때문이다. 모기와의 상관관계는 나중에서야 밝혀졌다. 1853년 런던의 세인트 토마스 병원에 입원한 환자의 절반이 학질 또는 말라리아 열병으로 진단받았다.[1]

말라리아의 유일한 치료약인 키니네는 남아메리카의 특정 나무의 껍질에서만 추출할 수 있었으므로 매우 비쌌다. 동인도 회사가 매년 123,000달러가량을 키니네에 쓸 정도였다.[2] 합성 키니네는 돈벌이가 될 게 확실했다. 거기에 화학을 향한 애정까지 가세해, 18세의 한 과학자가 런던 동부에 있는 아버지의 다락방에 임시 연구실을 차리고 그곳에서 명절을 보내며 콜타르로 키니네 합성법을 연구했다. 그가 바로 오늘날 현대 과학의 영웅 가운데 한 명으로 추앙받는 윌리엄 퍼킨이다. 하지만 키니네 때문은 아니다. 키니네는 개발하지 못했지만, 대신 화학의 풍부한 가능성 덕분에 우연히 발견한 자주색 모브로 유명해졌다.

1856년의 처음 몇 달 동안, 퍼킨은 실험을 통해 기름기 있는 까만색의 콜타르—가스 조명의 흔한 부산물—에서 빨간색의 가루를 얻었다. 이를 바탕으로 실험을 계속하자 무색의 키니네가 아닌, 밝은 빨간색의 액체가 나왔다.[3] 대부분의 화학자라면 잘못된 결과라고 여기고 버렸을 것이다. 하지만 한때 화가를 꿈꾸었던 퍼킨스는 비커에 비단 조각을 담가본 뒤 가볍고도 물이 빠지지 않는 염료를 발견했다는 것을 깨달았다. 수익성을 고려해 그는 이 색에 고대 그리스와 비잔틴인들이 연체동물에서 추출했던 색의 이름을 붙였다. 하지만 곧 비슷한 색의 꽃을 피우는, 아욱을 일컫는 프랑스어인 모브로 이름을 바꾸었다.[4]

모브는 바로 인기를 끌지 못했다. 동식물의 추출액으로 작업해 온 당시 염색공들은 새로운 화학물질을 의심했다. 더군다나 제조비용도 많이 들었다. 100파운드의 석탄에서 추출한 10온스의 콜타르로 4분의 1온스의 모브를 만들 수 있었다.[5] 퍼킨과 인류에게 고맙게도(그가 인내하지 않았더라면 콜타르는 머리 염색약, 항암 치료제, 사카린과 인공 머스크향의 원료로 자리 잡지 못했을 것이다), 나폴레옹 3세의 부인이자 사치스러운 유제니 황후는 모브가 자신의 눈동자 색과 잘 어울린다고 확신했다. 1857년의 〈일러스트레이티드 런던 뉴스〉는 가장 옷을 잘 입는 여성이 퍼킨의 자주색을 선호한다는 기사를 실었다. 빅토리아 여왕은 이를 받아들여 1858년에 열린 그녀의 딸과 프레데릭 왕자의 결혼식에 '레이스가 세 줄 달린, 풍성한 모브의 우단(드레스)'과 딱 어울리는 '모브와 은색 물결무늬의 골동품, 호니톤 레이스(꽃이나 잎의 무늬를 떠넣은 레이스—옮긴이)의 주름이 층층이 달린 페티코트'를 입었다.[6] 〈펀치〉 1859년 8월호는 런던이 모브 홍역을 앓은 덕분에 21세의 퍼킨이 부와 명예를 거둬들였노라고 선언했다.[7]

하지만 곧 모브는 빅토리아 시대와 같은 상징이 되어버렸다. 쇠락 말이다. 과소비 및 늙은 세대의 시들지 않은 선호 탓에 곧 특정한 유형의 나이 먹은 여성이나 입는 색으로 전락했다. 오스카 와일드는 1891년 작 〈도리언 그레이의 초상〉에서 '언제나 사연이 복잡하므로 모브를 입은 여성을 절대 믿지 마라'라고 선언했다. 엘리자베스 2세는 이런 상처를 견딜 수 없었는지 왕궁의 꽃꽂이에서 모브색 꽃을 뺐다. 하지만 천하태평인 이들은 여전히 모브를 선호했다. 카프리 팬츠를 발명했고 모두에게 어릴 때 이름인 '버니'로 통했던 멋쟁이 고급 여성복 디자이너 닐 먼로 로저는 '폐경기 모브'라고 명명한 색을 편애했다. 그래서 왜가리 깃털 머리 장식부터 빛나는 캣슈트의 발끝까지 모브 일색의 옷차림으로 고희연을 열었다.

헬리오트로프

어떤 색은 현실보다 상상의 세계에서 더 크게 다가온다. 헬리오트로프를 예로 들어보자. '태양'을 가리키는 '헬리오스(helios)'와 '돌다'라는 뜻의 '트로파이오스(tropaios)', 두 그리스어가 만났다. 자주색 꽃이 태양의 움직임을 따라 고개를 돌리기 때문에 붙은 이름이다. 그리고 색에 이 꽃의 이름을 붙였다. 하지만 이 관목은 다른 식물 이상으로 태양을 좇아 고개를 움직이지는 않으며, 색보다는 체리 파이를 닮은 냄새가 더 두드러진다. 헬리오트로프의 조상은 고대 이집트에서 향수 재료로 사용되었고 그리스와 로마로 수출되었다.[1]

헬리오트로프는 여러 자주색이 인기를 얻던 19세기에 전성기를 누렸다. 참신함 덕분이었다. 윌리엄 퍼킨이 모브를 만들어 내기 전까지 자주색은 만들기 어려운 색이면서도 옛 지위와 얽힌 제국의 매력을 고수했다. 그래서 빅토리아 시대에는 몇십 년에 걸쳐 끔찍한 헬리오트로프의 배색이 등장했다. 1880년대에는 라이트 그린이나 애프리콧(살구색), 이후에는 카나리아 옐로, 유칼립투스 그린, 아트 브론즈, 피코크 블루와 짝지어졌다. '헬리오토로프보다 더 두드러지는 색은 없어서, 어떤 색과 짝지어도 때로는 너무 거슬린다'는 기록도 남아 있다.[2]

빅토리아 시대의 꽃말로 헬리오트로프는 헌신을 의미했으니, 연인의 상복으로 여성이 입을 수 있는 몇 안 되는 색 중 하나였다. 상례가 극에 달한 19세기에는 좀 더 엄격한 규칙이 적용되었고 여성에게는 한층 더 까다로웠다. 친지나 군주의 상후에는 몇 개월 혹은 몇 년 동안 특정한 상복을 입어야만 했다. 헬리오트로프를 비롯한 자주색 계열은 약식 상복의 필수 색이었다. 가장 슬픔이 클 미망인은 평범한 무광 검정색 드레스를 2년이나 입고 나서야 약식 상복으로 넘어갈 수 있었다. 한편 친척의 애도 의무는 덜 가혹해서, 기간에 상관없이 차분한 색을 입으면 그만이었다. 독감이 심하게 퍼진 1890년 이후에는 검정색, 회색, 그리고 헬리오트로프의 상복을 많이 입었다.[3]

현실에서는 헬리오트로프의 위세가 잦아들었지만 문학에서는 여전히 팔자가 괜찮다. 행실이 나쁜 등장인물이 대개 이 색의 옷을 입는다. 오스카 와일드의 소설 〈이상적인 남편〉에 등장하는 비도덕적인 여주인공 셰블리 부인이 대표적인 예다. 그는 헬리오트로프와 다이아몬드로 치장하고 극 중간에 등장해 대담하게 명대사를 읊어댄다.[4] J.K. 롤링, D.H. 로렌스, P. G. 우드하우스, 조셉 콘래드의 소설에도 헬리오트로프가 매력적인 색으로 그려진다. 버터를 듬뿍 넣어 만든, 풍성한 소스처럼 말맛이 좋은 단어다. 물론 색 자체도 한물간 데다가 범상치 않으면서도 아주 살짝 뻔뻔스러운 것이 매력적이다.

바이올렛

1874년, 파리에서 화가, 조각가, 판화가 등의 예술가 한 무리가 익명 모임을 결성하고는 첫 전시회를 준비했다. 그들은 이 전시회가 과업 강령이자 참여 촉구, 그리고 무엇보다 매년 살롱에서 퇴짜를 놓은 보자르 예술학교를 향한 고귀한 모욕으로 작용하기를 원했다. 에드거 드가, 클로드 모네, 폴 세잔, 카미유 피사로 등이 창립 회원이었는데, 이들은 오래되고 학구적인 예술 스타일이 너무 칙칙하고 정체되었다고 여겼다. 또한 꿀색의 광택제를 발라 세계를 있는 그대로 그려내지 못하고 있으므로 가치가 없다고도 보았다. 보자르 예술학교 또한 인상파에게 가혹했다. 〈르 샤리바리〉의 평가를 통해 루이스 르루아는 모네의 '인상, 일출'이 밑그림에 불과한 미완성작이라고 혹평했다. 이후 태동하는 경향을 향해 비슷한 비평이 줄을 이었으나 특히 한 가지 색을 향한 집착이 두드러졌다. 바로 바이올렛이다.

진작에 인상파를 칭송했던 에드몽 뒤랑티는 그들이 '거의 언제나 보라색과 파란색 계통에서 시작한다'고 평가했다.[1] 다른 이들은 바이올렛의 발색을 더 싫어했다. 많은 이들은 인상파 예술가들이 완전히 미쳤거나 밝혀지지 않은 병에 시달린다고 결론을 내리고 '바이올레토마니아(보라색광)'라 이름 붙였다. 피사로는 정신병원의 동료에게 자신이 바티칸의 교황이 아니라는 것보다 나무가 바이올렛색이 아니라고 설득하는 것이 더 어려웠다.

다른 이들은 인상주의자가 너무 야외에서 시간을 많이 보낸 탓은 아닐까 궁금해 했다. 밝은 실외의 풍경을 너무 오래 본 나머지 영원한 음각의 이미지가 새겨져 바이올렛으로 보이는 것은 아니냐는 생각이었다. 모네의 단독 전시회 비평에서 알프레드 드 로스타로는 인상파가 자외선 너머 영역의 색을 볼 수 있는 능력을 갖췄다는 가설을 내세웠다. 로스타로는 이렇게 썼다. '그와 동료들은 자주색을 본다. 군중들은 다른 것을 보기에, 의견 차이가 있다.'[2]

인상파의 보라색 선호 현상을 두 가지의 새로운 이론으로 설명할 수 있다. 한 가지는 그림자가 절대로 검정색이나 회색이 아니라는, 다른 색으로 이루어졌다는 인상파의 확신이다. 다른 한 가지는 보색 이론이다. 햇빛 노란색의 보색이 바이올렛이므로 그림자의 색이라는 설명이다. 하지만 바이올렛은 그림자의 역할조차 초월해버렸다. 1881년 에두아르 마네는 그의 친구에게 공기의 진짜 색을 발견했노라고 선언했다. '바이올렛이더군'이라고 그는 말했다. '공기는 바이올렛이야. 3년 뒤에도 세계는 여전히 바이올렛이겠지.'[3]

Ultramarine
Cobalt
Indigo
Prussian blue
Egyptian blue
Woad
Electric blue
Cerulean

파랑 계열

카탈루냐의 화가 조안 미로는 1920년대에 전작들과는 전혀 다른 경향의 그림을 선보였다. 그가 1925년 넓은 캔버스에 그린 'peinture poésie(그림 시)' 가운데 하나는 거의 완전히 공백이다. 왼쪽 위에만 '빛(Photo)'이라는 단어가 우아하게 굽이치는 붓글씨로 쓰였다. 그리고 아래 오른쪽에는 물망초색 물감을 팝콘 모양으로 칠해놓고, 깔끔하고도 드러나지 않는 글씨로 'ceci est la coleur de mes rêves(내 꿈속의 색)'이라 썼다.

이 작품이 발표되기 2년 전, 눈먼 쥐를 연구하는 유전학자 클라이드 킬러는 미로의 변화를 설명해줄 수 있을 만한 발견을 했다. 포유동물이 빛을 인식할 수 있도록 만들어주는 광수용체가 없는 쥐도 빛에 반응한다는 요지였다. 당시에는 설명할 수 없었지만 75년이나 지나서야 그 이유를 알 수 있었다. 모두, 심지어 시력을 잃은 이조차도 파란빛을 감지할 수 있게 해주는 특수 수용체 덕분이었다. 이른 낮에 가장 많이 나오는 파란빛은, 우리가 밤에는 잠들고 낮에는 깨어 있도록 생체 주기를 맞춰주는 역할을 하고 있기에 굉장히 중요하다.[1] 오늘날 부분 조명으로 밝힌 방이나 백라이트가 들어오는 스마트폰은 시기에 맞지 않는 파란빛이 나오기 때문에 잠드는 것을 방해할 수 있다. 150년 전, 미국의 성인 평균 수면 시간은 8~9시간이었지만 2015년에는 6.9시간으로 줄었다.[2]

서양은 파란색을 폄하해왔다. 구석기 및 신석기 시대에는 빨간색, 검정색, 갈색이 인기였다. 고대 그리스와 로마에서는 빨간색, 검정색, 흰색의 삼색을 숭상했다. 특히 로마인들에게 파란색은 야만을 상징했다. 당시 작가들은 켈트 군인이 몸을 파란색으로 물들였다고 기록하고 있으며 대 플리니우스는 여성들이 같은 짓을 한 뒤 난교에 임한다고 비난했다. 또한 로마에서 파란색은 애도와 불운을 상징했다.[3] 유럽 밖에서는 파란색의 위상이 좀 달랐고, 예를 들어 고대 이집트에서는 파란색을 좋아했지만 초기 기독교 시대에도 파란색은 찾아보기 어려웠다. 19세기에 이루어진 기독교 저자의 조사에 의하면 13세기에는 파란색이 전체 색의 고작 1퍼센트만을 차지했다.[4]

변화의 물결이 들이닥친 시기는 12세기였다. 프랑스의 유력 귀족이자 고딕 건축의 선도적인 지지자였던 애보트 쉬제르는 신의 색이라며 파란색을 열렬히 신봉했다. 그는 1130~1140년대에 생드니 수도원의 재건축을 감독했는데, 그 과정에서 장인들이 유명한 코발트색 창문을 만드는 기술을 숙달하여 이후 샤르트르와 르망의 대성당 건축에 기여했다.[5]

이전에는 아들의 죽음을 애도해 어두운 색을 입은 것으로 묘사되었던 동정녀 마리아도 비슷한 시기에 밝은 파란색의 가운으로 갈아입었다. 마리아와 그녀의 추종자가 득세한 중세에는 옷 색마저 바뀌어버렸다.

중세부터 마리아의 색은 몇 세기 동안 가장 귀한 염료였던 울트라마린이었다. 하지만 인디고도 파란색의 역사에서 중요한 염료다. 처음에는 돌에서, 나중에는 발효시킨 식물의 잎에서 추출한 염료였지만 두 색에는 공통점이 많다. 둘 다 숙고와 인내, 그리고 숭상이 깃든 추출과 제조 과정을 거쳤다. 물감상과 화가가 힘들여 돌을 갈고 반죽해 안료를 만들었고, 염색공은 웃통을 벗고 진력이 나도록 통을 휘저어 염료를 만들었다. 안료의 가격은 욕구와 수요가 어지럽게 맞물려 돌아가면서 치솟다가, 19세기에 대안 합성염료가 등장하면서 안정되었다.

파란색은 고대 이집트, 힌두교, 북아프리카의 투아렉 족을 비롯한 많은 문화권에서 전통적으로 슬픔을 상징했지만 동시에 특별한 위상도 차지했다. 많은 기업체나 조직이 신뢰를 심기 위해 상징이나 제복에 짙은 파란색을 쓰는데, 유래에 대해 깊이 생각하지 않은 티가 난다. 짙은 파란색의 전통은 군, 특히 해군에서 비롯되었기 때문이다. 태양과 바다에 잘 버틸 수 있는 최선의 색이라서 골랐던 짙은 파란색이 결국 네이비 블루, 즉 해군의 파란색으로 자리 잡았다.

12세기 말에 프랑스의 왕가는 새로운 휘장을 채택했다. 동정녀 마리아를 기리는 의미에서 아주르 블루의 바탕에 금색 '플뢰르 드 리스(fleur de lis, 백합, 연꽃, 또는 노랑꽃창포를 형상화했다는 설이 있다—옮긴이)'를 그린 이 휘장을 유럽의 많은 귀족들이 본받았다.[6] 1200년대만 해도 유럽의 휘장 가운데 고작 5퍼센트가 아주르 블루를 썼는데, 1250년대에는 15퍼센트, 1300년대에는 25퍼센트, 1400년대에는 3분의 1까지 늘어났다.[7] 최근 조사에 따르면 네 군데의 대륙에 걸쳐 파란색이 10개국에서 가장 사랑받고 있다.[8] 이것은 제1차 세계대전 이후와 비슷한 결과다. 한때 퇴보와 미개를 상징했던 파란색은 이제 세계를 정복한 것처럼 보인다.

울트라마린

서기 630년 4월, 현장법사는 아프가니스탄으로 1,600킬로미터를 돌아 인도에 이르렀다. 불과 1세기 전 바미얀 골짜기에 새겨진 부조 석불을 찾아 나선 여정이었다. 두 개의 석불은 귀금속 장신구로 장식되어 있었으며, 머리부터 화관까지 53미터에 이르는 큰 석불은 카마인, 더 작고 오래된 석불의 승복은 그 지역의 주 수출색인 울트라마린으로 칠해졌다. 현장법사의 순례 이후 1400년이 지난 2001년 3월, 탈레반은 바미얀의 석불을 우상으로 낙인찍어 다이너마이트로 파괴했다.[1]

이제 너무 멀리 떨어져 있지만, 바미얀 석불의 부지는 한때 가장 분주하고 영향력이 큰 교역로였다. 힌두쿠시 산맥을 지나는 실크로드는 동서양을 오가는 카라반의 경로였다. 당시 울트라마린은 청금석의 덩어리 형태로 당나귀와 낙타의 등에 실려 실크로드를 이동했고, 시리아의 지중해에서 배에 실려 베네치아로 보내진 뒤 유럽 전역으로 퍼져나갔다. 색의 이름인 울트라마린도 라틴어로 '너머'라는 뜻의 '울트라(ultra)'와 '바다'라는 뜻의 '마레(mare)'에서 왔다. 즉 먼 거리에서 들여올 만한 색이라는 의미다. 르네상스 시대의 이탈리아 화가이자 〈미술의 책〉의 저자인 첸니노 첸니니는 울트라마린을 '걸출하고 아름다우면서도 가장 완벽한, 모든 색을 능가하는 색이다. 입에 담거나 허투루 쓴다면 가치가 바랠 것이다'라고 쓴 바 있다.[2]

울트라마린의 이야기는 땅속 깊은 곳에서부터 시작된다. 청금석(라피스 라줄리, 라틴어로 '파란색 돌')은 오늘날에는 중국이나 칠레 같은 나라에서 채굴한다. 그러나 18세기 이전 서양의 울트라마린을 책임지던, 진하고 깊은 밤의 색을 띤 바위의 거의 대부분은 한 군데에서 나온 것이었다. 바로 바미얀에서 북동쪽으로 600킬로미터 떨어진 산골짜기의 사리상 광산으로, 파괴된 불상처럼 광산도 유명했다. 1271년에 이곳을 방문했던 마르코 폴로는 '높은 산에서 가장 품질 좋고 고운 파란색을 캐낸다'[3]고 쓴 바 있다.

청금석은 준귀금속이라 여겨지지만 사실 혼합광물이다. 진한 파란색 천람석(라줄라이트)이 진한 파란색을, 방해석(칼사이트)을 포함한 규산염(실리케이트)과 황철광이 흰색과 금색의 섬세한 줄무늬를 각각 책임진다. 고대 이집트와 수메르에서는 청금석 덩어리를 장식용으로만 썼으니, 안료로 쓰이기 시작한 건 한참 뒤의 일이다. 갈기 어려울 뿐만 아니라 불순물이 너무 많아 완성된 안료가 실망스러운 회색이었던 탓이다. 파란색의 천람석을 추출해야 쓸 만한 안료를 만들 수 있다. 그래서 곱게 간 돌을 콜타르 찌꺼기와 유향 수지, 테레빈유, 아마인유나 밀랍과 섞은 뒤 끓여서 곤죽을 만든다. 그리고는 첸니니의 표현을 빌자면 '빵을 반죽하듯이' 양잿물에 반죽한다.[4] 그러면 파란색이 서서히 양잿물에 씻겨나가 바닥에 가라앉는다. 반죽할수록 회색에 가까운 색이 빠져나오며, 모든 색이 빠지고 나면 마지막에는 울트라마린 애시라 일컫는 연한 색만 남는다.

안료로서 청금석을 쓴 가장 오래된 예는 중국 투르크메니스탄의 5세기 벽화와 바미얀 동굴 사찰의 7세기 벽화에서 발견할 수 있다. 유럽에서는 8세기 전반, 로마의 샌 사바 성당에서 울트라마린에 이집션 블루를 섞어서 처음 썼다. 당시에는 이집션 블루가 고대 최고의 파란색이었지만 곧 울트라마린에게 자리를 내주었다.[5]

먼 광산에서 캐오는 탓에 울트라마린은 비싸고 만들기도

어려웠다. 다만 이탈리아, 특히 안료 교역의 유럽 관문인 베네치아의 화가들은 귀한 울트라마린을 싸게 살 수 있었기에 흥청망청 썼다. 1520년대 초의 작품인 티치아노의 '디오니소스와 아리아드네'가 좋은 예다. 왼쪽 위로 성좌 모양의 별이 떠 있는 넓은 하늘을 울트라마린으로 칠했다. 형편이 다른 유럽 북부의 화가들은 좀 더 아껴 써야만 했다. 독일 르네상스의 최고 판화가이자 화가인 알브레히트 뒤러도 울트라마린을 종종 썼지만 가격에 그리 크게 불평하지는 않았다. 1521년 안트베르펜에서 그는 다른 광물 바탕 안료에 비해 거의 100배 가까이 높은 가격을 지불하고 울트라마린을 샀다.[6] 가격과 품질의 차이가 커서, 귀한 작품일수록 베네치아에서 직접 안료를 사들이는 편이 나았다. 필리포 리피가 1487년에 계약한 베네치아 소재 산타마리아노벨라의 스트로치 예배당의 프레스코 벽화 의뢰에는 작업료의 일부를 '베네치아 출장비'로 쓴다는 조항이 붙어 있었다. 핀투리키오가 그린 시에나 소재 피콜로미니 도서관 프레스코 벽화의 1502년 계약서에도 안료 구입을 위한 베네치아 출장비로 200더컷이 책정되었다.[7]

이런 난리법석은 실용적이면서도 감정적인 이유 때문에 벌어졌다. 녹색을 띤 파란 안료는 많다. 다만 울트라마린은 종종 보라색이 돌기는 해도 진정한 파란색이었으며 오래도록 색이 변하지 않았다. 청금석 원석에 딸려오는 자긍심도 비싼 가격에 한몫 거들었다. 서양에서 울트라마린의 부상은 동정녀 마리아 덕분이었다. 1400년대부터 화가들이 자긍심과 신성함의 상징으로 울트라마린 망토나 가운을 입은 마리아를 그리는 비율이 높아졌다.[8] 조반니 바티스타 살비 다 사소페라토는 '기도하는 성모(1640~1650)'에서 동정녀 마리아만큼이나 한밤중의 아름다움 같은 울트라마린에게 경의를 표하는 것 같다. 그녀가 앉아서 바닥을 향해 고개를 살짝 숙이고 있는 가운데, 짙고 크림처럼 부드러운 파란색의 망토자락이 관람객의 시선을 사로잡는다. 화가와 후원자가 맺은 계약에서 핵심은 울트라마린의 정확한 사용이었다. '하르피스의 성모'를 위해 화가 안드레아 델 사르토가 1515년에 맺은 계약은 동정녀 가운에 '적어도 1온스에 5플로린짜리 울트라마린을 칠한다'고 명시한다. 몇몇 후원자는 안료를 직접 사들여서 사용을 통제했다. 1459년의 문서에 의하면 사노 디 피에트로가 시에나 관문의 벽화를 작업하는 동안 마을의 담당자가 금과 울트라마린을 직접 관리했다. 아닌 게 아니라 때로는 의심의 눈초리가 필요했다. 거의 4세기 뒤인 1857년에 단테 가브리엘 로제티, 윌리엄 모리스, 에드워드 번 존스가 옥스퍼드 유니언 도서관에 일련의 벽화를 그렸는데, '술잔치를 벌이고, 소란을 떨며, 코르크를 따고, 물감을 섞는 등 흥청거리는' 사이에 울트라마린이 단지째 사라졌다. 후원자들은 경악했다.[9]
좋은 대안도 등장했다. 1824년, 프랑스의 산업촉진협회가 6,000프랑의 상금을 내걸고 저렴한 합성 울트라마린 개발을 공모했다.[10] 4년 뒤 상금은 프랑스의 화학자 장 바티스트 기메에게 돌아갔다. 그의 라이벌이었던 독일의 크리스티안 그멜린도 흡사한 레시피를 1년 일찍 발견했다고 발표했지만 상금은 기메에게 돌아갔으며, 새로운 안료에는 프렌치 울트라마린이라는 이름이 붙었다.[11] 고령토, 소다, 석탄, 수정, 그리고 황을 함께 가열하면 풀처럼 녹색인 물질이 나오는데, 이를 갈고 씻어서 한 번 더 가열하면 진한 파란색 가루인 합성 울트라마린이 된다.

프렌치 울트라마린은 엄청나게 쌌다. 천연 울트라마린이 합성보다 2,500배 더 비싸게 팔리는 경우도 있었다. 1830년대 초 천연 울트라마린이 1온스에 8기니로 남성 노동자의 11주치 급여와 맞먹는 금액이었는데, 프렌치 울트라마린은 1파운드에 고작 1.25실링이었다. 그럼에도 불구하고 합성 울트라마린은 바로 인기를 누리지는 못했다. 화가들은 너무 얄팍하다고 불평했다. 입자의 크기가 균일해서 빛을 같은 정도로 반사하니 진짜 울트라마린의 깊이, 다양성, 시각적 재미가 없다는 것이었다. 전후의 프랑스 화가 이브 클라인도 이에 동의했다. 1960년 그는 인터내셔널 클라인 블루(International Klein Blue)를 특허 내서 자신만의 색으로 썼다. 색의 이름을 따 'IKB 연작'이라 이름 붙은, 육욕적이고 질감이 두드러지는 파란 캔버스의 연작이었다. 클라인은 이후에 '순수한 발상'이라는 이름을 자랑스레 붙였지만, 얼핏 보기엔 단순한 단색의 모음집이었다. 그는 날것의 가루인 울트라마린의 강렬함을 사랑했지만 물감으로 만들었을 때의 칙칙함에 실망했다. 그래서 클라인은 화학자와 함께 1년 동안 특별한 수지 매체를 개발했다. 이를 합성 울트라마린과 섞으면 IKB가 되면서 천연 안료의 명료함과 광채가 드러났다.

코발트

네덜란드가 해방된 직후인 1945년 5월 29일, 화가이자 작품 거래상인 한 판 메이헤른이 나치 부역 혐의로 체포되었다. 나치 점령기 동안 미심쩍은 재산을 축적했을 뿐만 아니라 페르메이르의 초기작인 '간음한 여인과 그리스도'를 헤르만 괴링에게 팔았다는 혐의였다. 유죄라면 교수형에 처할 수도 있었다.[1]

판 메이헤른은 적극적으로 혐의를 부정했을 뿐만 아니라 자신의 주장도 펼쳤다. '페르메이르의 작품은 진짜가 아닙니다'라고 말한 것이다. 자신이 그린 위작이라는 주장이었다. 최악의 경우 예술품 위조로 유죄를 선고받을 뿐이었다. 오히려 제국의 원수를 완전히 속여 넘겼으므로 네덜란드의 영웅 대접을 받아야 하는 것은 아닐까? 판 메이헤른은 페르메이르뿐만 아니라 피터르 더 호흐 등의 작품 등도 위조했고, 그 위조품들이 미술관에 걸렸을 뿐만 아니라 오랫동안 보지 못했던 걸작으로 비평가에게 호평을 받았노라고 진술했다. 위조의 대가로 벌어들였다는 돈은 800만 길더(오늘날의 3,300만 길더)였다. 유명한 미술관장이나 비평가가 그를 믿지 않았으니, 판 메이헤른은 자신의 죄를 입증해야 하는 희귀한 상황에 처하고 말았다.

법정에서 그는 시기에 따라 페르메이르의 작품 세계가 크게 다르므로 전문적으로 모작을 했노라고 진술했다. 그리고 이탈리아에서 페르메이르의 화풍이 비롯되었음을 입증하기 위해 미술사가들이 안달을 내고 있음을 알고 카라바조의 작품 '엠마오의 저녁식사'의 구성을 차용했노라고 밝혔다. 그는 기술적인 세부사항에도 신경을 썼다. 면실유를 쓰는 대신 열을 가하면 굳는 합성수지 베이클라이트로 유화를 그렸다. 그 때문에 물감이 굳는 데 시간이 더 오래 걸려서, 유화의 연대를 측정하는 표준 엑스선 시험과 용매 시험을 속여 넘길 수 있었다. 또한 진짜로 잔금이 생긴 오래된 캔버스에 그림을 그렸고 17세기 염료를 썼다.[2] 모든 것이 완벽했다. 염료 하나를 제외한다면. 정밀 감식 결과 페르메이르가 사망한 뒤 130년이나 지나서 등장한 코발트 블루가 발견되었다.[3]

판 메이헤른이 코발트 블루의 가능성을 챙기지 못한 것은 놀라운 일이 아니다. 코발트 블루는 울트라마린의 합성 대체재로 개발된 파란색 가운데 하나이기 때문이다.[4] 프랑스의 화학자인 루이 자크 테나르는 페르시아 모스크의 하늘색 지붕 타일이나 세브르의 도기공이 파란색 유약에 쓰던 코발트가 실마리라고 보았다. 코발트는 유명한 샤르트르나 생드니 대성당의 중세 시대 아이리스 블루의 유리는 물론, 저렴한 것은 화가의 안료인 스몰트(smalt, 화감청)로도 쓰였다. 1802년, 테나르는 돌파구를 찾았다. 비산코발트나 인산코발트에 알루미나를 섞어 고온에 구우면 곱고 진한 파란색이 나왔다.[5] 화학자이자 작가인 조지 필드는 1835년, '현대의 향상된 파란색이다… 녹색이나 자주색도 돌지 않으며 최고급 울트라마린에 육박하는 화사함을 선보인다'[6]고 코발트를 평가했다.

코발트 블루로 판 메이헤른의 범죄가 입증되었고, 모작은 미술관에서 조용히 사라졌다. 체포된 지 2년 뒤인 1947년, 그는 유죄를 선고받았다. 히틀러의 개인 서재에서 '사랑하는 총통께 바치는 감사의 표시입니다'라고 적힌 그의 그림 모음집이 발견되었지만 죄목은 부역이 아닌 위조였다.[7] 그는 1년형을 선고받았지만 다음 달 사망했다. 누군가는 상심 탓이라 했다.

인디고

1882년에 영국 박물관이 입수했던 유품은 그 내용을 이해하는 데 110년이나 걸렸다. 가로와 세로가 7센티미터인 정사각형에 두께가 2센티미터인, 기원전 600~500년 사이에 바빌론어로 쓰인 작은 찰흙 서판이었다. 1990년대 초, 마침내 학계에서 몇천 년 전에 덜 마른 찰흙을 긁어 남긴 기록 번역에 성공했다. 양모를 짙은 파란색으로 염색하는 방법이 적혀 있었다. 서판에 언급되지는 않았지만 거듭된 침염 공정의 묘사로 보건대 그 염료는 인디고였다.

오랫동안 인디고 원료가 되는 식물의 씨앗과 밤하늘 색 안료의 추출법은 인도에서 중동과 아프리카를 거쳐 서양으로 교역로를 통해 들어왔다고 여겨졌다. 이 색의 이름에 가설의 흔적이 남아 있다. 인디고는 '인도에서 온 물질'이라는 뜻의 그리스어 '인디콘(indikon)'에서 온 단어다. 하지만 이제 그 가설은 설득력이 없어 보인다. 세계 각지에서 서로 다른 시대에 독자적으로 공정을 발견했기 때문이다. 인디고는 여러 종의 식물에서 추출할 수 있는데(워드도 그중 하나다), 색료로 가장 큰 인기를 누린 건 낭아초(Indigofera tinctoria)다.[1] 살짝 먼지가 앉은 듯한 작은 녹색 잎에 꼬마 스위트피 같은 분홍색 꽃이 피고 깍지가 대롱대롱 매달린 낮은 관목으로, 안료의 안정적인 원료였다.[2]

워드처럼 낭아초도 '질소 고정 식물'이고, 토양에는 좋았지만 여전히 까다로워서 농사를 망칠 우려가 높다.[3] 중남아메리카의 농가를 예로 들자면 가격 변동과 강우, 교역선의 침몰과 같은 일상적인 위기 말고도 지진, 애벌레나 메뚜기의 창궐 같은 대규모의 자연재해에 신경을 써야 했다.[4] 심지어 수확을 마치더라도 신경이 잔뜩 곤두선, 딱한 농부들은 편히 잠을 이룰 수 없었다.

더 많은 화학 약품 및 장비를 갖추고서도 오늘날에도 인디고 염료를 추출하는 과정은 번거롭다. 그러니 손으로만 작업하는 전통적인 과정은 두말할 나위도 없다. 일단 식물을 알칼리 용액에 발효시킨 뒤, 용액만 따라내 버린 후에 힘차게 저어서 공기를 불어넣는다. 이 과정에서 생기는 파란색 침전물을 크거나 작은 덩어리로 말려서 내다 판다.[5]

물론 인디고는 그만큼 노력해서 얻어낼 만한 가치가 있다. 생생한 색깔은 물론, 인디고는 일본제 셀비지 원단을 아끼는 청바지 애호가가 인정하듯 물이 아름답게 빠진다. 또한 가장 덜 변색되는 자연 염료이기도 하다. 녹색이나 검정색과 섞어 다른 색깔을 내더라도 종종 인디고만 남는 경우가 잦다. 이것이 너무나도 일반적인 현상이었던 나머지 르네상스의 태피스트리는 소위 ‘파란 병’[6]이라 일컫는 증세에 시달렸다고 한다. 다른 염료와 달리 인디고는 매염제 없이 천을 염색할 수 있다. 워드에서 뽑아낸 것처럼 진하지 않은 인디고라면 양모처럼 흡수력 강한 천이나 염색할 수 있지만, 다른 식물에서 추출한 경우라면 10배까지 색감이 강해져 비단, 면, 아마, 마 같은 식물성 섬유마저 확실히 물들일 수 있다.[7] 샤르트뢰즈(노란색이 감도는 특유의 녹색을 지니는 프랑스의 리큐어—옮긴이) 색의 염료통에 담근 천은 공기와 접촉하면 황록색에서 시 그린(sea green)을 거쳐 진하고 둔한 파란색이 된다.

인디고는 페루부터 인도네시아, 말리와 팔레스타인에 이르기까지 세계 여러 문화권에서 장례에 쓰였다. 고대 이집트의 염색공은 기원전 2400년대부터 미라를 감싸는 마의 가장자리에 파란

천으로 가는 줄을 넣기 시작했다. 기원전 1333~1323년에 이집트를 다스린 투탕카멘 왕의 수의는 거의 전체가 인디고였다.[8] 물론 인디고는 다른 문화권에도 진출했다. 북아프리카 투아렉족의 남성은 성인식에서 '타겔무스트(tagelmusts)'라고 하는 머릿수건을 쓴다. 부족에서 가장 지위가 높은 이는 염색하고 두들기는 과정을 여러 차례 거쳐 장엄하게 빛나는 인디고의 타겔무스트를 둘렀다.[9]

인디고는 기록 및 자료를 통해 추정이 가능한 시대 내내 언제나 귀한 색이었으므로 세계 교역의 붙박이 물품이었다. 고대 로마의 최고 부유층은 1파운드당 20데나리온에 인디고를 수입했는데, 이는 일일 노임의 15배나 되는 금액이었다. 너무나도 비싼 나머지 몇몇 상인은 비둘기 똥으로 만든 가짜를 팔려고 시도했다.[10] 제한된 교역로도 가격에 영향을 미쳤다. 바스코 다 가마가 희망봉에서 선로를 돌려 동양으로 항해하기 전까지, 서양으로 향하는 물품은 중동의 육로를 거치거나 아라비아 반도를 돌아가야만 했다. 이 교역로는 항해 예측이나 경로 파악이 어려웠을 뿐만 아니라 민심이 소란스러웠으며, 곳곳마다 다른 통치자가 매기는 높은 관세마저 물어야 했다. 때문에 기착지에서는 가격이 꽤 뛰었다. 끝없는 장애물이 널린 경로였다. 1583년에는 엄청난 가뭄에 낙타 부족까지 겹쳐 카라반이 멈춰야만 했다. 또한 인도 바야나에서는 '닐(인디고)로 가득 찬 수레 12대'의 입찰에서 한 영국 상인이 황태후의 어머니를 제쳐서 외교 분쟁 직전까지 상황이 나빠졌다. 결국 그 영국 상인은 귀향 도중 바그다드에서 짐은 물론 목숨마저 잃고 말았다.[11]

지역 워드 농가의 저항 탓에 유럽에서는 인디고를 천천히 받아들였는데, 16~17세기에 식민 통치와 재산 가치 덕분에 저항을 마침내 극복하고 미친 듯이 수입되었다. 1631년에는 네덜란드 교역선 7척이 인디고 333,545파운드를 싣고 유럽으로 돌아왔는데, 이는 금 5톤에 맞먹는 가치였다. 신대륙에서는 1524년 스페인이 과테말라를 정복하자마자 상품화할 규모로 인디고를 대량 생산하여 곧 그 지역의 주 수출 품목으로 자리를 잡았다.[12]

새로운 교역로와 신대륙 및 인도의 노예 착취 및 강제 노동으로 인디고의 가격은 떨어졌다. 덕분에 육군은 제복을 인디고로 물들일 수 있었다. 나폴레옹의 육군은 연 150톤의 인디고를 소비했다.[13] 프랑스의 보병은 제1차 세계대전까지 매더나 알리자린 레드의 바지를 입었는데, 그 탓에 적의 눈에 더 잘 띈다는 걸 알고 인디고로 대체했다. 1856년 윌리엄 퍼킨이 아닐린 염료의 비밀을 밝혀내자 인공 인디고의 개발은 시간 문제였다. 1865년 독일의 화학자인 아돌프 폰 베이어가 돌파구를 찾았지만 상용화에는 30년이 더 걸렸다. 결국 독일 제약회사 BASF의 2,000만 금 마르크라는 재정적 지원 덕분에 '순수 인디고'가 시장에 등장할 수 있었다.

한때 고급스러움에서 티리안 퍼플과 맞먹던 인디고는 유럽, 일본은 물론 20세기에 칙칙한 파란색의 인민복이 자리 잡은 중국에서도 곧 '블루 컬러' 노동 계급의 색으로 자리 잡았다.[14] 신기하게도 인디고 염료는 청바지를 통해 작업복으로서 불후의 전통을 세웠다.[15] 2006년에 절정에 올랐지만, 고전적인 인디고 블루가 압도했던 세계 청바지 산업의 가치는 2011년에는 54억 달러를 달성했다.[16] 청바지는 1960년대부터 옷장의 필수

아이템으로 자리 잡았으며 조르조 아르마니가 종종 말했듯 '패션의 민주화를 상징'한다. 청바지를 입으면 어딜 가더라도 편안하고 또 이해받을 수 있기 때문이다.

프러시안 블루

1704과 1706년 사이, 베를린의 칙칙한 방에서 요한 야콥 디스바흐라는 물감 제조공이자 연금술사가 그의 전매특허인 코치닐 레드 레이크(유기 색료나 비활성 결착제 또는 매염제로 만드는 물감)를 만들고 있었다. 황화철과 탄산칼륨을 쓰는, 상대적으로 간단한 화학 공정이었다. 하지만 그날따라 결정적인 단계에서 디스바흐는 탄산칼륨이 떨어졌음을 알아차렸다. 근처 도매상에서 재료를 사서 공정을 재개했지만 뭔가 이상했다. 탄산칼륨을 더했는데 평소처럼 진한 빨간색이 아닌, 연분홍색이 나온 것이다. 당황해서 농축을 시도하자 '레드 레이크' 용액은 자주색을 거쳐 진한 파란색으로 변했다.

디스바흐는 탄산칼륨의 판매자이자 평판이 나쁜 요한 콘라트 디펠에게 설명을 요청했다. 동료 연금술사이면서 약사인 디펠은 탄산칼륨이 동물의 기름에 오염되어 황화철과 이상하게 반응했다고 추론했다. 그 탓에 페로시안화칼륨(독일에서는 Blutlaugensalz, 즉 '혈액알칼리염'이라 불린다)이 생성되었고, 황화철과 섞이자 오늘날 프러시안 블루라 일컫는 화합물인 페로시안화철이 형성된 것이다.[1]

새로운 파란색에게는 상서로운 기회였다. 울트라마린이 이상적인 파란색으로 남아 있었지만 여전히 말도 안 되게 비쌌으며 공급 또한 변덕스러웠다. 스몰트, 블루 버디터(verditer), 아주라이트, 심지어 인디고조차 존재했지만 전부 녹색기가 살짝 돌았으며 잘 발리지 않았고 캔버스에서 딱히 안정적이지 않았다.[2] 그렇기에 프러시안 블루는 신이 내린 염료였다. 진하고 난색 계열이면서도 발색이 좋았고 섬세한 색조를 자아낼 수 있으며 리드 화이트와 반응도 좋았고, 오피먼트나 갬부지 같은 노란색 안료와도 잘 섞여

안정적인 녹색을 만들 수 있었다. 1835년의 〈안료 전서〉에서 조지 필드는 프러시안 블루를 '현대적인 안료로서 진하고 위력적이다. 색감이 압도적이며 굉장히 투명하다'라고 기록했다.[3]

정직하지 않았으나 기업자로서의 자질은 충분했던 디펠은 1710년경부터 프러시안 블루를 팔기 시작했다. 1724년까지 제조법은 비밀에 부쳐졌으나 영국의 화학자 존 우드우드가 그해 〈왕립학회회보〉에 프러시안 블루 제조법을 수록하면서 공개되었다.[4] 덕분에 1750년에는 유럽 전역에서 생산되었다. 당시의 다른 안료와 달리, 그리고 화학명에 '청산가리(cyanide)'가 들어 있음에도 불구하고 독성이 없었으며 가격도 울트라마린의 10분의 1이었다. 하지만 강한 빛이나 염기와 접촉하면 변색된다는 단점도 지녔다. 〈고대와 현대 색상〉(1852)의 저자인 W. 린턴은 '색채전문가에게 풍성하고 매력적인 안료'지만 '믿을 만하지는 않다'고 기록했다. 그럼에도 불구하고 쓰지 않을 수는 없다고 덧붙였다.[5]

프러시안 블루는 윌리엄 호가스, 존 컨스터블, 반 고흐나 모네 등의 여러 화가가 썼다. 일본의 화가와 목공 또한 프러시안 블루를 선호했다. 또한 20세기 초 피카소가 친구의 죽음 이후 거쳤던 '청색 시대'에 선호했던 안료였다. 그의 울적한 작품 환경에 프러시안 블루의 투명함이 차가운 깊이를 불어넣었기 때문이다. 물론 오늘날에도 많이 쓰인다. 아니쉬 카푸어는 1990년 작인 '사물 한가운데의 날개'를 프러시안 블루를 입힌 함석으로 만들었다.

프러시안 블루의 영향력은 다른 산업으로도 퍼져나갔다. 벽지, 주택용 물감, 섬유 염색에 쓰인 지 오래다. 19세기의 화학자이자 점성술사이며 사진가인 존 허셜은 감광지와 함께 쓰는 복사 기술을 고안해냈다. 덕분에 오늘날 기술적인 도면을 일컫는, 파란색 배경에 흰 자국이 남는 '청사진'이 탄생했다.[6] 또한 프러시안 블루는 탈륨이나 방사능 세슘의 체내 흡수를 막아 치료제로도 쓰인다. 오로지 눈에 확 들어오는 파란색이 단점이다.[7] 놀랍게도 아무도 프러시안 블루의 실체를 여태껏 밝히지 못했다. 제조법을 따라 만들면서도 반응의 세부사항은 이해하지 못했다. 그다지 중요하지 않아서 그럴 것이다. 파란색 결정인 페로시안화철은 복잡한 분자구조의 복합 화합물이다. 그래서 프러시안 블루는 거의 기적에 가깝도록 우연적인 과정을 거쳐 탄생한 색이다. 이에 대해 화학자 장 헬로는 1762년, 다음과 같이 기록했다.

프러시안 블루의 제조 공정만큼 까다로운 게 있을까. 우연의 힘을 빌지 않았더라면 아주 심오한 이론이 필요했으리라.[8]

이집션 블루

뉴욕의 메트로폴리탄 미술관에서는 도기로 만들어진 작은 하마 '윌리엄'을 볼 수 있다. 고향인 이집트 나일강의 둑에서 9,650킬로미터 떨어진 곳에 3500여 년 뒤 자리를 잡은 것이다. 청록색 유약을 바른 몸통이 꽃으로 장식되어 아름답게 보이지만, 만든 사람에게 하마는 그다지 너그러운 동물이 아니었을 것이다. 하마는 현실은 물론 신화 세계에서도 위험한 동물이다. 특히 후자에서는 지하세계로의 여정을 방해한다. 이런 종류의 작은 형상들은 대개 다리를 부러뜨린 뒤 주인의 여정을 위한 부적으로 안치된다. 윌리엄의 다리는 이후 복원된 것이다.

드물게도 이집트인은 파란색을 떠받들었다. 대부분의 서양 문화권에서는 녹색과 자주색 사이의 색을 일컫는 별도의 단어조차 존재하지 않았다. 하지만 고대 이집트인에게 파란색은 하늘, 나일강, 창조, 신성함을 의미했다. 제국의 주신인 아문 라는 종종 파란 피부나 파란 머리칼을 가진 존재로 그려졌으며, 그를 본떠서 다른 신들도 같은 피부색을 띠게 되었다. 또한 파란색은 악마를 쫓고 번영을 가져온다고 여겨져서, 그들은 마력을 지녔다고 믿은 파란 염주를 만들었다.[1] 이집트인은 터키색이나 아주라이트 같은 다른 파란색의 가치도 알고 있었기에 두 색도 사용했지만, 두 색 다 단점이 있었다. 전자는 귀하고 비쌌으며 후자는 추출이 어려웠다. 따라서 기원전 2500년경 이집션 블루의 제조에 성공하고 난 뒤에는 그 색을 자주 썼다. 파피루스에 필사하거나 벽에 상형문자를 표기할 때는 물론 장례 물품의 광택제나 관의 치장에도 썼다.[2]

로마인이 이 안료를 '이집션 블루'라 처음 지칭했는데, 이집트에서는 그저 'iryt(인공)' 또는 'hsbd(청금석, 라피스

라줄리)'[3]라고 불렸다. 화학명은 규산구리칼슘이며 백악이나 석회석, 그리고 파란색을 책임지는 말라카이트(공작석) 같은 구리 함유 광물과 모래로 만든다. 재료를 950~1,000도에서 함께 가열해 깨지기 쉬운 유리 같은 고체를 만든 뒤, 곱게 갈아 950도에서 재가열하여 오래 변색되지 않고 두루 쓰이는 진한 파란색 안료를 만든다.[4] 이집션 블루는 산과 염기에 변색되지 않을 뿐만 아니라 강한 빛에도 제 색을 오래 유지한다. 가루 입자의 크기에 따라 청금석만큼 진하거나 터키석만큼 연한 색도 낼 수 있으며 진한 바탕색에 바르면 짜릿한 색도 낼 수 있다. 원료를 정확한 온도에서 함께 가열해야 할 뿐만 아니라 산소 농도 또한 관리해야 하므로 이집션 블루의 제조는 굉장히 어려운 기술이다.

공정을 묘사한 글의 존재를 고려하면 신기하게도, 이집션 블루의 제조는 잦아들어 사라졌다.[5] 13세기 이탈리아에서 선례가 있었지만 고대 로마의 유적지에서 작은 공만 한 이집션 블루 염료가 종종 발견되었음을 감안하면 묵은 안료의 재고를 썼을 거라 여겨진다.[6] 다른 지역에서는 9세기부터 화가들이 울트라마린을 선호하기 시작했다.[7] 20세기에 부흥하기 전까지 파란색의 수요가 감소해서 비법의 전수를 중단했기 때문에 기술의 명맥이 끊겼다는 설명도 있다. 아니면 귀중함의 기준이 바뀐 탓일 수도 있다. 현대 화학자는 이집션 블루의 제조를 위한 기술에 감탄하지만, 서양의 화가나 후원자는 높은 가치의 원료로 만드는 울트라마린 같은 색을 선호했던 것 같다.

워드

잉글랜드 남부 서리주에 있던 머튼 에비 밀스는 1881년 6월 윌리엄 모리스가 사들인 이후 한 세기가 넘도록 직물 공장이었다. 모리스는 젊었을 적에 수사, 화가, 가구 제조공 등의 직업을 시도 및 포기한 뒤, 드디어 이름을 알리고 돈도 벌 일을 찾았다. 바로 고딕 양식의 천과 벽지의 부활이었다. 그는 당시 입수 가능한 새 합성염료를 쓰지 않고 식물 및 광물 바탕 제품을 선호했다. 해가 거듭되면서 특유의 푸른 켜가 앉으니 그가 좋아하는 중세 문양의 분위기를 북돋아준다는 이유 때문이었다. 그는 머튼 에비의 방문객에게 양모 타래의 염색 과정을 보여주는 것을 선호했다. 견학에 딸린 일종의 꼼수로, 원단을 깊은 워드 염료통에 담그는 공정이었다. 처음 담갔다 꺼내면 거의 풀색을 띠지만, 곧 진한 바다색을 거쳐 울림이 깊은 파란색으로 변하여 방문객의 놀라움을 샀다.[1]

이 기적 같은 색의 탈바꿈은 종종 '파스텔'이란 이름으로도 불리는 '대청(Isatis tinctoria)'이라는 식물 덕분이었다. 유럽의 진흙이 풍부한 토양에서 자라는 겨자과의 토착 식물이며 인디고의 원료인 식물 30종 중 하나이기도 하다. 워드에서 인디고를 추출하는 과정은 길고 복잡했으며 비용도 많이 들었다. 수확한 잎을 갈아 만든 곤죽을 둥글게 뭉쳐 숙성시키는데, 10주 뒤에 뭉친 곤죽의 크기가 3분의 1, 무게가 10분의 1로 줄어들면 물을 더해 발효시킨다. 2주 뒤 워드는 타르처럼 짙고 끈끈해진다. 같은 무게의 생잎에 비해 20배나 많은 인디고를 함유하고 있지만 재거름을 더해 한 차례 더 발효시켜야 천을 염색할 수 있다. 공정은 독성이 있었으며 담수를 많이 소비했고, 폐기물은 그대로 강에 내다 버려졌으며 토양에서 영양분을 걷어가버리는 바람에 워드의 재배 지역은 기아의 위기가 높았다. 13세기 이전에는 워드의 생산 규모가 매우 작았지만 고대인이 공정에 익숙했다는 근거는 있다. 대청의 잎과 깍지가 잉글랜드 북부의 코퍼게이트라는 바이킹 유적지에서 발견되었으며 적어도 10세기부터는 재배한 흔적이 남아 있다.[2] 고전 작가들은 켈트족이 전투를 하기 전에 문신을 새기거나 발라서 몸에 파란색을 들였노라고 묘사했다. (문신한 켈트족의 유해는 러시아와 영국에서 발견되었지만, 워드 염료가 쓰였는지 확인할 수는 없다.) 영국인을 일컫는 단어인 '브리튼' 또한 '몸에 칠한 사람'이라는 켈트어에서 나왔다는 주장도 있다.

하지만 12세기 말쯤 워드의 운명이 바뀌기 시작했다. 생산 공정의 혁신에 힘입어 더 밝고 강해 고가 시장에 호소하는 염료로 등장한 것이다.[3] 또한 그때까지 법으로 금지되어 의복의 색으로는 등한시되던 파란색을 누구나 내놓고 입을 수 있게 되었다. 다음 세기 동안 파란색 의복의 수요는 점차 늘어 빨간색의 수요를 앞질렀다. 또한 색의 수명을 늘리거나 다른 색을 내는 염료로 쓰였는데, 유명한 브리티시 링컨 그린이나 몇 종류의 스칼렛도 워드의 혜택을 입었다. 엘리자베스 시대의 기록에 의하면 '브로드나 커지(직물, 대개 양모)는 워드 없이는 오래 버티는 색을 들일 수 없다'[4]고 했다.

1230년경부터 워드는 매더처럼 공업에 준하는 규모로 생산되었다.[5] 그래서 워드와 매더 상인은 불타는 경쟁을 시작했다. 독일의 매더 교역 중심지인 마그데부르크에서는 종교적인 프레스코화에서 지옥이 파란색으로 묘사되기 시작했다. 한편 튀링겐에서는 매더 상인이 스테인드글라스 장인에게 새로운 교회 창의 악마를 파란색으로 만들라고 설득했다. 전통적인 악마의 색인 빨간색이나 검정색 대신 사용하여 인기를 얻고 있는 파란색을 억누르자는 의도였다.[6]

하지만 별 소용이 없었다. 튀링겐이나 알자스, 노르망디처럼 '파란색 금'을 생산하는 지역은 부유해졌다. 당시 랑그도크의 기록에 의하면 워드가 '프랑스를 가장 행복하고 부유한 나라로 만들었다'.[7] 1525년 이탈리아 파비아의 전투에서 황제 카를 5세가 프랑스의 왕을 생포했을 때, 엄청나게 부유한 툴루즈의 워드 상인인 피에르 드 베르니가 눈물이 날 만큼 막대한 몸값의 지불을 보장했다.[8]

인도와 신대륙에서 인디고의 다른 원료 식물이 발견되면서 워드의 몰락이 예견되었다. 1577년 4월 25일, 런던의 상인 및 염색공 대표단은 추밀원에 공문을 보내 인디고의 수입 허가를 요청했다. 더 싸면서도 '오리엔트'의 분위기를 풍기는 파란색 염료의 원료로서, '인디고 40실링어치면 워드 50실링어치 분량의 염료를 만들 수 있습니다'라고 밝혔다.[9]

매더 농가가 그랬듯 워드 교역의 관계자는 명백한 변화를 늦추려 애썼다. 그래서 보호법이 매년 통과되었다. 1654년, 독일의 황제 페르디난트 3세는 인디고를 악마의 색으로 선포했다. 1737년까지 프랑스 염색공은 인디고에 손댈 경우 사형을 선고 받았다. 뉘른베르크에서는 18세기 말까지도 염색공이 인디고를 쓰지 않겠노라고 매년 맹세했다. 수입 인디고는 모함을 받기도 했다. 1650년, 드레스덴의 관료는 인디고가 '색이 쉽게 바래며 옷감을 부식시킨다'고 발표했다.[10] 하지만 아무런 소용이 없었다. 노예 인력을 착취해 생산된 인디고는 워드의 가격을 계속 깎아내렸으며 착색력도 훨씬 좋았다. 유럽의 워드 교역은 빈 밭과 망한 상인을 남기고 붕괴됐다.

일렉트릭 블루

1986년 4월 26일 새벽 1시 23분, 24세의 원자력 기사인 알렉산드르 '사샤' 유브첸코는 '쿵' 하는 소리와 진동을 느꼈다. 폭발음이 아니었다. 불과 2, 3초 만에 그의 일터인 체르노빌 원자력 발전소의 4번 원자로의 핵으로부터 방사능이 누출되었다. 사상 최악의 인위적 재난을 의미하는 엄청난 굉음을 들은 것이다.[1] 유브첸코는 소련에 있는 최고의 원자력 발전소 가운데 하나라는 이유로 체르노빌을 택했다. 보수가 좋았고 일도 흥미로웠다. 그날 밤엔 모든 게 일상적이었다. 그는 원자로의 냉각을 관리했는데, 안전 시험을 위해 수동으로 전원을 꺼둔 상태였다. 원자봉이 냉각을 위해 물에 잠기는 순간에 그는 사무실에 앉아 동료와 이야기를 나누고 있었다. 냉각 과정에서 우연히 전력이 폭증해 원자핵을 덮는 1,000톤짜리 덮개가 폭발했고, 연쇄 기폭을 일으켜 방사능 우라늄이 분출되고 감속재인 흑연이 타버렸으며 파괴된 건물의 잔해가 하늘로 솟구쳐 올랐다.[2] 〈뉴 사이언티스트〉의 2004년 인터뷰에서 그는 수증기와 진동을 느꼈으며, 조명이 나갔고 콘크리트 벽이 고무로 된 양 흔들렸으며 주변의 물건이 떨어졌다고 이야기했다. 처음에 그는 전쟁이 일어난 줄 알았다. 무너진 건물을 헤치고 까맣게 타버린 시신을 헤집으며[3] 몇 분 전에 원자로가 있던 자리의 구멍으로 다가가서야 그는 빛을 알아차렸다.

거대한 빛줄기가 원자로에서 무한히 뻗어나가는 것을 보았습니다. 레이저처럼 뻗어나가며 공기를 이온화시켰어요. 매우 아름다운 파란색의 빛이었습니다.[4]

대중의 상상 속에서 연하고 밝은 파란색이 전기를 상징하는 색으로 자리 잡은 것은 놀라운 일이 아니다. 핵실험이나 체르노빌 폭발 사고 이후에 볼 수 있는 괴이한 빛의 무리는 엄청난 방사능 물질이며, 파란색이다. 불꽃이나 번개 같은 전기의 방전 현상을 관찰 및 연구한 결과 거기에서도 비슷한 반응이 일어난다는 결론이 나왔다. 배의 돛대나 폭풍 속을 나아가는 비행기의 창문에서 춤추는 바이올렛이 어른거리는 밝은 파란색의 '성 엘모의 불(코로나 방전, 폭풍이 칠 때 대기 속의 정전기로 인해 뾰족한 물체의 끝 부분에 생기는 밝은 빛—옮긴이)'도 같은 예다. 공기가 이온화되면서 일어나는 효과로, 질소와 산소 분자가 격렬하게 활성화되면서 맨눈으로도 볼 수 있는 광자를 방출한다.

파란색과 전기는 우리의 상상보다 훨씬 더 일찍 연결되었다. '일렉트릭 블루'라 일컫는 칙칙한 페리윙클 색은 조셉 스완이나 토머스 에디슨이 협력하여 전기로 빛을 만들려던 19세기 말이 되어서야 유행을 타기 시작했다. 1847년 영국 포목상협회 교역지 1월호에서는 '짙은 일렉트릭 블루 파유(물결무늬 비단—옮긴이)와 우단'에 대해 언급하고, 1883년 〈영 레이디스 저널〉 11월호에서는 '일렉트릭 블루의 수녀 견직(nun's cloth, 얇은 평직의 모 혹은 견직 옷감)을 겹쳐 만든 산책용 드레스'의 유행을 다룬다.[5]

일렉트릭 블루는 현대성의 상징이었다. 빅토리아 시대에는 최신의 전기 기술 혁신이 연구실과 공장을 비롯해 말쑥한 호텔이나 개인 주택까지 흘러들어갔으니 미래와 현재가 융합되는 느낌이었을 것이다. 1980년대와 1990년대 사이의 잠깐을 제외하면 일렉트릭 블루는 과학이 통제하는 운명의 상상을 지배해왔다. 1999년 개봉된 영화 〈매트릭스〉는 단색 모니터(1980년대에 이미 사라졌지만 영화에서는 미래의 분위기를 자아내는 데 쓰이는)로부터 새어나오는 으스스한 녹색의 빛으로 넘쳐나지만, 고작 3년 뒤에 개봉된 〈마이너리티 리포트〉의 기술은 일렉트릭 블루로 가동된다. 비슷한 빛은 1982년과 2010년의 개봉작 〈트론〉과 2010년의 〈인셉션〉의 홍보 사진, 그리고 인류가 고통받는 디스토피아를 그린 〈월—E〉(2008)도 지배한다.
미래의 색이라 인식하면서도 인류는 일렉트릭 블루에 꽤 큰 불안감을 느낀다. 위력을 다스릴 수 있는 스스로의 능력을 완전히 믿지 못하기 때문이리라. 사샤 유브첸코가 너무나도 잘 알고 있듯, 실수의 대가는 혹독할 수 있다.

세룰리안

1901년 2월 17일, 스페인의 시인이자 화가인 카를로스 카사헤마스는 몽마르트르 근처의 깔끔한 새 카페 리포드롬에서 친구들과 술을 마시다 말고 총을 꺼내어 관자놀이에 대고 방아쇠를 당겨버렸다. 그의 친구들은 정신이 나갈 정도로 슬퍼했는데, 특히 파블로 피카소의 증세가 가장 심했다. 그는 6년 전 동생이 디프테리아로 죽어가는 과정을 목도한 슬픔에서 완전히 헤어나오지 못한 상태였다. 그 탓에 몇 년 동안 그의 작품에서는 슬픔이 배어 나왔다. 슬픔과 상실을 표현하기 위해 피카소는 단 한 가지의 색, 파란색만 남기고 나머지는 버렸다.
파란색이 영적인 영역의 표현에 쓰인 건 이것이 처음은 아니다. 제2차 세계대전이 끝나갈 무렵 지구의 평화를 위해 UN이 창립되었는데, 회색이 도는 세룰리안으로 그려진 올리브 가지에 둘러싸인 세계 지도를 상징으로 삼았다. 디자인을 맡은 건축가 올리버 룬더퀘이스트는 '전쟁의 색인 빨간색과 반대'이므로 이 색을 골랐다고 밝혔다.[1]
세룰리안은 영적이면서도 평화로운 색이다. 크리슈나, 시바, 라마를 포함한 힌두교 신들의 피부색은 영원과의 친밀함을 상징하기 위한 파란색이다. 프랑스에서는 'bleu céleste', 즉 천상의 파란색이라 일컫는다. 그런가 하면 사이언톨로지도 캘리포니아에 있는 골드 베이스(사이언톨로지의 국제 본부—옮긴이)의 많은 건물들을 세룰리안으로 칠해서 혼란스럽다. 창립자 L. 론 허버드의 환생을 기다리는 대저택도 예외 없이 세룰리안으로 칠해놓았다(그가 사이언톨로지를 설립하며 동료에게 '하늘색의 평화로움을 팔자'고 제안했다는 이야기가 있다). 팬톤은 소비자가 '새 천년에 마음의 평화와 영혼의 충만을 찾을 것이다'라고 예상해

연한 물망초의 색을 새 천년의 색이라 이름 붙였다.[2]

코발트 계열의 일부인 진짜 세룰리안 안료를 화가가 쓸 수 있게 된 건 1860년대였는데, 그나마도 수채화에만 가능했다.[3] 코발트와 코발트 주석산염이라 알려진 산화양철을 섞어 만드는 세룰리안은 유화에 쓰이기 시작한 1870년대에 비로소 알려지기 시작했다. 수채화와 달리 유화에서는 세룰리안이 지닌 초크의 성질을 잃지 않아서 당시 화가들에게 인기를 끈 덕분이었다. 코발트 블루와 카드뮴 옐로 약간, 그리고 흰색을 세심하게 섞어 자신만의 색을 만들어 쓴 반 고흐를 제외한 나머지 화가들은 딱히 이 색을 세심하게 사용하진 않았다. 부유하는 듯한 점묘법으로 유명한 폴 시냐크는 모네를 비롯한 많은 동료 화가들처럼 셀 수 없이 많은 튜브를 끝까지 짜서 썼다.[4] 사진가이자 작가인 브라사이는 1943년 11월 파리에서 피카소의 물감 공급상을 만나서 흰 종이에 쓰인 피카소의 친필 서한을 건네받았다. 브라사이가 기록에 남겼듯 '처음에는 시인 줄 알았'지만, 그는 곧 피카소의 마지막 물감 주문서임을 알아차렸다. '퍼머넌트 화이트'과 '실버 화이트' 바로 밑의 세 번째 색이 바로 '세룰리안 블루'였다.[5]

Verdigris
Absinthe
Emerald
Kelly green
Scheele's green
Terre verte
Avocado
Celadon

초록 계열

녹색에 얽힌 불교의 우화가 있다. 부처가 어린 소년의 꿈에 등장해서, 원하는 모든 것을 손에 넣을 수 있는데 다만 눈을 감고 시 그린(Sea green)을 상상하지만 않으면 된다고 말했다. 결말은 두 갈래로 날 수 있다. 한 사례에서는 소년이 성공해서 계몽된다. 다른 사례에서는 거듭된 실패가 소년의 삶은 물론 정신까지 서서히 좀먹는다.[1]

오늘날 녹색은 시골의 편안함과 환경친화적인 정치를 연상시키는 경향이 있다. 질투와 연관되었음에도 일반적으로는 평화로운 색으로 인식하며 종종 사치나 스타일과도 얽힌다. 연한 청록색은 아르데코 운동에서 사랑받았고, 에메랄드는 2013년 팬톤의 '올해의 색'으로 선정되었으며, 풀이나 나뭇잎의 상큼한 녹색은 2017년에 인기가 부쩍 늘고 있다.

색을 의미하는 이집트의 상형문자는 당시 사랑받던 파피루스의 줄기를 바탕으로 만들었다. 라틴어로 녹색을 'viridis'라 일컫는데 성장, 또는 더 나아가 삶 그 자체를 시사하는 단어군에 속한다. 녹색이거나 생기 넘친다는 단어인 'virere', 힘을 상징하는 'vis', 'vir(인간)' 등이 이 단어군에 속한다.[2] 많은 문화권에서 녹색은 정원이나 봄과 긍정적으로 얽혀 있다. '낙원'이 곧 '정원'을 의미하는 무슬림 세계에서 녹색은 12세기에 주도권을 잡았다. 흰색과 더불어 예언자 무함마드가 사랑하는 색이었다. 쿠란에 의하면 낙원에서 입는 가운이나 나무 사이에 흩어져 있는 비단 소파는 모두 나뭇잎의 녹색이다. 그리고 중세 이슬람의 시에서 천상의 산인 '콰프'나 그 위로 펼쳐진 하늘, 아래로 흐르는 물은 전부 녹색으로 묘사되어 있다. 이란, 방글라데시, 사우디아라비아, 파키스탄 등의 이슬람 국가의 국기에 녹색이

등장하는 이유다.[3]

특히 서양에서 녹색은 봄의 의식과 얽혀 있다. 예를 들어 5월 1일에 많은 귀족은 's'esmayer', 즉 '5월을 입어'야만 했다. 녹색 위주의 옷인 월계관이나 화관을 쓰라는 의미다. 'pris sans verd', 즉 의무로 정해진 색의 옷을 입지 않은 이는 대놓고 조롱당했다.[4] 그런 의식과 이를 통한 피할 수 없는 추파 덕분에 한편 녹색은 청춘과 젊은 사랑의 상징 색으로 자리 잡았다. 경험이 부족하다는 의미인 '풋내기'는 이미 중세시대부터 쓰였다. 큐피드처럼 짓궂은 사랑의 화살 쏘기를 즐기는 독일의 여신인 미네는 당시에 임신한 젊은 여성이 그랬듯 녹색 드레스를 챙겨 입었다. 얀 반 에이크의 작품 '아르놀피니 부부의 초상(1435년)'을 참조하시라.

적어도 서양에서는 녹색이 긍정적인 이미지를 누렸지만, 나쁜 평판에도 시달렸다. 초기의 색 배합에 관한 오해 탓이었다. 기원전 5세기 중반에 태어난 고대 그리스의 철학자 플라톤은 '푸론(purron, 불꽃색)'과 '멜라스(melas, 검정색)'를 섞어 '프라시논(prasinon, 리크leak의 색)'을 얻을 수 있다고 고집을 부렸다. 또한 원자 이론의 아버지인 데모크리토스는 연한 녹색이 빨간색과 흰색을 섞어 나오는 색이라고 믿었다.[5] 고대의 녹색은 빨간색처럼 흰색과 검정색의 중간색이었으며, 빨간색과 녹색은 언어학적으로 헛갈렸다. 중세의 라틴어인 'sinople'가 15세기까지도 두 가지 색 모두를 일컬었기 때문이다.[6] 1195년 교황 이노켄티우스 3세는 신성에서 녹색의 역할을 재정의하는, 영향력 있는 논문을 썼다. 그는 '녹색은 흰색, 빨간색, 검정색의 중간색이므로 휴일은 물론 흰색, 빨간색, 검정색이 어울리지 않는 모든 날에 입어야 한다'고 주장했다.[7] 덕분에 녹색은 영향력을 넓힐 이론적 기반을 얻었지만 현실적으로는 여전히 희귀했다. 문장(紋章)의 색으로도 5퍼센트 미만으로 쓰였다.
녹색 염료와 안료는 왜 널리 쓰이지 못했을까. 파란색과 노란색의 혼색이 오랫동안 금기였기 때문이다. 여러 세기 동안 녹색의 배합에 대해 이해가 부족했을 뿐만 아니라(위에서 언급한 플라톤의 주장을 참조하시라), 다른 물질을 섞는 것에 대한 오늘날 이해하기 어려운 수준의 강한 반감도 존재했다. 당시에는 다른 원소를 수시로 섞는 연금술사를 믿지 않았으며, 명암으로 투시도 효과, 즉 깊이를 주지 않아 중세 미술의 색은 섞이지 않은 덩어리로 등장했다. 의류산업에서는 길드의 제약 및 고도의 전문화가 부정적인 영향을 끼쳤다. 많은 나라에서 파란색과 검정색 염색공은 빨간색 및 노란색 염료로 작업할 수 없었다. 몇몇 나라에서는 워드와 노란색 염료인 웰드에 차례대로 담가 녹색을 염색할 경우 막대한 벌금 및 추방을 포함한 엄격한 처벌을 받을 수 있었다. 디기탈리스와 쐐기풀로 혼색 없이 녹색을 만들어 낼 수 있었지만 취향과 영향력을 가진 이들이 사고 싶을 만큼 풍성하고 진하지 않았다. 1556년, 이 현상에 대해 학자 앙리 에스티엔은 '프랑스에서 녹색을 잘 차려 입은 사람을 본다면 살짝 정신이 나갔다고 생각할 것이다'[8]라고 에둘러 언급했다.
그래서 화가는 품질이 떨어지는 녹색 염료를 써야만 했다. 네덜란드의 화가인 사뮈엘 반 호흐스트라텐은 1670년 '빨간색이나 노란색만큼 좋은 녹색 안료가 있었으면 좋겠다. 그린 어스(테르 베르테)는 너무 약하고 스패니시 그린은 너무 거칠며 재(버디터)는 발색이 충분히 오래가지 않는다'라는 의견을 밝혔다.[9] 혼색에 대한 금기가 잦아들기 시작한 초기 르네상스부터 새로운 구리 녹색이

스웨덴의 화학자인 카를 빌헬름 셸레에 의해 발견된 18세기 말까지, 화가는 혼색으로 자신만의 녹색을 만들어 써야만 했다. 심지어 이마저도 쉽지 않았다. 버디그리는 다른 염료와 반응할 뿐만 아니라 저절로 시커멓게 변색이 되었고, 테르베르테는 착색력과 발광력이 좋지 않았다. 16세기에 주로 베네치아에서 작품 활동을 벌였던 파올로 베로네세는 그전 세대인 티치아노처럼 굉장히 재주 좋고 수단 좋은 조색사로, 평범한 염료로 밝은 담녹색을 만들어내는 재주로 유명했다. 세 가지 안료를 정확한 비율로 두 켜로 칠한 뒤, 녹색으로 칠해진 부분에 바니시를 발라 반응을 막는 게 그의 비법이었다. 하지만 숙달된 그조차도 종종 제대로 된 녹색을 내는 데에 실패했으며, 19세기까지도 화가는 괜찮은 녹색을 만드는 데 어려움을 겪었다. 조르주 쇠라의 '그랑드 자트 섬의 일요일 오후'를 예로 들어보자. 염료의 이상 반응으로 배경의 풀밭이 군데군데 시든 것처럼 보인다. 점묘법의 가장 유명한 예이자 신인상주의를 출범시킨 이 그림이 1880년대 중반에 발표되었으니, 화가가 물감을 놓고 얼마나 고민했는지를 보여준다.

장인과 소비자는 변덕스러움, 독, 심지어 악 때문에 녹색 사용에 어려움을 겪었다. 독은 적어도 19세기에 개발되어 폭발적인 인기를 누린 아비산동과 관련이 있다. 셸레 그린과 가까운 사촌뻘—그린 베로네세, 에메랄드 그린, 슈바인푸르트 그린, 브런즈윅 그린—의 녹색 탓에 많은 이들이 죽었다. 의심 없이 벽지로 바르고 아이들의 옷을 지어 입히고 빵을 싸던 새로운 색에는 치사량의 비소가 함유되었기 때문이다.

하지만 그 밖의 경우, 녹색은 사소한 선입견으로 피해를 보았다. 서양에서는 12세기부터 녹색이 악마 또는 악한 생물과 시각적으로 얽혔는데, 녹색을 신성하게 여기는 무슬림과, 십자군이나 기독교 사이의 고조되는 적대감 때문이었을 것이다. 셰익스피어의 시대에 녹색 의상은 무대에서 불운을 불러일으킨다고 여겨졌다. 예를 들어 1847년, 프랑스의 저자는 코메디프랑세즈에서 작품을 내리겠다고 위협했는데, 여배우가 무대 의상으로 설정된 녹색 옷을 거부했기 때문이다.[10] 녹색을 향한 비이성적인 불호의 마지막 어록은 바실리 칸딘스키의 몫일 것이다. 그는 '절대적인 녹색은 가장 강한 마비를 불러일으키는 색이다. 엄청나게 건강해 바닥에 누워 되새김질이나 하면서 멍청하고 표정 없는 눈으로 세상을 사색하는 뚱뚱한 소와 같다'고 썼다.[11]

버디그리

장난기 넘치면서도 꼼꼼한 화가의 서명 'Johannes de eyck fuit hic(얀 반 에이크가 그렸다)' 위의 기름이 마르기가 무섭게 '아르놀피니 부부의 초상(1434)'은 예술 애호가의 흥미와 증오를 동시에 샀다.[1] 남녀 한 쌍이 가상의 화자를 향해 몸을 튼 채로 서 있다. 여자는 보틀 그린 색깔의 긴 소매 가운을 입고 있고, 남자는 물고기 눈에 블라디미르 푸틴을 약간 닮았다. 볼록 나온 배 위로 치마를 슬며시 손에 쥔 여자의 왼손은 무엇을 의미할까? 임산부의 보호 본능일까, 아니면 유행을 따른 게으름의 몸짓일까? 혹시 신혼부부 사이의 폭력을 암시하는 건 아닐까? 작은 개의 의미는? 가고일은? 벗어놓은 나막신은?

한 가지는 확실했다. 드레스로 보아 둘은 막대한 부자라는 사실이다. 늘어지는 백 슬리브(14~15세기에 유행한, 손목에서 잡아 맨 넓은 소매—옮긴이)는 1430년대에 스코틀랜드의 평민이 착용할 수 없는 복식이었다. 너무나도 퇴폐적이라는 이유 때문이었다. 가장자리에 크림색의 모피를 두른 나사(羅紗)는 2,000마리에 이르는 다람쥐의 털로 만들었다.[2] 샙 그린 또한 돈의 색이었다. 당시에 짙고도 고른 녹색은 내기 어려웠다. 일반적으로 워드과 웰드에 각각 한 차례씩, 총 두 차례의 염색을 거쳐야 되는데 혼색이 금지된 중세에는 불법으로 규정한 공정이었다. 1386년 뉘른베르크에서 3대째 가업을 이어왔던 염색공 한스 톨너는 이 과정을 정확하게 거쳤다는 이유로 비난받았다. 그래서 벌금을 물고 염색 산업에서 손을 뗐으며 아우크스부르크로 추방됐다.[3] 가장 고운 붓으로 여성의 물결치는 옷소매의 아플리케 장식을 그린 반 에이크 또한 똑같이 좌절했을 것이다. 염색공과 마찬가지로 화가도 완벽한 녹색을 원했지만, 보잘것없는 원료로 신선하고 아름다운 녹색을 얻을 길이 없었다. 버디그리 말이다. 버디그리는 구리와 그 합금인 동이 산소, 물, 이산화탄소, 또는 황에 노출되었을 때 자연스레 생기는 탄산염이다.[4] 오래된 구리 관이나 지붕에 끼는 녹색 켜, 또는 자유의 여신상이 종종 바라보는 안개 낀 청록색의 바다와 같은 색이다. 에펠탑이 장밋빛 구리에서 완전한 녹색으로 변하는 데 30년이 걸렸는데, 화가가 안료를 기다리기엔 너무 긴 세월이다.[5] 버디그리를 빨리 얻는 기술이 정확히 언제 발견되었는지는 알려져 있지 않지만 아랍의 연금술에서 서양으로 건너왔노라고 추측할 수 있다. 이 경로는 염료의 다양한 명칭에서 확인할 수 있다. 버디그리는 '그리스에서 온 녹색'이라는 프랑스어인데, 독일어로는 '스페인 녹색'이라는 뜻의 'Grünspan'이다. 16세기 학자인 게오르기우스 아그리콜라는 버디그리가 스페인에서 온 색이라고 썼다.[6] 리드 화이트의 제조와 마찬가지로 구리 판금을 양잿물, 식초나 시어버린 와인과 단지에 담는다. 그리고 봉한 채로 2주 동안 놓아두었다가, 판금을 말린 뒤 녹색 더께를 긁어서 만든 가루를 시어버린 와인과 다시 빚으면 팔 수 있는 상태가 된다.[7]

아르놀피니 초상화의 녹색 드레스가 입증한 것처럼 버디그리는 극적인 효과를 빚어낼 수 있지만 변덕스러웠다. 제조공정에 쓰는 산이 접촉면을 종종 공격해 애벌레가 이파리를 갉아먹듯 중세 종이나 양피지의 광채를 퇴색시켰다. 첸니노 첸니니는 '보기에는 아름답지만 오래가지 않는다'[8]며 아쉬워했다. 그의 말은 라파엘부터 틴토레토에 이르는 화가의 작품에서 또렷하게 드러난다. 녹색 계열이 커피에 가까운 색으로 시들어버린 것이다. 저명한 녹색의 대가인 파올로 베로네세도 피할 수 없었다.[9]

'빨간색만큼이나 품질이 좋은 녹색 염료'를 꿈꾼 동기가 바로 버디그리의 퇴색일 것이다.[10]

15세기에 유화가 부상하면서 문제는 더 심각해졌다. 버디그리는 달걀 노른자를 이용한 템페라에서 완벽하도록 불투명했지만 유화에서는 유리처럼 투명해지는 바람에 송진을 섞어 투명도를 보완해야만 했다.[11] 그 탓에 버디그리는 좀 더 불안정해졌고, 리드 화이트와 써서는 안 된다고 우려하는 이들마저 나오는 바람에 쓸모가 없어져버렸다. 대안이 거의 없었으므로 화가는 예방책 대신 광택제 사이에 녹색의 켜를 칠하면서 참고 쓰는 수밖에 없었다. 어쨌든 아르놀피니 초상화를 보면 반 에이크와 그의 부유한 의뢰인에게는 위기를 무릅쓸 만한 일이었다.

압생트

19세기 말엽, 녹색 위협이 유럽을 휩쓸고 지나갔다. 약쑥, 팔각, 회향, 야생 마조람 등의 식물 및 향신채를 짓이긴 뒤 알코올에 담갔다가 증류해 만든, 서양배 색에 쓴맛을 지닌 리큐르인 압생트 말이다. 압생트는 완전히 새로운 술은 아니었다. 고대 그리스와 로마에서는 비슷한 레시피로 방충제나 소독제를 만들어 썼다. 현대판 압생트 역시 약으로도 쓰였다. 스위스에 거주했던 저명한 프랑스 의사 피에르 오흐디네흐는 프랑스 혁명 직후 고대의 레시피를 바탕으로 환자의 강장제를 조제했다.[1] 20세기부터 판매도 가능해졌지만 여전히 주로 약으로 마셨다. 아프리카에 참전한 프랑스군은 말라리아 치료용으로 쓰기도 했다.
하지만 사람들은 곧 맛에 익숙해졌다. 처음에는 다른 아페리티프, 즉 프랑스에서 저녁 식사 전에 지나칠 정도로 즐겨 마시던 소량의 식전주와 아주 달랐다. 정량을 달아 유리잔에 담은 뒤 얼음처럼 차가운 물을 각설탕으로 걸러서 희석시켜 마셨다. 이 과정을 거치면 압생트의 색이 연하고 탁해진다.[2] 1860년대부터 싼 곡물 알코올로 만들기 시작하면서 곧 압생트는 폭발적인 인기를 얻었다. 처음에는 빈센트 반 고흐, 폴 고갱, 오스카 와일드, 에드거 앨런 포처럼 방종한 보헤미안이나 예술가의 술이라 여겼지만 금세 인기가 퍼져나갔다. 1870년대까지 압생트는 한 잔에 와인보다 훨씬 싼 10상팀이었으며 아페리티프 소비의 90퍼센트를 차지했다. 19세기 후반 파리에서는 오후 5~6시 사이에 희미한 허브향을 맡을 수 있었으니, 이 시간대를 'l'heure verte(녹색의 시간)'이라 일컬었다. 1875년에 1인당 평균 0.04리터였던 소비량도 1913년에는 0.6리터로 치솟았다.[3]
그리고 압생트는 심각한 사회 문제로 떠올랐다. 프랑스뿐만 아니라 많은 이들이 마시는 스위스는 물론, 인기가 막 치솟으려는 영국에서도 마찬가지였다. 당국은 압생트 탓에 사회가 병든다고 느꼈고, 도덕적인 공포가 신속히 뒤따랐다. 1868년 5월 4일, 〈타임〉은 압생트가 '프랑스만큼이나 널리 퍼진 한편 중국의 아편만큼이나 해롭다'는 기사를 내보냈다. 이 '에메랄드색 독'을 즐겨 마시는 사람은 운이 좋아봐야 '침을 흘리는 멍청이'가 되고, 아니면 중독되거나 죽을 수도 있다고 보도했다. 하지만 명망 있는 이들이 미적거리는 바람에 사태는 더 나빠졌다. '문학가, 교수, 예술가, 배우, 음악가, 재정가, 사색가, 점원, 심지어'—여기에서 독자들이 손을 부들부들 떨며 목을 조르는 장면을 상상할 수 있다—는 여성도 압생트의 '열렬한 찬미자'가 되고 있다고 썼다.[4] 프랑스 의사들은 압생트가 진짜 독이라고 의심하기 시작했다. '압생트광(Absinthomania)'이 단순한 알코올 중독과 매우 다른 증세를 호소했기 때문이다. 환각 및 치료 불가능한 광증의 사례가 보고되었다. 증명하기 위해 두 과학자가 압생트가 지닌 독성의 핵심 원인이라 여겨진 약쑥 연기에 불쌍한 기니피그를 담가보았다. 그 결과 기니피그는 '매우 둔하고 무감각해진 뒤 자빠져 다리를 심하게 떨고 입에 거품을 물었다'고 보고되었다.[5] 광증의 권위자이자 파리 정신병원의 원장인 발랑탱 마냥 박사는 개를 대상으로 실험한 뒤, 광기와 프랑스 문화 몰락의 원인이 압생트라는 결론을 내렸다.[6] 1905년, 스위스에는 최후의 결정타가 들이닥쳤다. 장 랑프레라는 남자가 압생트를 마신 뒤 임신한 부인과 어린 두 딸 로즈와 블랑셰를 죽인 것이다. 사건에는 '압생트 살인'이라는 별명이 붙었고 3년 뒤 스위스에서는 압생트가 법으로 완전히 금지되었다. 프랑스도 1914년 8월, 제1차 세계대전

발발 이후 국수주의의 고조에 힘입어 금지되었다.
곧 잇따른 실험을 통해 압생트가 해롭지 않다는 게 밝혀졌다.
약쑥은 환각이나 광기를 불러일으키지 않는다는 말이다.
압생트는 투우존(모노테르펜케톤의 일종—옮긴이)을 함유하지만
아주 많이 먹어야 유독해지므로, 압생트를 과음한다면 알코올
중독으로 먼저 죽을 가능성이 훨씬 높다. 압생트의 진짜 문제는
55~75퍼센트의 높은 도수였다. 19세기 말과 20세기 초의 사회
격변 탓에 압생트를 많이 마시고 알코올 중독이 늘었다는 의미다.
장 랑프레의 사건이 흔한 예였다. 그는 가족을 살해했지만 압생트
두 잔 말고도 와인, 브랜디, 그리고 더 많은 와인을 마셨다. 취한
탓에 심지어 가족을 죽인 사실조차 기억하지 못했다.[7] 어쨌거나
상관없는 일이었다. 향정신성 의약품에나 어울릴 따르기 의식,
노동계급과 반문화 추종자들, 찝찝하도록 독약의 분위기를
풍기는 녹색 덕분에 압생트는 완벽한 희생양으로 전락했다.

에메랄드

셰익스피어는 녹색과 질투의 관계를 규정한 장본인이다. 1590년대 말에 쓴 〈베니스의 상인〉에서 그는 '녹색 눈의 질투'를 언급했으며, 1603년 작품인 〈오셀로〉에서는 이아고를 '조롱하는 녹색 눈의 괴물/고기를 먹는다'고 표현했다. 그 이전 시대이자 일곱 가지 대죄에 색깔을 연결지었던 중세에는 녹색이 탐욕, 노란색이 질투의 색깔이었다.[1] 인간의 두 결함은 거대한 녹색 보석 '바이아 에메랄드'를 둘러싼 일화에서 일종의 원칙 역할을 했다.

에메랄드는 녹주석 일가의 귀하고 연약한 보석으로, 크로미움과 바나디움 같은 원소 소량 덕분에 녹색을 띤다. 파키스탄, 인도, 잠비아, 그리고 남아메리카의 일부 지역이 주요 산지다. 이집트에서는 채굴한 에메랄드를 부적에 붙인 기원전 1500년대부터 에메랄드를 귀하게 여겼다. 자연에 널린 색깔인 녹색이므로 휴식과 안정에 효과가 있다고 믿은 로마인은 에메랄드를 빻아 비싼 안연고를 만들었다. 특히 네로 왕제가 유난히 에메랄드를 좋아했다. 열심히 수집했을 뿐더러 햇빛에 눈이 부시지 않도록 에메랄드로 선글라스를 만들어 끼고 검투사들의 경기를 지켜보았다는 이야기가 전해 내려온다.[2] 1900년 〈오즈의 마법사〉를 쓴 L. 프랭크 바움은 에메랄드를 주인공과 친구들의 목적지인 도시의 이름 및 건물 마감재로 설정했다. 적어도 책의 도입부에서는 에메랄드 시가 마법적인 꿈의 실현을 의미했다. 원하는 걸 얻을 수 있다는 이유로 등장인물이 끌리는 곳 말이다.

바이아는 베릴리움이 풍부한 브라질 북동부에서 2001년 시굴자에 의해 발굴되었다. 이 지역의 에메랄드 원석은 딱히 가치가 높지 않다. 탁하고 채굴이 어려우며 평균 10달러에 팔린다. 하지만 바이아 원석은 엄청나게 컸다. 무게는 북극곰 수컷과 맞먹는 380킬로그램이었으며, 180,000캐럿에 이르는 크립토나이트 녹색의 보석을 깎아낼 수 있다고 여겨졌다. 하지만 그 정도의 크기와 가치로도 바이아 원석은 제대로 된 집을 찾지 못했다. 뉴올리언스의 창고에 보관되어 있다가 2005년에는 태풍 카트리나로 인한 홍수에서 간신히 빠져나왔다. 여러 건의 사기 범죄에도 쓰였다는 혐의를 받고 있다. 한 판사는 '파렴치하고 비난받을 만한 계획'이라고 언급했다. 2007년에는 입찰 시작가 1,890만 달러, '즉시 구매' 7,500만 달러의 가격으로 이베이에 올라오기도 했다. 잘 속아 넘어가는 잠재적 구매자들은 덩굴과 두 겹의 흑표 가죽으로 만든 들것에 실려 밀림을 빠져 나온 원석의 이야기를 즐겼다.

이 책을 쓰는 시점에서 바이아 에메랄드는 4억 달러가량으로 가치를 감정받았지만 캘리포니아에서 벌어지는 송사에 휘말렸다. 원석이 발견되고 15년 동안 적절한 경로를 통해 구매를 했다고 주장하는 사람만 15명인 상황이다. 그 가운데는 말쑥한 모르몬교도 사업가도 있다. 그는 6만 달러에 원석을 구매했으나 도난당했다는 거짓말에 속았다. 몇몇 사람들은 일단 캘리포니아 주로 가져와야 한다고 주장한다. 에메랄드의 거취는 국제적인 갈등으로도 번지고 있다. 브라질은 원석이 송환되어야 한다고 주장한다.[3] 바이아 에메랄드의 이야기는 셰익스피어만큼이나 가치 있는 탐욕의 우화다.

켈리 그린

아일랜드 국민보다 아일랜드계 미국인이 더 아일랜드의 유산을 자랑스러워한다는 사실은 잘 알려져 있다. 좋은 예가 뉴욕의 '성 패트릭의 날' 행진이다. 이 기념일은 미국의 독립선언보다도 14년이나 앞서는 1762년 3월 14일까지 자랑스럽게 거슬러 올라간다. 매년 백악관이 마당에 깔아놓은 이파리 색으로 분수의 물을 물들이는 기간이 되면 녹색 옷을 입은 수만 명이 모여서 기네스를 마시고 서툰 아일랜드 억양의 영어로 이야기를 나누며 아일랜드를 기린다. 그에 반해 '성 패트릭의 날'에 많은 이들이 입는 봄날 풀빛의 이름, 즉 켈리 그린은 12세기 초에 등장했다.[1] 대부분의 사람들은 아일랜드와 켈리 그린이 성 패트릭의 날 덕분에 얽혀 있노라고 답할 것이다. 성 패트릭에 대한 정보는 전부 그 자신이 남긴 것이다. 그는 5세기에 인생을 돌아보는 참회록(Confessio)을 라틴어로 썼다. 현존하는 가장 오래된 아일랜드의 문건이다. 참회록은 '내 이름은 패트릭이다. 나는 죄인이고 단순한 시골 사람이며 모든 신자 가운데 가장 낮은 사람이다'[2]라고 단순하게 시작한다. 이제는 수호성인이지만 참회록에 의하면 아일랜드에 대한 그의 인상은 별로 좋지 않았다. 그는 '바나벰 타부르니아니(Bannavem Taburniae)'라고 일컫는, 현재의 잉글랜드로 추정되는 지역의 상대적으로 부유한 기독교 가문에서 태어났다. 그리고 아일랜드 침략자에게 포획되어 노예로 아일랜드에 건너왔다. 그는 6년의 포획 기간 동안 양을 돌보다가 탈출해서 고향에 돌아온 뒤 수사가 되었다. 곧 선교사가 되어 아일랜드에 돌아가 많은 이들을 개종시킨 걸 보면, 아일랜드에 나쁜 감정이 없었던 것은 분명하다. 특히 그는 세잎 클로버로 삼위일체의 교리를 설명해 이름을 알렸다. 5세기 후반쯤

선종했고 7세기에 축성을 받았다. 하지만 신기하게도 8세기까지 그를 상징하는 색은 파란색 계열이었다.[3]

성 패트릭의 상징 색이 파란색에서 녹색으로 바뀐 과정은 대단히 복잡하다. 당시 교회는 오라녜의 빌럼과 오렌지색을 입은 개신교인들이 반 가톨릭 정서를 품고 있다고 인식하고, 대응의 일환으로 상징 색을 고려했다. 당시 아일랜드 가톨릭의 정체성과 성 패트릭의 토끼풀 교리는 갈수록 중요해지고 있었다. 또한 녹색은 혁명을 상징했다. 1789년 7월 12일 카미유 데물랭이라는 젊은 변호사가 파리의 군중 앞에서 사자후를 토하다가 린덴 이파리를 집어 들어 모자에 붙이고는 애국자의 동참을 촉구했기 때문이다. 곧 린덴 이파리는 녹색의 코케이드(cockade, 계급이나 소속 정당 등을 나타내기 위해 모자에 다는 표식—옮긴이)로 자리 잡았다. 마지막 순간에 루이 16세의 동생이자 파리 시민의 증오를 산 아르투아 공이 상징 색으로 삼지 않았더라면 프랑스 혁명의 색으로 자리 잡았을지도 모른다. 7월 14일까지 녹색의 코케이드는 삼색기에 밀려 사라졌다.[4] 어쨌든 종종 금색 하프도 그려져 있던 녹색 깃발은 영국으로부터 자치를 원하는 아일랜드 정부법의 상징으로 자리 잡았다. 1885년 봄 웨일즈의 왕자가 아일랜드를 방문했을 때, 녹색 깃발은 유니언잭과 자리다툼 중이었다.[5] 결국 아일랜드인은 프랑스를 따라 삼색기를 한 번 더 도입하기로 결정했다. 그래서 녹색은 가톨릭 민족주의자, 오렌지색은 개신교, 그리고 흰색은 그 둘 사이의 평화를 기원하는 이의 상징 색으로 굳어졌다.

셸레 그린

세인트헬레나 섬은 대서양 한가운데에 잃어버린 씨앗처럼 떠 있다. 아프리카에서 서쪽으로 2,000킬로미터, 남아메리카에서 동쪽으로 4,000킬로미터 떨어져 있다. 너무나도 고립된 나머지 인류에게 알려진 기간 동안 담수 보충 및 선체 수리를 위한 기착지 역할이나 할 뿐, 기본적으로 무인도였다. 그런가 하면 세인트헬레나 섬은 워털루 전투의 패배 이후 영국이 나폴레옹을 유배시킨 곳이기도 하다. 그는 유배 6년차에 사망했다. 주치의는 일단 위암을 의심했지만 1840년 발굴한 시신이 너무나도 잘 보존되었음을 발견하자 비소 중독을 의심했다. 20세기에 그의 머리카락을 검사해보니 많은 양의 비소가 검출되었다. 1980년대에는 나폴레옹이 유배되었던 작고 습기 찬 방에 셸레 그린을 포함해 파릇파릇한 녹색의 벽지를 발라놓았음이 발견되었고, 그 탓에 영국이 골치 아픈 죄수를 독살했다는 소문이 퍼졌다.

1775년, 스웨덴의 과학자인 칼 빌헬름 셸레는 비소를 연구하다가 우연히 녹색의 화합물 비산구리를 발견했다. 살짝 지저분한 완두콩의 녹색이었지만 그는 녹색 안료와 염료에 목마른 산업에 상품 가치가 있으리라 깨달았다.[1] 그래서 즉각 대량생산에 들어간 이 녹색은 널리 사랑받았다. 이 색은 천이나 벽지, 조화, 종이, 드레스 원단의 염색, 화가의 염료, 심지어 음식의 색소에도 쓰였다. 언제나 최신 문물을 즐겨 쓰던 J. M. W. 터너는 1805년, 길드포드의 유화 스케치에 셸레 그린을 썼다.[2] 1845년 이탈리아를 여행한 뒤 찰스 디킨스는 집 전체를 새로이 유행하는 이 녹색으로 꾸미고 싶었지만 다행스럽게도 아내가 말렸다.[3] 1858년까지 약 260,000제곱미터의 벽지가 비산구리로 염색되어 영국의 집, 호텔, 병원, 그리고 철도역 대기실에 자리 잡았다. 그리고 치솟는 수요에 맞추기 위해, 〈더 타임즈〉에 따르면 1863년까지 500~700톤의 셸레 그린이 영국에서 생산되었다.

하지만 불안한 소문과 미심쩍은 죽음의 소식이 색의 소비 욕구를 떨어뜨리면서 녹색을 향한 갈망은 절대 채워질 수 없는 듯했다. 마틸다 셰러는 18개월 동안 조화 제조공으로 일한 뒤 빠르게 쇠약해졌고 구역질, 구토, 설사, 두드러기, 무력감에 시달리다가 1861년 19세로 사망했다. 한편 어린 소녀가 모형 포도에서 녹색 가루를 빨아 먹은 뒤 죽은 사건도 벌어졌다.[4]

비슷한 증상에 시달리는 이가 점차 늘어가면서 의사와 과학자는 모든 녹색 소비재를 조사하기 시작했다. 1871년의 〈영국 의학 저널〉 문건에 의하면 녹색 벽지는 '궁전부터 인부의 오두막까지' 모든 유형의 주택에서 찾을 수 있었다. 그리고 38제곱센티미터의 정사각형 벽지에 성인 2명분의 치사량인 비소가 함유되어 있었다.[5] 런던 가이 병원의 의사였던 G. 오웬 리스는 칼리코(날염을 한 거친 면직물—옮긴이) 침대 커튼에 중독된 것 같은 환자를 발견하고 의심을 가졌다. 테스트를 계속하자 1977년, 드레스의 원단인 '아주 아름다운 연한 녹색의 무슬린'에서 비소가 검출되어 불길한 예감이 사실임을 확인했다. 1제곱야드(약 8,400제곱센티미터—옮긴이)당 60그레인(1그레인은 0.0648그램, 따라서 60그레인은 3.89그램—옮긴이)에 이르는 비소 화합물이었다. 그는 〈더 타임즈〉에 '여러분, 상상해보십시오. 이런 원단으로 지은 치마가 춤에 흩날리는 연회장은 피할 수 없는 비소 중독의 장일 것입니다'라고 썼다.[6]

셸레는 처음부터 그의 이름을 딴 안료가 유독하다는 걸 알았다.

그는 1777년에 친구에게 보낸 편지에서, 독성 때문에 자신의 공을 빼앗길까 봐 우려했다.[7] 프랑스의 뮐루즈에 있던 주버 앤 시에 벽지 공장의 공장장은 1870년 한 교수에게 셸레 그린이 '너무나도 아름답고 화사한 염료'지만 이젠 조금씩만 판다고 쓰면서, '비소 때문에 종이를 완전히 판매 금지하는 건 지나친 처사이며 산업을 부당하고 불필요하게 규제하는 결과를 낳는다'고 덧붙였다.[8] 대중이 원칙적으로 동의한 듯, 셸레 그린 금지법은 제정되지 않았다. 이상한 일 같지만 비소와 그 위험이 좀 더 태연자약하게 받아들여진 시대임을 감안할 필요가 있다. 1858년의 집단 중독 이후에도 브래드퍼드에서 흰 비소 가루가 박하에 섞여 들어가는 사고가 벌어졌지만 오랜 시간이 걸린 뒤에 규제 및 경고 표기가 적용되었다.[9]

비소를 향한 자유방임주의 태도 덕분에 2008년 비소와 나폴레옹 독살 사이의 인과관계가 밝혀졌다. 그의 죽음에 대한 의문을 해소하고자 이탈리아의 국립 핵물리학 연구소가 나섰고, 나폴레옹의 머리카락을 연령대별로 조사한 결과 비소의 함유량이 일정함을 밝혀냈다. 오늘날의 기준으로는 엄청나게 높은 수치였지만 그의 시대에는 딱히 그렇지 않은 수준이었다.[10]

테르 베르테

이전 시대 예술가의 논문이나 설명서를 읽으면, 아름다움의 지속을 위해 그들이 겪은 시시포스적 고통을 종종 느낄 수 있다. 변덕스러운 염료는 종종 다른 염료와 예기치 못한 부정적인 반응을 일으켰다. 아니면 시간이 흐르며 버디그리처럼 변색하거나, 오프리먼트나 리드 화이트처럼 논란의 여지 없이 유독하거나, 울트라마린처럼 엄청나게 비싸고 구하기 어려웠다. 이를 뒤집어 생각하면 비싸지 않고 상대적으로 풍성하며 완전히 안정적이면서도 대체재가 별로 없는 염료라면 엄청나게 인기가 많으리라고 생각할 수도 있다. 하지만 반례로 테르 베르테가 있다.

그린 어스 또는 베로나 그린이라 알려진 테르 베르테는 다양한 색채와 광물의 배합에 따라 자연스레 얻을 수 있는 염료다. 녹색을 내는 물질은 글루코나이트나 셀레도나이트지만 다른 광물도 관여한다.[1] 키프로스나 베로나 등의 대표 지역은 물론 유럽 전역에 걸쳐 매장량이 풍부했고 낼 수 있는 색도 딥 포레스트에서 거의 악어 같은 색, 심지어 아름다운 시 미스트(sea mist) 색까지 다양했다. 약한 발색력이 단점이었지만 변색이 없고 안정적이었으며 투명하고 모든 매체와 잘 어우러졌다. 특히 유화에서는 버터처럼 부드러운 질감을 냈으며 무엇보다 안정적인 수급이 가능한 몇 안 되는 녹색 안료 가운데 하나였다. 그럼에도 불구하고 화가들은 테르 베르테를 뜨뜻미지근하게 묘사했다. 행동거지가 바르지만 칭찬이라고는 받지 못하는 아이가 학교 숙제를 하는 태도와 흡사했다. 19세기 중반에 출간된 〈색층분석〉에서 조지 필드는 대수롭지 않게 무관심을 드러냈다.

아주 강한 빛이나 불순한 공기에 영향을 받지 않는, 오래가는 안료이며 다른 색과도 문제없이 잘 어우러진다. 두께가 별로 없고 반투명하지만 유화에서도 잘 마른다.[2]

신기하게도 선사시대인들마저 그린 어스는 별로 좋아하지 않았던 것으로 보인다. 프랑스의 라스코 동굴 벽화는 기원전 만 5천 년까지 거슬러 올라가는데 빨간색과 노란색 오커, 산화망간 갈색과 검정색, 칼슘 흰색이 지배한다. 기원전 만 년까지 거슬러 올라가는 알타미라 벽화에서는 헤머타이트가 주로 쓰였다. 사실 동굴 벽화에는 갈색, 흰색, 검정색, 그리고 빨간색이 압도적으로 많이 쓰이고 파란색과 녹색은 거의 쓰이지 않는다. 광물로 존재하지 않았으므로 파란색의 경우는 놀랍지 않지만 녹색의 사정은 또 다르다. 테르 베르테는 흔했으며 안료의 제조 및 사용 또한 쉬웠다.[3] 물론 이후에는 좀 더 많이 쓰였는데, 그 예로 자연스러운 아름다움을 뽐내는 폼페이 인근 도시 스타비아 동굴 벽화의 나무가 있다(서기 79년 베수비어스 화산의 폭발로 파괴되었다). 하지만 테르 베르테는 유럽인의 연한 분홍빛 빨간 피부색을 처리하기에 완벽하다는 장점이 알려지고서 본격적으로 쓰이기 시작했다. 몇몇 유럽 필사본에는 맨 위층이 바래버리고 녹색의 아래층이 보여, 성자에게 걸맞지 않는 악의 분위기를 불어넣는다. 토스카나의 거장 조토의 제자인 첸니노 첸니니는 의심의 여지 없이 실용주의자였다. 그는 회화를 사랑했지만 직접 그리는 법을 보여주는 것 또한 좋아했다. 그의 저서 〈미술의 책〉은 몇 세기 동안 바티칸의 책장에서 먼지를 뒤집어쓰고 있다가 19세기에 발견 및 재출간된 이후 지금까지 절판된 적이 없다. 이 책에서 그는 패널 미끄러뜨리기부터 염소의 '주둥이, 발, 힘줄, 그리고… 가죽'으로 아교를 만드는 법(3월부터 1월까지만 실행할 수 있다)[4] 등의 모든 공정을 설명한다. 그 가운데 테르 베르테와 그 용례도 거듭 설명하고 있다. 첸니니는 염료가 얼굴부터 커튼을 비롯한 모든 상황에 잘 어울리며 세코(건식 화법)부터 프레스코까지 모든 기법의 그림에 쓸 수 있다고 열정적으로 설명한다. 예를 들어 템페라에서 좋은 피부 색조를 만들어내려면 테르 베르테에 리드 화이트를 섞은 뒤 두 차례에 걸쳐 '얼굴, 손, 발, 나신'에 바른다고 설명한다. 그는 피부색이 한색 계열이므로 젊은이의 얼굴에는 도시의 달걀 노른자를, 나이를 먹었거나 안색이 거무스름한 사람의 얼굴에는 살색을 보정하기 위해 '시골이나 농장 암탉의 달걀 노른자'를 권한다. 한편 '망자는 색이 없다'[5]는 이유로 시신의 피부색을 위해서는 맨 위층에 칠하는 분홍색을 생략하라고 제안한다. 사랑할 수 없는 테르 베르테를 왜 첸니니가 그다지도 아꼈는지 헤아리기는 어렵다. 다만 첫 만남의 이야기에서 실마리를 얻을 수 있을 것도 같다. 아버지인 안드레아 첸니니가 그를 토스카나 지방의 콜레 디 발 델사에 데려가서 일을 시켰는데, 그는 '작은 골짜기에서 깊은 자연 속 가파른 비탈의 흙을 삽으로 뜨며 나는 색의 바다를 목격했다'라고 당시의 기억에 대해 쓴 바 있다.[6]

아보카도

1969년 2월, 캘리포니아 주 샌타바버라의 해안이 검정색으로 물들었다. 며칠 전 1월 28일, 해안에서 10킬로미터 떨어진 유정의 시추시설이 파열되었다. 20만 갤런의 원유가 누출되었고 캘리포니아 해안 50킬로미터 범위의 해양 생태계를 덮어 씌웠다. 샌타바버라의 원유 누출은 세계, 특히 미국이 지구의 연약함을 알아차리는 전환점이 된 사건이었다.[1] 결국 이듬해 4월 22일이 지구의 날로 제정되었고 참사를 직접 목격한 상원의원 게일로드 넬슨이 창립했다. 이후 몇 년 동안 인기를 얻은 저항의 결과, 오염 방지를 위한 법적 절차가 추진력을 얻었다. 그 결과 맑은 공기, 깨끗한 물, 전미 환경 정책 법안이 통과되었다.

이후 10년 동안 환경 문제는 대중의 의식 속에 강하게 자리 잡았다. 1972년 12월 7일, 달로 항해하던 아폴로 17호에서 찍은 사진을 통해 지구가 처음으로 상처를 입을 수 있는 대상으로 보였다. '파란 지구'의 사진은 인류 역사상 가장 상징적이면서도 널리 공유된 이미지로 남았다. 로버트 스미슨이나 제임스 터렐 같은 예술가는 땅을 원료로 삼아 지구의 연약함에 대해 허심탄회한 의견을 밝히며, 이 행성이 절대불변한 자원의 화수분이라는 인식에 반기를 던졌다.[2] 고대 이집트인이 상형문자에서 파피루스 줄기를 '녹색'이라 일컬었듯 녹색과 자연은 언제나 얽혀 있는 관계였지만, 이러한 인식이 완전히 자리 잡은 건 1970년대였다.[3] '해일을 일으키지 말라 위원회(Don't Make a Wave Committee)' 라는 작은 기관이 1972년 '그린피스'로 개명한 것이다. 영국 녹색당의 선두주자이자 전신 격인 '피플'도 1972년에 설립되었고, 같은 역할과 상징을 지닌 독일의 '디 그뤼넨'과 프랑스의 '레 베르'가 각각 1979년과 1983년에 출범해 활동하다가

2010년 유럽 녹색당으로 통합되었다. 이처럼 자연을 향한 원대한 이념이나 싹트는 우려가 번트 오렌지, 하베스트 골드, 그리고 무엇보다 아보카도 같은 자연 회귀풍 흙색으로 해석되어 팔레트에 자리 잡았다. 아보카도는 이제 너무 옛날 분위기를 풍기지만 1970년대에는 팔레트를 압도했다. 소비자가 세계의 안녕을 진심으로 우려한 나머지 의류, 주방기구, 목욕용품, 심지어 차를 비롯한 소비재의 깊숙한 영역에 이 탁한 황록색이 파고들었다.

소비를 통해 환경을 향한 부채의식을 탕감하겠다는 발상은 절망적일 정도로 순진한 것 같지만, 비슷한 충동은 오늘날에도 흔하게 널렸다. 아보카도는 2000년대로 접어들며 옛 역할을 슬며시 되풀이하고 있다. 인스타그램을 확인하시라. 아보카도 색의 마크라메(매듭 공예—옮긴이)와 섀그(보풀이 길게 일도록 짠 천—옮긴이)를 좋아하는 이는 드물지만 즉 아보카도는 인스타그램의 상징 과일로 등극했다. 자연의 건강함이라는 개념을 발판 삼아 새로운 고급 소비재로 자리 잡은 것이다. 덕분에 캘리포니아 남부부터 영국 북동부까지 아보카도를 바른 토스트가 깨끗한 식생활의 포부가 깃든 라이프스타일의 핵심으로 자리 잡았다. 영양학계에서 몇 안 되는 '좋은' 지방이라는 평판 덕분에 아보카도 수입은 폭발적으로 증가했다. 2014년에는 4억 개의 아보카도가 소비되었는데, 이는 15년 전에 비해 4배가량 많은 양이었다. 2011년 한 해의 총 매출액만 해도 전해에 비해 11퍼센트가 늘어난 2억 9,000만 달러였다. 멕시칸 하스 아보카도 수입협회의 홍보 이사인 마이크 브라운은 2012년 〈월 스트리트 저널〉 인터뷰에서 '운때가 맞았다'고 말했다.[4]

셀라돈

오노레 뒤르페(샤토뇌프 백작)의 삶은 극적이었다. 그는 정치 신념 탓에 투옥되었고, 대부분의 삶을 사보이에서 유배로 보냈으며 뒤르페 가문의 재산을 지키고자 아름다운 미망인인 형수와 결혼했다. 이러한 삶 탓에 그는 향수에 젖은 곡절로 넘쳐나는 〈아스트레〉를 썼을 것이다. 1607년과 1627년 사이에 출간된 5,399쪽의 60권짜리 목가적 코미디는 사랑에 우는 목동 셀라돈이 오해 뒤에 아스트레의 사랑을 되찾으려는, 의미 없는 모험을 그린다.[1] 〈아스트레〉는 전례 없는 길이와 두서없는 등장인물에도 불구하고 당대의 인기작으로 떠올랐다. 유럽 전역으로 번역 출간되었으며 연극으로 각색되었고, 심지어 'à la Céladon(셀라돈풍)'이라는 스타일로 해석되어 실반 그린(sylvan green)의 드레스가 등장했다.[2]

삼림지대의 안개와 너무나도 확고하게 얽힌 나머지 셀라돈은 동양에서 수입된 도기 비슷한 색을 일컫는 단어로 자리 잡았다. 중국에서는 뒤르페가 '셀라돈'이라는 등장인물을 생각도 하기 전부터 같은 이름의 색을 몇 세기 동안 써왔다. 대개 회색을 띤 녹색이지만 파란색에서 회색, 오커에서 심지어 검정색까지 엄청나게 다양한 색의 도자기는 찰흙의 철과 산화철, 산화망간, 유약의 수정 덕분에 만들어진다.[3] 자기는 섭씨 1,150도 바로 아래에서 구워지는데, 중간에서 산소 농도가 극적으로 낮아진다. 많은 경우 나뭇잎의 잎맥만큼이나 곱게 균열된 유약을 바르는데, 비취의 표면을 모사하기 위한 의도적인 조치다.[4] 원래 중국에서 비롯된 기법이지만 비슷한 도자기는 한국의 고려 왕조(918~1392년)에서도 생산되었다. 심지어 중국 내에서도 자기의 양식이나 색, 미학이 지역이나 시기마다 엄청나게 달랐다.[5]

송나라의 도자기는 일본을 넘어 카이로에서도 발견되는데, 중동에서도 활발히 교역되었다는 흔적이 남아 있다. 도자기가 자연해독제라 믿은 터키의 통치자는 방대한 수집 활동을 벌였으니, 오늘날에도 이스탄불의 톱카프 궁전에서 볼 수 있다.[6] '미스(mi se)' 또는 비색(秘色)이라 일컫는 종은 중국에서 만드는 도자기 가운데서도 가장 비싸고 귀해서 왕가에서나 쓸 수 있었다. 왕가 밖에서는 한 점도 본 적 없는 이가 대부분이어서 실체를 놓고 추측만 무성했지만, '미스'가 존재하지 않는 건 아니었다. 10세기 시인인 슈 인은 '달에서 색을 따다가 산맥에 입혔다'는 문구로 '미스'의 색을 표현했다.[7] '미스' 자기의 진짜 색은 1980년대에 고고학자에 의해 발견되었다. 무너진 사탑의 비밀 수납공간에서 발견되었을 때, 왕실에서 노출을 꺼려왔던 중국 청자의 신비로운 색은 다소 칙칙한 올리브색(드랩 올리브)임이 밝혀졌다.[8]

'오리엔탈' 관련 책이나 예술 작품이 몇 세기나 고통스러운 교역로를 거쳐 유럽인의 손에 찔끔찔끔 들어갔지만, 교역로가 너무 멀었던 탓에 청자의 무수히 많은 범주나 분류법을 이해할 만한 자료는 부족했다. 지식을 쌓은 관찰자라면 용도, 장소, 기원 등을 헤아릴 수 있는 문양이나 색이 17세기 유럽인에게는 아무런 의미가 없었다. 그들은 멀리에서 들여온 시 미스트(sea mist) 색의 도자기를 보고 그저 셀라돈이 입은 추레한 녹색 외투를 떠올릴 뿐이었다.

Khaki
Buff
Fallow
Russet
Sepia
Umber
Mummy
Taupe

갈색 계열

찰흙으로 만든 인간의 상은 바빌론부터 이슬람까지 많은 종교 및 문화권에서 영감의 상징이었다. 성경에 이렇게 쓰여 있다. '너는 흙에서 난 몸이니 흙으로 돌아가기까지 이마에 땀을 흘려야 낟알을 얻어먹으리라. 너는 먼지이니 먼지로 돌아가리라.'[1] 식재료를 얻는 비옥한 땅의 상징이지만, 인류는 갈색 계열을 감사하며 받아들인 적이 없다. 언젠가 우리가 돌아갈 땅의 색이지만 그보다는 진흙, 먼지, 거절, 그리고 대변의 색으로 받아들인다.

갈색은 그 색조 때문에 대접받지 못했다. 무지개나 단순한 색상환에서는 찾아볼 수 없다. 또한 노란색이나 오렌지색, 또는 불순한 빨간색 몇 가지를 진하고 탁하게 만들거나 화가의 삼원색인 빨간색, 노란색, 파란색을 섞어야만 얻을 수 있었다. 밝거나 빛나는 갈색이 없는 탓에 중세는 물론 현대까지도 화가에게 미움을 샀다. 특히 중세에는 화가가 원색을 섞어 색 만들기를 꺼렸고, 울트라마린이나 골드처럼 신이 내려준 순수하고 귀한 원료를 써 영광을 재현하고 싶어 했다. 이에 반해 갈색은 본질적으로 부패의 색이었다. 몇 세기 뒤 카미유 피사로는 팔레트에서 모든 흙 바탕 안료를 제외시켰다고 으스댔다(사실 이후에도 그림에서 종종 나타나기는 했다).[2] 하지만 야외를 화폭에 즐겨 담은 인상파와 이후 세대 화가들처럼 갈색이 꼭 필요한 경우도 있었는데, 그럴 때는 강렬한 합성염료를 섞어서 썼다. 오커라 알려진 황화철은 지구의 표면에서 가장 흔한 화합물이었으니, 합성안료의 사용은 화가가 자발적으로 내린 결정이었다. 게다가 황화철은 인류가 최초로 쓴 안료 가운데 하나였다. 선사시대 동굴에서 발견된 소, 사슴, 사자와 손자국 등의 벽화는 흙 안료로부터 얻은 따뜻한 갈색이나 마룬(maroon)이었다. 고대 이집트, 그리스, 로마에서도 오커를 썼다. 풍부할 뿐만 아니라 여러 종류가 발견된 덕분에 쓰임새도 다양했다.

검정색처럼 갈색도 밑그림이나 스케치에 쓰였다. 태운 너도밤나무에서 뽑아내는, 진하지만 물이 빠지는 비스터가 인기를 누렸다.[3] 노란기가 도는 이탈리아의 시에나와 진하고 차가운 엄버 등의 색도 있었다. 발원지인 항구의 이름을 딴, 핏빛 갈색의 시노피아 또한 사랑받았다. 서기 40~90년대에 살았던 그리스의 의사 페다니우스 디오스코리데스는 시노피아를 빽빽하고 무거운 색, 간(肝, liver)의 색이라 묘사했다.[4] 1944년 6월에는 유명한 미라콜리 광장에 있는 피사의 사탑 지붕에 동맹군의 총알이 스치고 지나가 불이 붙는 바람에 르네상스 시대의 프레스코 벽화가 치명적으로 손상되는 사건이 벌어졌다. 전체 광경을 목격한 지역 변호사 주세페 라말리는 '부풀어 오르고 옆으로 퍼져 전체가 떨어져 나오거나, 지붕에서 녹아떨어진 납의 자국이 두껍고 넓게 남았다'고 당시 상황을 묘사했다.[5] 복원을 위해 벽에 남아 있던 잔해를 뜯어냈을 때, 기백이 넘치는 시노피아의 밑그림이 드러났다. 생생하고도 강한 표현력을 가진 밑그림은 오늘날에도 볼 수 있다.

인류는 르네상스의 첫 전성기가 지나고 나서야 갈색을 그 자체로 가치 있게 여기기 시작했다. 코레죠, 카라바조와 렘브란트의 작품 속에 등장하는 주요 인물이 널찍한 그림자가 가득 찬 공간에서 밝은 섬처럼 불거져 나왔다. 아주 많은 그림자가 투명하거나 불투명하고, 따뜻하거나 차가운 다채로운 갈색 염료에 신세를

졌다. 그러면 작품이 개성적이고 납작해 보이지 않았다. 17세기 초반에 활동했던 네덜란드의 화가인 안소니 반 다이크는 한 가지 염료를 너무나도 잘 다뤘다. 이탄(泥炭)의 일종인 캐셀 어스로, 나중에 '반다이크 브라운'이라는 이름이 붙었다.[6]

예술과 마찬가지로, 스칼렛처럼 밝으면서도 물이 잘 빠지지 않는 섬유용 염료는 다루기 어렵고 비싼 탓에 부와 권력이 독점했다. 그래서 갈색이 가난한 이의 색으로 자리 잡았다. 14세기에는 당시 칙칙한 회갈색이었던 러셋을 짐마차꾼이나 목동처럼 가장 미천한 계층의 지정 색으로 강제하는 윤리 규제 법령이 선포되었다. 하지만 시간이 흐르면서 눈에 확 들어오는 부의 과시를 향한 염증 덕에 소박한 천에 소박한 색을 물들여 입는 것이 인기를 얻었다. 이런 경향은 부자들이 운동복이나 군복에 관심을 가지면서 더 널리 퍼졌다. 예를 들어 16~17세기에는 기사단이 버프 가죽 외투를 입었으며, 1800년대 중반까지 버프 브리치(무릎 위에서 여미는 반바지—옮긴이)는 유럽에서 옷 좀 입는다는 신사의 필수품으로 자리 잡았다.

19세기 내내 연한 탄(tan, 황갈색)이 군복에 계속 쓰이기는 했지만 대체로 에메랄드 그린이나 프러시안 블루처럼 더 강렬한 색의 바탕색으로만 쓰였다. 전투에서 전우를 찾기 위한 방편이었지만 적의 기선을 제압하는 데도 한몫했다. 하지만 19세기 후반 제복색의 제한이 대가를 치르기 시작했다. 식민지에서의 패전을 잇달아 겪은 뒤 영국 육군은 개혁을 추진했다.[7] 그 가운데 하나가 카키와 위장 무늬의 도입이다. 갈색 전투복 덕분에 수천 명의 군인이 환경에 은폐되어 그 색의 근원인 흙으로 돌아가는 걸 막을 수 있었다.

카키

1914년 8월 5일, 키치너 공은 영국의 국무장관으로 취임했다. 엄청나게 벅찬 자리였을 것이다. 바로 전날 영국은 병력과 장비가 훨씬 우세한 독일에게 선전포고를 했다.[1] 당시 영국의 해외 파견군은 고작 6개의 보병 사단과 4개의 기마 여단으로 구성되어 있었다. 이후 4년 동안 정부는 많은 시간과 기력을 들여 몇 백만의 영국 남성을 설득 및 회유해 카키색 제복을 입혀 전선으로 내보냈다.

하지만 제1차 세계대전의 발발 직후를 기준으로 보면, 카키는 상대적으로 채택된 지 얼마 안 된 색이었다. 영국과 독일이 벨기에 남서부의 몽스에서 맞닥뜨렸을 때, 독일군 일부는 영국군이 레드코트와 베어스킨(영국군의 검은 털모자—옮긴이)을 입으리라 예상했다. 그래서 골프용 트위드 재킷 같은 느낌의 새 카키색 군복을 보자 깜짝 놀랐다.[2] 우르두어에서 가져온 카키(khaki, '흙'이라는 뜻)라는 단어는 특히 흙색의 군복을 일컫는 데 쓰여왔다. 1846년 지금의 파키스탄인 페샤와르(파키스탄 키베르 고개 동쪽에 있는 도시로 옛 간다라 왕국의 수도였다—옮긴이)에서 인도군 이동 수비대를 양성한 해리 럼스덴 경이 처음 고안했다고 여겨진다. 양성군에게 적절한 제복을 입히고 싶었던 그는 라호르의 장터에서 흰 면을 끊어와 지역 강의 진흙에 담그고 비빈 뒤 튜닉과 바지를 지으라고 명령했다.[3] 그는 이 과정을 통해 '흙의 땅에서 병사들이 보이지 않기를' 바랐다.[4] 결과는 혁신적이었다. 조직적인 군의 역사상 최초로 군인이 두드러지기는커녕 반대로 환경에 묻어나는 제복이 고안된 것이다.

1857년 여름에 벌어진 세포이 항쟁에 크게 힘입어, 카키는 금방 유행으로 퍼져나갔다. 강가의 진흙탕에 접근할 수 없을 때는 커피, 차, 흙 그리고 커리 가루로 물을 들인 흑갈색 제복은 1860~1870년대에 인도 육군 전체에 퍼진 뒤 영국 육군을 거쳐 다른 나라의 군에도 퍼져나갔다.[5] 전쟁, 전술, 그리고 기술의 변화 덕분에 위장한 부대가 우세했다. 몇천 년 동안 용사는 상대를 겁주기 위해 눈을 확 사로잡는 복식을 차려 입었다. 로마군의 빨간 망토, 러시아 황제 경호단의 에메랄드 및 실버 재킷은 개인은 물론이고 병력을 실제보다 커 보이게 만들었으며 포연으로 자욱한 전장에서 피아 식별을 도와주었다. 하지만 20세기의 시작과 더불어 섬세한 항공 정찰이 증가했으니, 무연총의 발명과 더불어 눈에 잘 띄는 병력이 치명적으로 전세에 불리해지는 데에 큰 영향을 미쳤다.[6]

흙과 피로 얼룩진 4년 반 뒤 제1차 세계대전이 막을 내리며 카키는 군대의 상징 색으로 자리 잡았다. 징집 또는 거부를 당한 남성은 작은 빨간 왕관을 수놓은 카키색 완장이나 팔찌를 착용했다. 그리고 전쟁 발발 후 몇 달 동안 격앙된 젊은 노동 계급 여성이 팔찌에 너무 공격적으로 반응해 '카키 열병'이라고 놀림받게 되었다.[7] '카키색을 입지 않겠습니까?'라고 독려하는 포스터나 감상실에 울려 퍼지는 노래, 제복[8] 등을 통해 눈에 잘 안 띄는 카키는 끊임없이 자기 자리를 넓혀나갔다. 키치너 공의 취임 4년 뒤인 1918년 11월 11일, 제1차 세계대전은 막을 내렸다. 묵념을 위한 종이 울리는 11시로부터 90분 전인 오전 9시 30분, 조지 에드윈 엘리슨 이병이 몽스 외곽 지역에서 사살 당했다. 제1차 세계대전의 마지막 카키색 희생자였다.

버프

영어에서 '버프를 걸쳤다(in the buff)'는 표현은 헐벗었다는 의미인데, 기원을 믿기가 어렵다. 버프(buff)라는 단어 자체가 일단 물소(버펄로)의 줄임말이며 속어다. 16세기부터 17세기 초 사이에 버프는 주로 부드럽게 무두질한 물소 가죽을 가리켰다. 요즘 섀미 가죽이라 일컫는 것보다 더 두툼하고 질겼다.[1] 때때로 패션의 재료로서 장식용 가죽조끼나 더블릿(14~17세기에 남성들이 입던 짧고 꼭 끼는 상의—옮긴이)에 쓰였지만 일반적으로는 결투에 쓰이는 소재였다.[2] 버프의 길고 무거운 외투는 그 시기의 유럽 군인이 금속 갑옷 대신 입기도 했던 일반적인 복장이었다. 물론 보호와 완충을 위해 갑옷의 미늘 아래에 버프를 입기도 했다.[3] 패션이나 군이 아니더라도 이제 버프라 불리는 이 색은 남성의 의복이나 군복에 붙박이로 자리 잡았다.

버프에게 가장 인상적인 사건은 18세기의 미국 독립전쟁이다. 당시 북아메리카의 식민지는 독립을 위해 영국 및 조지 3세에 맞섰다. 이후 미국의 초대 대통령으로 취임한 조지 워싱턴은 영국과 맞섰던 7년 전쟁의 참전자로서 전통적인 스칼렛을 입고 자원했다. 세련된 정치가였으므로, 그는 상징 색을 바꿔야 할 정치적 필요를 느꼈다. 1775년 여름, 미합중국의 대표가 2차 대륙 회의에 소집되었을 때 워싱턴은 새로운 제복을 입고 있었다. 바로 페어팩스 자원봉사단 독립 기업의 버프와 파란색이었다. 새 색은 확실히 효과가 있었다. 나중에 미국의 2대 대통령으로 취임한 존 애덤스는 아내인 애비게일에게 '여보, 워싱턴이 의회에 새로운 제복을 입고 등장했소. 그의 군사 경험 및 역량이 우리에게 큰 도움이 될 것이오. 내가 군인인 게 자랑스럽소이다!'라고 썼다.[4] 바로 그 자리에서 워싱턴은 미 독립군의 수장으로 추앙되었고 이후 여건이 허락하는 대로 휘하 군부대에 버프와 파란색을 입혔다.[5] 1777년 4월 22일자 서신에서 워싱턴은 케일럽 기브스 대위에게 그의 호위군을 위한 제복의 사양을 자세히 밝혔다.

상사 4명, 상병 4명, 파이프와 북, 일반 사병 50명을 징집하시오. 가능하다면 바로 내가 입는 색인 파란색과 버프를 착용시키시오. 여의치 않다면 제임스 미즈 씨와 제군이 빨간색을 제외한 다른 색을 찾으시오.[6]

미합중국의 새로운 색 가운데 하나로 채택된 덕분에 버프는 자유의 상징으로 격상되었다. 대서양의 반대편인 영국에서는 에드먼드 버크와 찰스 제임스 폭스의 영향 덕분에 휘그당이 워싱턴의 색을 미국 독립 지지의 상징으로 삼았다. 데번셔의 공작부인이자 폭스의 중요 지지자인 조지아나는 휘그당원에게 버프와 파란색의 조합을 입으라고 독려하는 동시에 채츠워스의 하인들을 위한 제복 색으로 채택했다. 2세기 후인 1961년, 버뮤다에서 열린 정상회담에서 영국 수상인 해럴드 맥밀런과 존 F. 케네디가 만났을 때 맥밀런은 미국을 향한 영국의 변치 않는 우애의 의미로 데번셔 제복에서 떼어온 은 단추 한 벌을 선물했다.[7]

팔로우

10세기의 어느 때, 손으로 쓰인 고대 영어 수수께끼 90점이 〈Codex exoniensis〉라는 책의 뒤표지에 한데 모였다. 기원은 정확하지 않다. 그저 엑세터 주의 초대 주교이자 1072년에 사망한 레프릭이 소유했다는 사실만이 확실하다. 누군가 그의 대성당 서재에 필사본을 기증한 것이었다.[1] 환상적인 수수께끼부터 추잡한 수수께끼까지,[2] 이것들이 전부 실렸다는 사실 자체가 신기한 일이었다. 빙산이나 외눈박이 마늘 장수 등의 답을 통해 많은 수수께끼가 풀린 가운데, 15번의 답은 여전히 미심쩍다.[3] 수수께끼는 다음과 같다.

Hals is min hwit — heafod fealo
Sidan swa some — swift ic eom on feþe ...
beadowæpen bere — me on bæce standað ...
나의 목은 흰색이며 나의 머리와
옆구리는 팔로우다. 나의 걸음은 빠르다...
나는 무장했다. 등에는 털이 나 있다... [4]

팔로우는 바랜 캐러멜 황갈색으로, 시든 나뭇잎이나 풀 색깔이면서 영어에 등장하는 가장 오래된 색깔의 이름 가운데 하나다.[5] 팔로우는 1300년대부터 수확 후 휴지기를 갖는 땅을 일컫는 데 사용되었다. 지금도 여전히 같은 단어가 휴한기라는 의미로 쓰인다. 하지만 환경에 몸을 감출 수 있는 털을 지닌 동물을 일컫기도 한다. 최초의 용례는 〈베오울프〉에 기록되어 있는데, 말을 묘사하는 데 쓰였다. 셰익스피어는 〈윈저의 즐거운 아낙네들〉에서 '팔로우색 그레이하운드'를 언급했다. 하지만 뭐니 뭐니 해도 최고의 용례는 유럽과 중동에 몇천 년 동안 흔했던, 요염한 흰 엉덩이에 얼룩 몸통을 지닌 팔로우사슴(다마사슴)이다. 1066년 잉글랜드의 정복 이후에 팔로우사슴 사냥은 노르만 귀족의 여가로 자리 잡았으며, 늑대는 물론 영국인으로부터 사슴을 보호하기 위해 특별 공원이 설립되었다. 이 여가를 너무나도 진지하게 여긴 정복왕 윌리엄의 칙령 아래 사슴을 죽인 이는 살인죄로 처벌을 받았다. 몇 세기가 흐른 뒤에도 사슴을 밀렵했다가는 추방당할 수 있었다.[6]

하지만 15번 수수께끼의 답은 사슴이 아니다. 그럼 너무 쉬웠을 것이다. 출제자는 이 동물이 자신과 새끼를 죽이려는 '원수'로부터 탈출하기 위해서 '풀에서는 발끝으로 걷지만 손과 발로, 높은 언덕마저도 뚫고 굴을 파기도 한다'고 묘사한다.[7] 오소리, 호저, 고슴도치, 여우, 족제비 등이 이 신비의 동물이라 짐작되지만 모두 문제에 정확히 들어맞지는 않는다.[8] 사냥꾼들이 계속해서 찾아다니고 있지만 답은 영영 밝혀지지 않을 것 같다.

러셋

러셋은 색이 딱 맞아 떨어지는 자료의 산물이 아니라 세대의 상상력의 산물이라는 점을 알려준다. 오늘날에야 러셋이 가을 나뭇잎의 붉은색이나 라파엘 전파가 즐겨 쓰던 뮤즈의 머리칼을 연상시킬지 모른다. 하지만 1930년대까지만 해도 상황은 달랐다. A. 마이즈와 M.R. 폴의 〈색 사전〉에 의하면 러셋은 두드러지는 재색을 띠고 있었으며 적갈색보다 오렌지색에 가까웠다.[1] 이렇게 인식된 이유는 스칼렛처럼 러셋 또한 색보다 옷감을 일컫는 단어였기 때문이다. 고급스러운 감촉의 스칼렛이 부자들에게 사랑받아 대개 밝은 빨간색으로 염색되는 옷감이었다면 러셋은 가난한 이를 위한 천이었다. 잉글랜드의 왕인 에드워드 3세의 즉위 37년째인 1363년, 의회는 식생활과 의생활을 규제하는 새로운 법안을 제정했다. 귀족, 기사, 사제, 상인의 의무에 대해 간략하게 다룬 뒤, 새 법은 최하위 계층에게 눈초리를 돌린다.

짐마차꾼, 쟁기쟁이, 쟁기몰이, 목동… 그리고 모든 맹수의 조련사, 옥수수 탈곡꾼, 장원의 모든 계층, 40실링 이상의 재화가 없는 이들은 형식을 막론하고 의복의 착용을 금한다. 다만 담요와 12펜스짜리 러셋은 걸칠 수 있다.[2]

중세의 사고방식에 의하면 옷감의 색이 날것의 재료와 가까울수록 싸고 더 천했다. 아주 거친 모직인 러셋은 아주 연한 워드의 파란색에 담근 뒤 상위 계급을 위해 염색하고 남은 빨간 매더에 담가 색을 들였다.[3] 염색하지 않은 모직의 품질에 따라 결과가 달라졌으므로, 러셋은 던(dun, 칙칙한 회갈색)부터 갈색이나 회색까지 어떤 색도 될 수 있었다.[4]

염색공의 솜씨와 정직함 또한 중요했다. 상인이 품질을 엄격하게 관리하던 런던 소재 블랙웰 시장의 당시 기록에 의하면 불량 재료 또한 만만치 않게 팔렸다. 켄트의 러셋은 25점이 적발되어 50점의 글로스터 및 41점의 윌트셔 화이트에 이어 품질 불량 2위를 기록했다. 1562년 4월 13일, 톤브리지의 윌리엄 다우스먼과 베네덴의 엘리자베스 스테이트, 윌리엄 와츠는 품질이 나쁜 러셋으로 벌금을 물었다. 와츠는 이전 해 11월 17일에도 똑같은 잘못으로 벌금을 물었으니, 뉘우칠 줄 몰랐던 이 같다.[5]
러셋의 정확한 색이 규정되지 못하고 세월에 따라 변했듯, 색에 얽힌 상징도 마찬가지였다. 흑사병으로 인한 사회 격변에 의해 러셋은 가난한 이를 위한 대명사에서 서서히 정직함, 겸손, 그리고 남성스러움의 색으로 자리 잡았다. 윌리엄 랭글런드의 선악에 대한 14세기 은유시 〈농부 피어스의 꿈〉에 의하면 자선은 '회색 러셋 가운만큼/타스(비단) 튜니클(가톨릭 주교가 제복 밑에 받쳐 입는 얇은 명주옷—옮긴이)만큼 빛난다.'[6] 올리버 크롬웰도 러셋의 이런 성질을 참고해 1643년 가을, 영국 내전에 대해 기록을 남겼다. '무지한 신사보다 전투와 사랑의 의미를 아는 러셋 외투 차림의 지휘관을 택하겠다'고 쓴 것이다.[7]

세피아

세피아 오피시날리스(Sepia officinalis), 즉 갑오징어를 놀라게 하고 싶다면 일단 찾는 것부터가 일이다. 위장술이 워낙 뛰어나기 때문이다. 설사 찾더라도 짙은 액체의 빽빽한 연막에 갑자기 둘러싸이거나 가짜 오징어를 맞닥뜨릴 수 있다. 먹물과 점액으로 이루어진 가짜 말이다. 사이를 틈타 세피아 오피시날리스는 도망갈 테니, 허탕 치는 것이다.

문어, 오징어, 갑오징어를 포함한 모든 두족류 무리는 먹물을 만들어낸다. 태운 커피 브라운의 액체는 거의 모든 성분이 멜라닌이며 발색력이 뛰어나다.[1] 요즘은 오징어 먹물이 해산물 리소토에 까마귀의 날개처럼 반짝이는 검정색을 불어 넣지만 세피아(갑오징어의 먹물)는 오랫동안 작가와 화가의 안료로 쓰였다. 두족류에서 잉크를 추출하는 방법은 널렸지만, 가장 흔히 쓰는 방법은 먹물 주머니를 떼어내어 말리고 가루를 내어 강염기성 액체에 끓여 염료를 추출하는 방식이다. 중화를 시킨 뒤에는 헹궈서 말린 뒤 빻아 덩어리로 빚어 판다.[2]

로마의 저자인 키케로와 페르시우스는 세피아를 잉크로 규정하여 글씨를 썼을 것이다. 시인인 마르커스 발레리우스 마르티알리스도 세피아를 똑같이 다뤘을 가능성이 높다.[3] 마르티알리스는 현재의 마드리드에서 북동쪽으로 240킬로미터쯤 떨어진 빌비리스 시에서 서기 38~41년 사이에 태어났다.[4] 그의 풍자시는 로마의 시민이나 구두쇠 후원자, 동료 시인을 비꼬았다. '풍자시를 짧게 쓰라고 충고하더니/한 자도 쓰지 않았구려, 빌록스/실로 정확한 충고이외다!'[5] 하지만 마르티알리스의 허세는 적어도 작가의 불안감을 일부 감추려는 시도일지도 모른다고 보아야 한다. 그는 아마 세피아 잉크로 썼을 최신작을 보내며

꾸러미에 스펀지를 포함시켰다. 시가 마음에 들지 않을 경우 문질러 지워버리라는 의도였다.[6]

레오나르도 다빈치는 난색 세피아로 스케치를 즐겨 그렸고, 상당수가 현재까지 보전되었다. 색채 전문가인 조지 필드는 1835년 세피아를 '힘 있고 고운 질감의, 어스름한 갈색'이라 묘사하고 수채화에 쓸 것을 권했다.[7]

요즘도 많은 화가가 뒤에 깔린 노회한 빨간색을 선호하고 여전히 중요하게 여기지만, 세피아는 사진의 세계에서 더욱 많이 쓰인다. 원래 세피아는 은백계 인쇄물인 사진의 은을 더 안정적인 화합물로 대체하기 위한 화학처리의 결과로 나타난, 오래도록 바래지 않으며 따뜻한 오커의 향연을 머금은 색조를 의미했다. 물론 요즘은 이런 기술이 필요 없어졌지만 세피아 색조의 사진만큼은 낭만과 향수의 매개체로 자리 잡았다. 디지털 사진 기술의 발전으로, 그저 클릭 몇 번이면 갓 찍어낸 생생한 이미지에 한 세기의 세월을 불어넣을 수 있다.

엄버

1969년 10월 18일, 격렬한 태풍을 틈타 한 무리의 남성들이 팔레르모의 산 로렌초 예배당에 잠입했다. 그리고 미켈란젤로 메리시 카라바조가 그린, 값어치를 따질 수 없는 '예수 성탄도'를 훔쳤다. 많은 기록이 말해주듯 카라바조는 폭력적이고 문제 많은 인간이었지만, 현존하는 작품 몇 점을 통해 그가 보여준 천재성에는 의심의 여지가 없었다. '성 프란시스와 성 로렌스가 함께한 예수 성탄도'는 도난 360년 전에 그려진 대규모의 유화로, 예수의 탄생을 가난과 탈진의 잔혹한 장면으로 그렸다. 사진으로 남은 '성탄도'는 아주 어두운 배경 속에 고작 몇 명이 진흙 바닥에서 머리를 조아리고 무릎을 꿇고 있는 장면을 담고 있다. 카라바조의 다른 작품처럼 '성탄도' 역시 카라바조가 엄버로 어두운 드라마를 연출했음을 보여준다.[1]

시에나처럼 엄버 또한 이탈리아의 움브라 지역에서 따온 색 이름이라 믿는 이도 있지만, 그보다 라틴어로 '그림자'를 뜻하는 'ombra'에서 따왔을 확률이 높다. 헤머타이트나 시에나처럼 엄버도 일반적으로 오커라 칭하는 산화철 염료가 바탕이다. 하지만 헤머타이트가 빨간색이고 시에나는 가공이나 가열을 하지 않았을 때 노란빛이 도는 갈색인 데 반해, 엄버는 더 차갑고 짙어서 진한 광택제로 완벽했다.[2] 또한 헤머타이트나 시에나처럼 안정적이고 믿을 만한 안료였으므로 12세기까지는 모든 화가의 팔레트에 필수 색이었다. 하지만 엄버는 심오할 지경으로 매력이 없었다. 19세기의 화학자이자 〈색층분석〉의 저자인 조지 필드는 '엄버는 자연 오커로 산화망간에 풍부하다. 브라운 시트린(레몬색) 가운데서도 반투명하고 좋은 오커의 속성을 모두 지녔으며 수채화와 유화 양쪽 모두에서 완벽하도록 오래가는 색이다'[3] 라고 묘사했다. 문장에서 하품 소리가 들릴 것만 같다.

엄버는 인간이 쓴 염료 가운데 가장 오래된 축에 속한다. 오커는 스페인의 알타미라 동굴과 로보트라는 개에 의해 1940년 재발견된 프랑스 남서쪽의 라스코 동굴 벽화에 쓰였다.[4] 로보트는 쓰러진 나무뿌리 언저리에서 냄새를 맡다가 밑에 작은 구멍을 팠다. 당시 18세의 소년이었던 주인 마르셀 라비다는 세 명의 친구와 등불을 들고 다시 찾아왔다. 그리고 12미터의 갱도를 파고 들어가 석기시대 말기의 벽화가 들어찬 넓은 방을 발견했다.

하지만 엄버는 더비의 조지프 라이트, 렘브란트 반 레인 같은 르네상스 후기 또는 바로크 시대 화가의 극적인 명암 대비 화법을 통해 독자적인 색으로 발돋움했다. 카라바조를 향한 존경 때문에 때로 '카라바지스티(Caravaggisti)'라 불리던 이들은 광원과 깊은 그림자의 강한 대조를 통해 극적 효과를 만들어내는 데 능했다. 이 화법은 이탈리아어 'chiaro(밝은)'와 'oscuro(어두운)'에서 따와 '키아로스쿠로(chiaroscuro, 명암법)'라는 명칭으로 자리 잡았다. 특히 1656년의 파산 이후 가난에 시달린 말년의 렘브란트는 놀라울 정도로 적은 종류의 물감만으로 이러한 효과를 자아냈는데, 특히 싸고 칙칙한 오커 계열, 그중에서도 엄버에 의존했다.[5] 엄버는 그림의 바탕이나 말년의 자화상에서 입은 두툼한 옷에 사용되었는데, 독특한 표현력이 풍부했다. 때로는 사려 깊거나 상처 입었거나 당혹스러워 보이지만 어둠 속에서 강하게 빛을 받는 얼굴은 언제나 보는 이의 시선을 사로잡는다.

1996년에 열린 극적인 재판에서 카라바조가 그린 걸작의 운명이 드러났다. 헤로인 정제 전문가인 시칠리아의 마피아 프란체스코 '모차렐라' 마리노 마노이아는 동생의 죽음 이후 정부의 정보원으로 탈바꿈했다. 프란체스코는 법정에서, 제단 위의 그림을 액자에서 톱으로 썰어서 뜯어낸 뒤 둘둘 말아 도난을 사주한 이에게 넘겼다고 진술했다. 안타깝게도 그는 귀중한 미술 작품을 다룬 경험이 없었으니, 훔친 그림 또한 신경 쓰지 않았다. 한 후원자는 거칠게 다뤄진 그림을 보고 나서는 눈물을 흘리며 '이미 가치를 잃어버렸습니다'라고 말했다. 마리노 마노이아는 재판 30년 뒤에나 작품의 훼손 사실을 인정했다.[6] 많은 이들이 그림의 훼손을 믿지 않은 채[7] 여전히 무사히 돌아오기만을 호소한다. 언젠가는 그림자에서 모습을 드러내리라 희망하면서.

머미(미라)

1904년 6월 30일, 오하라 앤 호아는 〈데일리 메일〉에 범상치 않은 광고를 냈다. '적당한 가격'에 이집트의 미라를 산다는 내용이었다. '이 미라는 색을 내는 데 쓸 예정입니다'라고 덧붙였다. 그리고 대중의 불필요한 관심을 피하고자 '물론 이집트 왕조의 2천 년 묵은 미라가 웨스트민스터 홀 혹은 어딘가의 고귀한 프레스코 벽화에 쓰인다는 점이 미라가 된 장본인이나 그의 후손의 기분을 건드리겠습니다만'이라고 첨언했다.[1] 당시만 해도 광고가 이런저런 반응을 불러일으킬 정도로 시대가 바뀌었지만, 이전 몇 세기 동안 미라는 딱히 문제없이 도굴되어 여러 용도로 쓰여왔다. 이집트에서는 미라를 3천 년 동안 일상적인 장례 절차로 삼았다. 내장을 들어낸 시신을 씻어 향신료를 비롯해 밀랍, 수지, 아스팔트, 톱밥 등을 섞은 복잡한 혼합물로 염했다.[2] 특히 부유하고 유명한 이들의 미라는 금이나 노리개와 함께 안치되었으므로 그 자체로도 가치가 있었지만,[3] 도굴꾼들은 다른 데 관심이 있었다. 바로 역청이었다. 역청은 페르시아어로 'mum' 또는 'mumiya'라고 일컬었으니, 단어의 기원과 미라 처리한 시신의 색이 아주 짙다는 사실 덕분에 모든 미라에 함유된 물질이라는 믿음이 퍼져 있었다.[4] 1세기에는 역청과 미라가 약으로 쓰였다. 미라 가루 또는 '머미아'는 거의 만병통치약이라 여겨져서 몸에 바르거나 음료에 섞어 삼켰다. 대 플리니우스는 미라 가루를 치약으로 권했으며 프랜시스 베이컨은 '지혈제', 로버트 보일은 타박상, 셰익스피어의 사위인 존 홀은 심한 간질의 치료제로 삼았다. 카트린 드메디시스와 미라와 대황 가루가 담긴 작은 주머니를 언제나 지녔던 프랑스의 프랑수아 1세도 미라 가루의 효험을 철석같이 믿었다.[5]

미라의 교역 또한 활발했다. 터키 기업이라 불리던 수입 업체의 대리인인 존 샌더슨은 1586년, 미라 무덤 탐험을 다음과 같이 생생하게 묘사했다.

손에 밀랍 양초를 든 채로 줄을 타고 우물을 내려가서 다양한 생김새와 크기의 미라를 발견했다. 불쾌한 냄새가 전혀 나지 않았고, 나는 몸에서 온갖 부위를 떼어내어 약으로 변한 살을 확인한 뒤 머리, 손, 팔과 발을 가지고 돌아왔다.[6]

샌더슨은 영국에 온전한 미라 1구와 270킬로그램의 마른 부위를 들여와 런던 약제상의 재고를 채웠다.[7] 그럼에도 불구하고 공급이 수요를 따라가지 못해 노예와 범죄자의 시신으로 황급히 대체품을 만들었다는 기록이 많이 남아 있다. 1654년 알렉산드리아를 방문했던 나바르 왕의 주치의는 4년 동안 40구의 미라를 직접 만들었다고 주장하는 유통업자를 만났다.[8] 약방에서 안료도 함께 취급했기에, 진한 갈색의 가루가 화가의 팔레트에 자리 잡은 것도 그리 놀랄 만한 일은 아니었다. 이집트 브라운이나 '카푸트 모르툼(Caput mortum, 망자의 머리)'이라 불리던 미라는 물감, 특히 건성유(대두유, 피마자유 등—옮긴이) 및 호박색 바니시와 섞여서 12세기부터 20세기까지 쓰였다.[9] 파리의 화구상은 미라 가게라 불렸지만 언어유희라고 할 수 없었다. 외젠 들라크루아도 1854년, 파리 시청사의 평화실에 벽화를 그릴 때 미라 가루를 썼다. 역시 프랑스인인 마르탱 드롤랭도, 영국의 초상화가 윌리엄 비치 경도 미라를 선호했다.[10] 그림자와 피부색에 반투명한 광택제로 추천되었으므로, 미라의 어떤 부위에서 가장 곱고 풍성한 색을 얻을 수 있는지에 대한 논쟁도 벌어졌다. 근육과 살은 기본이고, 이 '매력적인 염료'의 최선을 끌어내기 위해 뼈와 붕대를 함께 갈아야 한다고 주장하는 이도 있었다.[11]

하지만 19세기 말엽으로 가면서 진위 여부에 상관없이 머미의 공급은 서서히 줄어들었다. 화가는 원료는 물론 안료의 지속성이나 마무리에 대해 불만을 품었다.[12] 라파엘 전파인 에드워드 번 존스는 '머미 브라운'과 진짜 미라의 관계를 1881년 어느 월요일 점심까지도 깨닫지 못했다. 하필 친지가 물감상의 창고에서 미라를 갓 갈아내는 광경에 대해서 이야기하는 바람에 알게 된 것이다. 번 존스는 너무나도 큰 충격에 빠진 나머지 그대로 작업실로 달려가 머미 브라운의 튜브를 찾아서는, '바로 적절한 장례를 치러야 한다고 고집을 부렸다'.[13] 번 존스의 외조카인 러디어드 키플링은 십대 시절 점심을 함께 먹다가 그 광경을 목도하고 큰 감명을 받았다. 그래서 세월이 흐른 뒤 '오늘날까지도 물감 튜브를 매장하기 위해 삽에 발을 올려놓는 광경을 본 적이 없다'라고 기록을 남겼다.[14]

20세기에는 미라의 수요가 너무나도 드물었던 나머지, 물감 제조업체는 1구로 10년도 넘게 쓸 안료를 만들었다. 1810년 처음 문을 연 런던 화구상 C. 로버트슨에서는 1960년대에 남은 머미가 마침내 소진되었다. C. 로버트슨의 상무이사는 〈타임〉 1964년 10월호에 '어딘가에 팔다리가 굴러다닐지도 모를 일입니다'라고 밝혔다. '하지만 새로 물감을 만들 수 있을 만큼은 아니에요. 몇 년 전에 마지막 머미를 3파운드쯤에 팔았을 겁니다. 더 구할 수 없으니 굳이 팔지 말아야 했던 건지도 모르겠습니다.'[15]

토프

1932년, 영국 색상 문화원은 특별한 프로젝트에 착수했다. 정확한 발색을 담은 비단 띠를 첨부한 표준 색 목록을 편찬하는 프로젝트로, '위대한 〈옥스퍼드 사전〉이 영어를 대상으로 실현한 작업을 색상에 적용한다'는 계획이었다.[1] '색을 규정하여 영국 및 제국의 산업에 제공하면 영국의 교역에 경쟁력을 불어넣는 결과를 낳을 테니, 표준 색 목록은 현대의 가장 위대한 업적으로 남을 것이다'라는 포부를 밝혔다.

그런 가운데 영국이 색상 표준화에 뒤처져 있다는 사실은 언급되지 않았다. 미국의 화가이자 교사인 앨버트 헨리 먼셀은 1880년대부터 3차원의 색상 지도를 작업해왔다. 그의 색상 체계는 1910년대에 이미 완전히 자리를 잡았고, 이후에는 미세 조정만 거치며 사용되었다.[2] 먼셀의 색상환을 바탕으로 작업했지만 평범한 색 또한 아우르기를 원했던 A. 마어즈와 M.R. 폴은 새뮤얼 존슨 박사의 특이한 〈영어 사전〉을 참고해 1930년, 뉴욕에서 〈색 사전〉을 펴냈다. 색상 표본과 실용적인 목차, 그리고 많은 범용 색에 대한 정보를 담은 사전이었다.

색의 규정 및 사전화 작업을 한 이들은 모두 과업의 어려움을 뼈저리게 이해했다. 색은 특정하기가 어렵고 이름이 시대에 따라 바뀔 수 있다. 아니면 색과 얽힌 이름이 시대나 나라마다 놀라울 정도로 달라질 수도 있다. 영국 색상 문화원도 18개월을 들여 모든 색을 추적하고 명칭과 표본을 모았다. 마어즈와 폴도 수년 넘는 세월을 들였다.[3] 양쪽의 연구자에게 모두 당혹감을 안겼던 색은 바로 토프였다. 토프는 프랑스어로 '두더지'라는 뜻이다. 하지만 두더지의 색은 '난색의 진한 회색'이라는 공감대가 형성되어 있는 반면 토프는 조금씩 다르게 규정되어 있어 문제였다. 그나마 토프가 진짜 두더지보다 일반적으로 좀 더 갈색이라는 점에는 모두가 동의했다.[4] 영국 색상 문화원은 '토프'와 '몰(mole)'이 같은 대상을 일컫는 다른 단어임을 모르는 영어 사용자 탓에 혼란이 일어났다고 여겼다. 마어즈와 폴은 미국과 프랑스의 자연사 박물관을 방문했다. 유럽 두더지속(屬)에서 온 생물에 '토프'와 '몰' 두 용어를 모두 쓰려는 논리적인 이유를 좀 더 철저하게 조사하고 싶었다. 그 결과 '확실히 색이 다양하지만 토프는 두더지 자체의 색에 비해 현저하게 다르다'는 결론을 내렸다. 따라서 책에는 '프랑스 두더지의 실제 색과 충실하게 일치된' 표본을 담았다.[5]
이름을 따온 포유동물과 색을 일치시키기 위해 태평양을 오가며 들인 노력에도 불구하고, 이후 토프는 계속해서 심한 부침을 겪었다. 화장 및 결혼 산업에서 사랑받는 색으로서 토프는 정제되고 우아함을 풍기는, 수없이 많은 파스텔 회갈색을 일컫는 데 쓰인다. 겁 없는 색상 지도 제작자들이 새뮤얼 존슨의 위대한 업적인 〈영어 사전〉을 진심으로 받아들였다면 대책 없는 두더지 색깔 찾기를 삼갔을지도 모르겠다. 존슨은 이미 1755년, 사전에 수록된 단어의 정의를 찾아놓고도 과업의 무용함을 즐길 정도로 현실적인 인물이었다. 암담한 그의 서문은 색의 규정에도 쉽게 적용해 생각할 수 있다. '소리는 너무 휘발적이고 법적인 규제에 민감하니, 발음을 속박하고 바람을 붙들어 매는 일은 똑같이 자존심의 과업이다.'

Kohl
Payne's grey
Obsidian
Ink
Charcoal
Jet
Melanin
Pitch black

검정 계열

검정색을 보면 어떤 생각을 하는가? 아니, 질문을 바꿔보자. 검정색을 보면 들지 않는 생각이 있는가? 검정색만큼 광범위하고도 드넓은 색은 없다. 여왕의 마술사였던 존 디 박사가 소유했던 어두운 흑요석 거울의 이야기도 있다. 검정색의 거울을 들여다보면 거울도 보는 이를 들여다보지만 그 사실을 절대 알아차릴 수 없다는 이야기 말이다. 그런가 하면 검정색은 패션과 조문의 색이면서 풍요부터 신성을 포함하여 장학금까지, 모든 것을 상징하는 색이다. 따라서 검정색만 얽히면 매사가 언제나 복잡해진다.

파리 좌안 바크 거리의 아방가르드 미술관인 마에 갤러리는 1946년, '검정색도 색이다'라는 전시회를 기획했다. 미술학교에서는 정반대로 가르쳐왔으므로, 충격적인 선언으로 기획된 전시였다.[1] 르누아르는 '자연은 색다운 색만 안다. 따라서 흰색과 검정색은 색이 아니다'라고 선언했다.[2] 맞는 말이다. 흰색처럼 검정색도 빛의 표현, 정확하게는 부재의 표현이다. 진짜 검정색은 어떤 빛도 반사하지 않으니, 모든 파장을 똑같이 반사하는 흰색의 정반대 상태다. 감정적인 측면에서는 이런 사실이 검정색을 경험하거나 쓰는 데에 영향을 미치지 않는다. 하지만 실용적인 차원에서 따지면 모든 빛을 흡수하는 검정색은 찾을 수도, 만들어낼 수도 없음이 증명됐다. 2014년 영국에서 카본 나노튜브 기술로 만들어낸 반타블랙은 스펙트럼의 99.965퍼센트를 흡수해 세상에서 가장 검은 물질의 자리에 올랐다. 직접 보면 너무나도 까만 나머지 눈과 뇌를 속여, 깊이와 질감을 인식할 수 없는 검정색이다.

검정색은 인류의 기록이 남아 있는 한 죽음의 낌새와 얽혀

왔는데, 인류는 이에 매료되는 만큼 염증도 느꼈다. 자칼의 머리가 달린 이집트의 신 아누비스, 기독교의 악마, 힌두의 여신 칼리 등 죽음과 지하세계의 신 대부분이 전부 검정색 피부를 지녔으며, 애도 및 주술의 색 또한 오랫동안 검정이었다. 그러나 검정색은 최후와 자주 연결되지만 시작과도 관련이 있다. 고대 이집트인은 검정색을 보면 매년 홍수 이후 나일강에 퇴적되어 비옥함을 불어넣는 토사를 떠올렸다. 성경 속 창세기의 첫 문장은 검정색의 창조 잠재력을 말하고 있다. 살펴 보면 신은 어둠에서 빛을 창조했다. 밤에 눈을 감아 빛을 차단해야만 꿈이 피어나므로, 밤은 비옥함을 상징했다. 화가의 목탄(차콜) 조각은 시작의 완벽한 상징이다. 검정색 외곽선은 3만 년 전에 고안되었다. 예술적 책략의 예일 수도 있지만 예술가는 개의치 않았으며, 검정색 선은 예술의 시금석이 되었다. 먼 옛날 남자와 여자가 주변 세계에 처음 흔적을 남길 때부터 쓰기 시작해 이후 모든 예술적인 시도에 사용되고 있다.[3] 석기시대의 부드러운 가죽 패드와 손가락에 묻힌 고운 석탄 가루가 알타미라의 동굴 벽에 남겨진 뒤 만 2천 6백 년이 지나서, 레오나르도 다빈치는 즐겨 사용하던 가는 목탄 막대기로 부드럽게 혼합한 스푸마토(연기를 뜻하는 이탈리아어 'fumo'에서 온 단어)의 밑그림을 그려 신비롭고도 강렬한, '성모와 아기 예수 및 성 안나(1503~1519년)'의 기초를 삼았다. 이 작품은 현재 루브르 박물관에 소장되어 있다.

레오나르도의 시대에 검정색은 패션의 색으로도 최고의 인기를 누렸다. 그와 거의 동시대인인 발다사레 카스틸리오네는 〈궁정론〉에서 '검정은 의복에 어느 색보다 더 잘 어울린다'고 썼고, 서양은 이에 동의했다.[4] 검정색이 가장 패션에 잘 어울리는 색으로 떠오른 데는 세 가지 이유가 있다. 첫 번째는 실용적인 이유다. 1360년경에 지저분한 회갈색이 아닌, 진짜 검정색을 날염하는 법이 발견되었다. 두 번째는 흑사병으로 인한 정신적인 충격이었다. 유럽의 인구가 급격히 줄어들었으니 궁핍함과 더불어 집단적인 참회 및 애도를 위해 검정색을 입었다.[5] 네덜란드 부르고뉴의 공작이었던 선공 필립(1396~1467년)은 1419년에 암살당한 아버지 장 1세(용맹공 장)를 기리기 위해 검정색 외의 옷을 거의 입지 않았다.[6] 세 번째 이유는 사회 계층에 의복을 반영해 법을 성문화하려는 시도였다. 부유한 상인은 스칼렛처럼 부자들의 색을 입을 수 없는 반면 검정색은 입을 수 있었다.[7] 이런 강박은 1810년대까지 지속되었다. 각 가문의 재고 목록에 의하면 1700년경에는 귀족 의복의 33퍼센트, 관료 의복의 44퍼센트가 검정색이었다. 평민에게도 인기가 많아 의복의 29퍼센트가 검정색이었다.[8] 검정색이 인기였다면 거리는 렘브란트의 그림 같은 분위기를 풍겼을 것이다. '포목상 조합의 이사들(1662년)'이나 '니콜라스 튈프 박사의 해부학 수업(1832년)' 같은 작품을 생각해보라. 군중은 하나같이 똑같은 검정색 옷을 입고 공간을 메운다.

흔했지만 검정색은 생생하고도 도전적인 현대성을 지켜왔다.[9] 인류 최초의 순수 추상화라 여겨지는 카지미르 말레비치의 '검은 사각형'을 살펴보자. 이해하긴 어렵지만 말레비치에게 '검은 사각형'은 어떤 의도의 선언이었다. 그는 '예술을 현실 세계의 하중으로부터 자유롭게 만들어 정사각형이라는 안식처를 제공'하기를 절실하게 원했다.[10] 이는 혁명적인 발상의 표현을 위해서는 혁명적인 색이 필요함을 보여줬다. 바로 검정색 말이다.

콜

파리 루브르 박물관의 이집트 구역을 어슬렁거리는 수상한 전시품이 있다. 반짝이는 흰색의 작은 상으로 쭈그리고 앉은 안짱다리 생물의 모습을 한 이 전시품은 날카로운 이빨이 가지런히 자리 잡은 입 사이로 빨간 혀를 날름거리고 있다. 가슴은 축 늘어진 삼각형이고 눈썹에는 강렬한 파란색의 'V'가 그려져 있다. 긴 꼬리는 다리 사이에서 무례하게 덜렁거린다. 기원전 1400~1300년대에 만들어졌는데, 무섭게 생겼지만 사실은 상냥한 신 베스를 묘사하는 조각상이다. 용맹한 투사이자 가정과 여성, 아이의 보호자였기에 베스는 이집트의 평민들에게 큰 인기를 누렸다. 하지만 루브르 박물관의 베스가 보호하는 대상은 다르다. 빈 머리통 속에 있는 작은 용기에 들어 있는 것은, 콜 색깔의 아이라이너였다.

베스는 50점이 넘는 루브르의 콜 단지 중 하나다. 이것처럼 장식적이면서 하인이나 소 또는 신의 모양을 하고 있는 종류가 있는가 하면, 그저 실용적으로 만든 설화석고나 각력암의 작은 단지도 있다.[1] 고대 이집트에서는 파라오부터 평민까지 남녀를 막론하고 눈에 검은 선을 둘렀으므로 많은 박물관에서 이런 단지를 볼 수 있다. 많은 이들은 사후세계에서도 똑같이 눈화장을 할 수 있도록 콜이 담긴 단지와 함께 묻혔다. 콜은 마법적인 보호 기능을 지니고 있다고 여겨졌으며, 요즘의 아이라이너가 그렇듯 눈의 흰자위가 두드러져 보이는 시각적 꼼수도 부렸다. 오늘날과 마찬가지로 당시에도 두드러져 보이는 흰자위는 개성적이고 매력적으로 여겨졌다.[2]

이처럼 콜은 널리 쓰였지만 그 종류는 부나 사회적 지위에 따라 달랐다. 가난한 이들은 숯과 동물 지방을 섞어서 사용했지만 인류가 언제나 그렇듯 부유한 이들은 좀 더 특별한 종류를 썼다. 그들이 쓰는 콜의 주재료는 짙은 색의 광물 상태인 황화철에서 추출한 방연석이었고, 이를 부순 다음 진주, 금, 산호, 에메랄드 가루를 섞어 광택과 미묘한 색깔을 더했다. 유향, 회향, 사프란으로 향도 보탰다. 거기에 손가락으로 발라 쓰기 편하도록 가루에 기름이나 우유 약간을 섞어 갰다.[3]

2010년, 프랑스에서 콜 단지에 남은 가루의 흔적을 분석하여 더 귀한 물질을 발견했다. 조제에만 한 달이 걸리는 두 종류의 염화납을 포함한 인공 화학물질이었다. 예상치 못한 발견에 어리둥절해진 이들은, 심화 분석에 들어갔다. 프랑스에서 발견한 화학물질은 놀랍게도 일반적인 경우보다 산화질소를 240퍼센트나 더 함유하고 있어, 눈 감염 가능성을 상당히 낮추었다.[4] 항생제 발명 이전의 시대에는 간단한 감염도 백내장이나 실명을 초래할 수 있었다. 콜은 무시무시한 신의 모양을 한 용기처럼 굉장히 실용적인 보호 수단이었다.

페인스 그레이

초기의 한 정치적 숙적은 스탈린에 대해 '희미하게 반짝이다가 흔적 없이 사라지는 회색의 신기루 같은 인물이다. 더 이상 말할 구석이 없다'[1]고 쓴 바 있다. 통렬한 평가다. 개인주의 시대에는 따분하고 중요하지 않은 인물로 기억되느니 아예 기억되지 않는 편이 차라리 낫다. 물론 완전히 사람을 잘못 보기는 했다. 스탈린은 인류가 서둘러 잊고 싶을 만큼 길고도 번거로운 유산을 남겼다.

한편 18세기의 한 신사는 사망과 거의 동시에 잊혀졌다. 남긴 유산이라고는 그의 이름을 딴, 비둘기 깃털을 닮은 회색이 전부였다. 이름의 주인에 대해서는 알려진 바가 별로 없지만 색 만큼은 여전히 화가로부터 굳건히 사랑받는다. 윌리엄 페인은 1760년 잉글랜드 남서부의 엑세터에서 태어나 런던으로 이주하기 전까지 데번에서 자랐다. 아마도… 그랬을 것이다. 1922년에 제작된 그에 대한 소책자는 처음 10장을 생애에 대한 추측과 실증 자료의 부족에 대한 사과로 번갈아가며 채운다.[2]

이제 우리는 페인이 일정 기간 토목기사로 일하다가 런던으로 여행을 간 뒤 전업으로 그림을 그렸다는 사실을 안다. 그는 옛 수채화 동호회의 회원으로 1809~1812년에 전시회에 참여했으며 영국 왕립미술원에 작품을 전시하기도 했다. 조슈아 레이놀즈는 그의 풍경화에 존경을 표했다고 한다. 하지만 페인은 교사로서 인기를 누렸다. 동시대인인 윌리엄 헨리 파인은 그의 그림이 '보자마자 존경할 수 있는 작품이며 모든 상류층 가문은 페인에게 자제들의 교육을 맡겨야 한다'고 썼다.[3] 런던의 재능 없는 부유층 자식을 가르치는 스트레스가 얼마나 컸기에 페인이 진정한 검정색 염료의 대체품을 찾는 데에 매달렸는지는 아마 영영 헤아릴 수 없을 것이다. 하지만 프러시안 블루, 옐로 오커, 크림슨 레이크를 섞어 만든 회색이 너무나도 자랑스러운 나머지 거기에 자신의 이름을 붙였다는 사실만큼은 알 수 있다.
페인스 그레이는 왜 그렇게 화가에게 사랑받았을까? 오늘날 '색 투시'라 알려진 기법이 일부 영향을 미쳤을 것이다. 멀리에서 사라지는 언덕과 산의 배경을 예로 들어보자. 눈에서 멀어질수록 물체는 옅어지고 파란색이 돈다. 이는 먼지, 오염, 그리고 물방울의 입자가 가장 짧고 파란색이 강한 단파만을 산란시키기 때문에 벌어지는 현상으로 안개, 비, 연무에 의해 심해진다. 데번에서 작품 활동을 하던 풍경화가가 이런 효과를 내기 위해 물감을 섞어 흑청색이 도는 진한 회색을 만들었다니 작은 기적 같은 일이다.

옵시디언(흑요석)

런던의 대영 박물관에는 흥미로운 전시품이 많지만, 가장 신비로운 것은 짙은 색의 두툼하며 엄청나게 광택이 나는, 작고 구부러진 손잡이가 달린 원판일 것이다. 아즈텍인이 테스카틀리포카(Tezcatlipoca, '연기 나는 거울'이라는 뜻) 신을 기리기 위해 흑요석을 갈아 만든 거울로, 16세기 중반 코르테스가 오늘날의 멕시코를 정복한 뒤 유럽으로 자리를 옮기면서 가져온 것이다.[1] 화산 유리라 불리는 흑요석은 지표로 분출되어 나오던 용암이 얼음이나 물과 접촉해 빠르게 식으면서 생긴다.[2] 매우 단단하고 광택이 나며 깨지기 쉬운, 까맣거나 아주 짙은 동록색의 물질로 굳으면서 마그마에 갇힌 작은 기체 방울이 이룬 층 덕분에 금빛 또는 무지갯빛으로 윤기가 흐른다. 대영 박물관이 소장한 거울의 출처에는 좀 미심쩍은 구석이 있지만, 이를 1771년에 획득한 소설가이자 골동품 수집가 호러스 월폴 경은 이전 소유주와 용처에 대해 한 치의 의심도 품지 않았다. 거울의 손잡이에 붙은 딱지에 그는 흥미로운 문구를 써놓았다. '디 박사가 영혼을 소환하는 검정색 돌이다.'[3]

존 디 박사는 엘리자베스 시대에 영국에서 가장 유명한 수학자이자 점성술사, 그리고 자연 철학자였다. 그는 케임브리지를 졸업하고 여왕의 철학자이자 자문으로 일했으며, 자연의 섭리와 세계의 종말에 대해 천사와 이야기 나누는 데에 세월을 보냈다. 이런 대화는 그가 소장한 수정구를 비롯한 몇몇 강신술사를 통해 이루어졌다. 그 가운데 가장 유명한 이가 에드워드 켈리였다. 디 박사 수준으로 지적인 이가 비술을 믿는다는 사실은 그다지 주목할 만한 일은 아닌데, 대부분이 비술을 믿고 있었기 때문이다. 거의 1세기 뒤 인류 역사상 가장 유명한 과학자였던 아이작 뉴턴은 그 에너지의 상당 부분을 현자의 돌(중세의 연금술사가 모든 금속을 황금으로 만들고 영생을 가져다준다고 믿었던 상상의 물질—옮긴이)을 찾는 데 썼다. 그렇지만 디의 신비로운 탐사에 대해서는 놀랍게도 알려진 바가 거의 없다. 그는 1608년 혹은 1609년에, 유명한 소장 서적의 대부분을 포함한 재산을 팔아넘긴 뒤로 실각되어 가난한 채로 세상을 떠났다. 논문 또한 흩어지거나 소실됐다. 1586년 한 천사가 켈리를 통해 디에게 28권에 이르는 당시의 대화를 불태워버리라고 분부를 내렸다. 교황이 치명적인 혐의인 마술 연루 여부를 밝히기 위해 두 사람을 조사하기 직전이라 시기는 괜찮았다.[4] 만약 흑요석 거울을 찾아낸다면 디는 교수형 또는 화형감이었다.

16세기 후반부터 17세기 초반까지 기독교는 끔찍하고 편집증적이며 비관적인 행태를 보여주었다. 악마와 그 사절인 마녀가 질서를 전복하고 인류를 장악하려 시도한다는 구실을 내세웠다. 이런 맥락에서 모든 색조의 검정색에 불쾌한 새로운 의미가 덧씌워졌다. 악마는 그림뿐만 아니라 마녀재판에 동원된 증인의 증언을 통해서 검정색에 털이 북실북실한 존재로 묘사되었다. 하지만 유럽은 물론 이후 북아메리카에서도 집착하던 안식일의 발상마저 어둠으로 채워졌다. 본거지—밤에는 종종 숲—에서 검정색 옷을 입은 참가자와 악마를 섬기는 동물 수행단, 까마귀, 박쥐, 고양이가 검정색의 진정한 향연을 벌였다.[5] 지구의 불타는 뱃속이 뱉어낸 짙은 색 바위인 흑요석은 너무나도 자연스럽게 이 혐의를 뒤집어썼다.

흑요석은 비술의 무리에 계속 모습을 드러냈다. 조지 R.R. 마틴과 닐 게이먼의 작품에서 화산 유리로 만든 칼은 마력을 지닌다.

역사를 살펴보면 미국 원주민도 같은 재질의 칼을 의식에 썼다. 1990년대까지도 뉴멕시코의 산타클라라 푸에블로족 여인들이 검은색으로 차려 입은 뒤 흑요석 재질로 만들어진 긴 칼과 '치위(tsiwi)'라 불리는 창끝을 들고 마녀의 파괴 의식을 벌였다.[6] 칼을 포함한 고대와 선사시대의 흑요석 유물들도 홍해, 에티오피아, 사르디니아와 안데스에서 발견되었다. 아즈텍의 마녀 후원자인 이츠파팔로틀(Itzpapalotl)은 '흑요석 나비'라는 뜻이다. 디 박사가 거울에 붙일 이름을 따온 아즈텍의 신 테스카틀리포카는 용사, 통치자, 마술사의 신이기도 했으니, 그에게 불리한 증거로 작용할 수밖에 없었다.[7]

잉크

인류가 복잡한 생각과 계획을 가지고 있다고 해도 원거리 전송은 별개의 과업이다. 수신자가 이해할 수 있다고 발신자가 알아차릴 수 있는 신호 체계가 필요하다. 많은 문화권에서 이 신호 체계는 글이었으니, 괜찮은 잉크 만들기 또한 과업일 수밖에 없었다. 잉크는 쉽게 쓸 수 있도록 아주 잘 흘러야 하므로 검정색인 경향이 있다. 물감과는 사정이 또 다르다. 대부분의 안료는 글씨를 쓸 수 있는 수준으로 희석시키면 잘 보이지 않을 것이다. 기원전 2600년경, 고대 이집트의 5대째 고관이었던 프타호텝은 은퇴를 생각하고 있었다. 은퇴 이유는 고령으로, 나이 많은 친척이 있는 이라면 누구라도 친숙할 이유였다. '밤에 잠을 잘 수가 없다/시야는 흐려지고 귀는 먹어온다/입은 스스로 다무니 말을 할 수가 없다.' 이렇게 사정을 몇 줄 늘어놓은 뒤 그는 아들에게 감동적인 충고를 남기기 시작한다. '지식에 우쭐하지 마라/하지만 현명한 이는 물론 무지한 이와도 토의하라/예술에는 한계가 없다/재능을 완전히 성취하는 예술가는 없다.'[1] 그의 아들도 이후 고관에 취임했으니 좋은 충고였던 것 같다. 그는 완전히 읽을 수 있는 검정색 잉크로 파피루스에 기록을 남겼기에, 오늘날의 인류는 프타호텝과 그의 상처 및 고통은 물론 아들에 대해서도 알 수 있었다.[2] 그가 사용한 것은 초나 등잔에 불을 붙이는 데 쓰는 그을음으로 쉽게 만들 수 있는, 아주 고운 안료로 만든 잉크였다. 그을음의 입자가 뭉치지 않고 물에 잘 퍼질 수 있도록 물과 아라비아고무를 더해서 만들었다.[3]

기원전 2697~2579년 사이에 살았던 티엔첸에게 잉크 발명의 공을 돌리는 중국도 그을음으로 잉크를 만들었다(인도 잉크라고 잘못 알려지기도 했다).[4] 안료는 한꺼번에 많은 양을 만들었다.

깔때기 모양의 특별한 등잔을 죽 늘어놓은 뒤 매 30분마다 일꾼이 깃털로 옆구리에서 그을음을 긁어냈다. 특별한 경우에 쓰는 잉크는 소나무, 상아, 래커 수지, 술 발효 후 남은 이스트의 숯으로 만들었지만 결과물은 본질적으로 같았다.[5] 원료는 다를 수 있지만 대부분의 잉크 제조법은 19세기까지 큰 변화가 없었다. 인쇄의 발명조차 큰 영향을 미치지 않았다. 구텐베르크의 활자가 42행의 성경 인쇄를 시작했던 1455년, 공기 중에 퍼지는 잉크의 냄새는 무수히 많은 수도원의 필사원에서 나는 것과 똑같았을 것이다. 제조법을 조정해봐야 잉크가 종이에 더 잘 정착할 수 있도록 기본 바탕에 면실유를 섞어 걸쭉함을 더하는 수준이었다.[6] 다른 종류의 짙은 색 잉크는 채소에서 추출한 탄닌을 더해 만들었다. 특히 유명하고 오랫동안 바래지 않는 철 오배자 잉크는 말벌과 참나무의 험악한 관계가 낳은 부산물이었다. 오배자 나무라고도 불리는 이 나무에는 쓴 탄닌이 풍부하다. 말벌의 일종인 혹벌은 참나무의 어린 싹이나 잎에 알을 낳는데, 이때 참나무가 유충 주위에 딱딱하고 견과류 같은 껍데기를 만드는 화학물질을 함께 배출한다. 이를 황화철, 물, 그리고 아라비아고무와 섞으면 산(酸)이 주단처럼 부드러운 흑청색의, 아주 오래가는 잉크가 된다.[7] 12세기에 테오필루스가 기록을 남긴 이 제조법은 부순 갈매나무의 수액에서 나오는 탄닌산을 쓴다.[8] 하지만 많은 문화권에서 잉크의 가독성, 보존성, 일관성은 산만하고 감정적이었으며 심지어는 경건한 요인의 영향을 받았다. 고대 중국에서는 잉크에 정향, 꿀, 사향을 섞어 향을 더했다.[9] 덕분에 야크 가죽과 생선 내장으로 만든 문서철의 냄새를 가릴 수 있었지만, 종종 잉크에 코뿔소 뿔과 진주, 벽옥 가루들도 섞였다. 중세 기독교 수도원에서는 원고를 필사하고 장식을 더하는 일이 종이에 지혜와 기도를 불어넣는 과업이라 생각하여 영적인 과정으로 간주했다.
검정색 잉크는 이슬람 세계와도 헌신적인 관계를 맺었다. 아랍어로 잉크를 뜻하는 'midād'는 신성한 물질과 밀접하게 연관되어 있다. 화가와 서예가를 위한 논문에 실린 17세기 초의 잉크 제조법은 14가지의 재료를 소개한다. 숯과 오배자처럼 흔한 재료는 물론 사프란, 티베트 사향, 대마유처럼 별로 흔하지 않은 재료도 포함되어 있다. '학자의 잉크는 순교자의 피보다 더 거룩하다'라고 쓴 걸로 보아 저자인 카디 아마드는 잉크의 신성한 위력을 의심하지 않았다.[10]

차콜

에밀 카르타야크는 잘못을 시인할 줄 아는 남자였다. 다행스럽게도 그는 1902년 〈인류학〉에 기고하면서 그런 과정을 거쳤다. '회의의 참회'에서 그는 이전 20년 동안 강압과 경멸을 바탕으로 고수해왔던 학설을 뒤집었다. 선사시대 인류는 섬세한 예술적 표현능력이 없으므로 스페인 북부의 알타미라에서 발견된 동굴 벽화는 가짜라는 학설이었다.[1] 기원전 만 4천 년경에 그려진 이 석기시대 벽화는 공식적으로 발견된 선사시대 벽화의 첫 번째 본보기였다. 1879년, 지역 지주이자 아마추어 고고학자가 동굴 바닥에서 분주한 붓질로 선사시대의 도구를 찾던 가운데 발견되었다. 치켜 깎은 머리와 끈 매는 장화 차림의 진지한 어린아이였던 그의 아홉 살짜리 딸 마리아 산초 드 사우투올라는 동굴 안을 두리번거리다가 갑자기 '아빠, 물소 좀 보세요!'라고 외쳤다. 아이가 제대로 보았다. 검정색 목탄과 오커로 섬세하게 채색된 진짜 물소 떼가 천장에 펴져 있었다.[2] 아빠인 마르셀리노는 1880년에 벽화에 대한 글을 발표했지만 조소만 샀다. 전문가들은 사실은 야만인인 선사시대 인류가 여러 색의 섬세한 그림을 그릴 수 있다는 사실을 믿으려 들지 않았다. 명망 있는 카르타야크와 대다수의 동료 전문가들 또한 직접 확인해보려 들지도 않고 벽화가 사기라고 단정 지었다. 마음에 상처를 입고 명예도 훼손당한 마리아의 아버지는 1888년, 카르타야크가 과오를 인정한 4년 뒤 세상을 떠났다.[3] 사자, 손자국, 말, 여성, 하이에나, 물소 등이 몇백 점이나 그려진 동굴이 훨씬 더 많이 발견되고 나서야 선사시대 인류의 미적 능력은 의심받지 않게 되었다. 소속 종족으로부터 공물을 꾸준히 공급받기 위해 무당이 그렸다고 여겨지는 벽화였다. 많은 벽화가 당시 동굴에 언제나 쓸 수 있었던 안료를 써서 그려졌다. 불에 타고 남은, 그을린 나무 막대기였다.[4] 목탄은 간단히 말해 산소가 풍부한 유기물, 그중에서도 대부분 나무가 불에 타고 남은 부산물이었다. 연소 과정에서 산소 공급이 제한될 때 품질이 좋았고 가루도 덜 날렸다.

한편 목탄은 에너지의 원천으로서 산업혁명의 원동력이었다. 실로 엄청난 양이 철광석을 정련하는 데 사용되어, 숲 전체가 벌목되었고 연기가 도시를 휘감았다. 목탄은 자연 도태의 고전적인 예에 결정적인 영향을 미쳤다. 회색가지나방은 이름처럼 흰색과 검정색의 자잘한 점이 박힌 나방이었다. 그러다가 19세기, 이전에 알려진 적이 없던 검정색 몸통에 진한 초콜릿색 날개의 나방이 북부 도시에 더 자주 나타나는 반면 흰 점박이는 급격하게 줄어들었다. 1895년까지 맨체스터에서 이루어진 조사에 의하면 회색가지나방의 95퍼센트가 짙은 색이었다.[5] 짙은 색의 나방이 숯검정이 들러붙은 나무껍질에 붙어 있으면 포식자는 나방을 찾을 수 없었다. 알타미라의 벽화처럼 맨눈으로 찾을 수 없도록 숨는 것이었다.

제트

원래대로라면 흑옥의 색깔을 가리키는 단어 제트는 사라지기 일보 직전이어야 한다. 검색 엔진에 이 단어를 넣으면 뭉툭한 항공기의 비행 중대가 등장한다. '제트 블랙'이라고 여전히 사람들의 입에 오르내리고는 있지만, 이 단어는 너무 오래 입어서 찢어지기 일보 직전까지 해진 상태라는 의미를 얻고 있다.
사실 흑옥은 그다지 중요하지 않다. 흑옥은 갈탄이라고도 알려졌으며, 나무가 고압 환경에서 변한 것으로 일종의 숯이다. 고운 흑옥은 조각을 떼어내 갈면 거의 유리처럼 윤기를 낼 수 있을 만큼 단단하다.[1] 잉글랜드의 북동쪽 작은 해안 도시인 휘트비의 흑옥이 가장 귀하다.
휘트비의 흑옥은 로마인이 처음 채굴했다. 19세기까지만 해도 너무 풍부해 해변에 널린 큰 덩어리를 발견할 수 있을 정도였다. 로마인들은 그런 흑옥을 채굴해 로마의 소재지인 에보라컴(요크)으로 가져가 조각을 내어 제국의 각지로 수출했다. 12세기 초에 웨스트모얼랜드에서 발견된 한 조각상의 기원은 로마의 영국 통치력이 사그라들기 시작하는 서기 330년까지 거슬러 올라간다. 여성이 술통 같아 보이는 물건에 기대어 있는 상인데, 왼쪽 어깨에서 흘러내려 왼손으로 눈물을 닦는 것처럼 보이는 망토를 입었다. 제대로 해석했다면 이는 로마의 여신이 애도하는 장면인데, 빅토리아 시대에 강박적이었던 흑옥의 쓰임새를 드러내는 첫 본보기다.[2]
고대 그리스와 로마에서는 친구, 친지, 통치자가 죽었을 때 칙칙한 색깔의 특별한 옷을 입는 전통이 있었다. 하지만 빅토리아 시대에는 2년에 이르는 상을 치르는 기간에 입는 옷의 색은 물론이고 바느질마저 법과 통념에 의해 통제되었다. 다만 반짝이는 흑옥 장신구는 디자인에 상관없이 상중에도 착용할 수 있었으므로 곧 엄청난 인기를 누렸다. 모브와 마찬가지로 빅토리아 여왕이 일부 주도했던 유행이었다. 1861년 성홍열로 앨버트 왕자가 급사한지 채 일주일도 지나지 않아 왕가의 보석공은 애도를 위한 검정색 장신구 제작 의뢰를 받았다. 슬픔에 잠긴 여왕은 이후 한참 동안 친지들을 압박했고, 죽을 때까지 왕자의 급사를 슬퍼했다. 죽은 왕자의 사진은 1903년까지 모든 왕실의 초상화에 포함되었다.[3] 애도가 절정에 달했던 1870년에는 1,400명이 넘는 성년 및 미성년 남자가 3~4파운드의 주급을 받으며 휘트비의 흑옥 산업에 종사했다. 이렇게 생산된 흑옥은 내놓고 애도를 즐기는 전 세계로 팔려나갔다. 뉴욕의 B. 알트먼 앤 컴퍼니 백화점에서는 1879~1880년의 상품 목록에서 '휘트비 흑옥 귀걸이'를 자랑스레 광고했다.[4]

1880년대에 이르러 휘트비의 최상품 흑옥이 전부 소진되었다. 장인은 이미 1840년대부터 흑옥을 채굴하여 공급해야만 했다. 조각가는 더 부드럽고 연약하여 깨지기 쉬운 흑옥을 마지못해 쓰기 시작했다. '프랑스 흑옥'이라는 그럴싸한 이름을 가진, 검정 유리처럼 단단하고 싼 대체재가 쓰이기 시작한 것이다. 1884년, 휘트비 흑옥 산업의 일자리는 300개로 줄었고, 주급은 고작 25실링이었다. 동시에 애도의 표출이 천박한 행동으로 인식되기 시작했다. 1926년, 버트럼 퍼클은 장례사를 다룬 책에서 '거칠게 가공한 못생긴 흑옥 덩어리가 "애도"를 위해 사회의 일부 계층에서 여전히 착용되고 있다'고 썼다.[5] 1936년에는 오직 5명의 흑옥 노동자가 남았다. 그리고 제1차 세계대전이 발발하여 서양의 조문 복식 취향을 소진시켜버렸다.[6]

멜라닌

민화에서 사람이든 동물이든 검은색 동물을 도발하는 경우는 드물다. 하지만 이솝 우화에서는 여우가 해낸다. 치즈덩어리를 물고 있는 나무 위 까마귀를 보자 여우는 그의 반짝이는 검정색 깃털을 침이 마르도록 칭찬한다. 기분이 좋아진 까마귀는 깃털을 뽐내고, 여우가 노래를 불러달라고 요청하자 바로 부리를 벌린다. 그 바람에 떨어진 치즈를 여우가 가로챈다.

그렇다고 허영심에 들뜬 까마귀를 너무 비난할 필요는 없을 것 같다. 까마귀의 검정색은 특별하기 때문이다. 식물과 달리 동물은 멜라닌 덕분에 진정한 검정색을 지닐 수 있다. 유멜라닌과 페오멜라닌의 두 종류가 다양한 농도로 퍼져 피부, 모피, 깃털에 론(roan, 밤색과 회색의 얼룩—옮긴이)이나 토니(tawny, 황갈색—옮긴이), 또는 가장 진한 검정색인 세이블까지 내준다.

인류도 유멜라닌과 페오멜라닌의 농도에 따라 피부색이 달라진다. 아프리카의 옛 인류는 햇빛의 해로운 자외선 파장으로부터 스스로를 보호하기 위해 멜라닌 농도가 높은 짙은 피부색으로 진화했다.[1] 12만 년 전에 아프리카를 떠난 그들의 후손은 북쪽으로 이주하면서, 빛이 적은 환경에 적응하기 위해 서서히 옅은 피부색으로 진화했다.[2]

검은 동물 가운데는 갈까마귀가 가장 빼어나다. 멋있어 보일 뿐만 아니라 똑똑하다고 알려진 지 오래다. 덕분에 갈까마귀는 여러 문화권에서 자주 언급되었다. 예를 들어 그리스의 신 아폴로, 켈트족의 신 루구스, 북유럽의 신 오딘은 모두 까마귀를 거느린다. 특히 오딘의 갈까마귀들은 귀한 대접을 받는다. 후긴(Huginn, 사고)과 뮤닌(Muninn, 기억)이라 불리는 이 갈까마귀들은 오딘의 명을 받들어 세계를 돌며 정보를 수집해 그의 전지적 존재감에 기여했다.[3] 초기 게르만족 용사는 까마귀의 상징을 의복에 착용했으며 전투 전에 까마귀의 피를 마셨다고 한다. 이런 경향이 심해지자 서부 독일에 있는 마인츠의 대주교 보니파티우스는 자카리아 교황에게 게르만 평민이 먹는 동물인 황새, 야생마, 산토끼 중 어떤 것을 먼저 금할지 묻는 서신을 보냈다. 교황의 대답은 간결했다. 까마귀와 갈까마귀를 먼저 금지하라는 내용이었다. 자카리아는 성경의 레위기를 생각했을 것이다. '새 가운데 너희가 더러운 것으로 여길 것은 이런 것들이다. 이것들은 더러운 것이니 먹지 말아야 한다'는 11장 13~15절 말이다.[4]
한편 인류를 괴롭혀온 검정색 동물도 있다. 1783년 6월 28일자의 편지에서 새뮤얼 존슨은 자신의 우울증을 검둥개에 비유했다.

홀로 일어나 아침을 먹을 때, 검둥개가 먹을 것을 기다린다. 개는 아침부터 저녁까지 짖는다. 마침내 밤이 찾아오고 다시 불편함과 혼돈의 시간이 고독한 일상에 찾아온다. 어떻게 하면 검둥개를 몰아낼 수 있을까?[5]

한 세기 뒤 존 러스킨은 정신적인 발작 증상을 '거대한 검은 고양이가 거울 뒤에서 뛰어올라 덤빈다'고 몸서리쳐지게 묘사했다.[6] 우울증에 시달린 유명인에는 윈스턴 처칠도 있다. 1911년의 편지에서 그는 아내에게 친구의 우울증을 치료했다는 독일 의사에 대해 말한다. '내 검둥개가 돌아온다면 이 남자가 쓸모 있을지도 모르겠소. 요즘은 개가 꽤 멀어진 것 같아 다행이오. 모든 삶의 색깔이 다시 돌아오고 있소이다. 가장 밝은 색깔, 친애하는 당신의 색깔까지.'[7]

피치 블랙

성경은 '땅은 아직 모양을 갖추지 않고 아무것도 생기지 않았는데, 어둠이 깊은 물 위에 뒤덮여 있었고'라는 구절로 시작된다. 그리고 신이 "빛이 생겨라!' 하시자 빛이 생겨났다.' 신자이든 아니든 신이 깊은 어둠에 빛을 들이는 이 이미지의 위력은 부정할 수 없다.

피치 블랙, 즉 칠흑은 가장 두려운 어둠이다. 칠흑의 두려움은 가장 보편적이며, 불을 안정적으로 피울 수 있게 된 시절까지 오랫동안 인간의 주위를 맴돌았다. 어둠 속에서 인간은 생물로서의 한계를 너무 뼈저리게 깨닫고 만다. 후각과 청각은 약해서 의지할 수 없으며 육체 또한 연약하여 포식자로부터 도망칠 수 있을 만큼 빠르지도 않다. 시각 없이 인류는 무력해진다. 공포가 너무나도 또렷한지라 인류는 그렇지 않을 때조차 밤을 칠흑으로 인식한다. 달과 별, 그리고 최근에는 불과 전기 덕분에 아무것도 볼 수 없는 밤은 드물다는 걸 인류도 안다. 곧 해도 다시 떠오를 것이다. '피치(pitch, 역청 혹은 타르 찌꺼기)'는 적절한 단어다. 주의하지 않으면 수지의 나무 타르 찌꺼기가 손에 달라붙듯이, 어둠도 인간의 감각에 달라붙어 짓누른다. 그래서 인간은 상징적으로도 밤을 빛의 부재 그 이상으로 경험한다. 잊을 수 없는, 매일의 죽음으로 말이다.

밤과 검은색에 대한 인류의 반감은 문화권과 시대를 막론하고 찾아볼 수 있다. 고대 그리스 밤의 여신인 닉스(Nyx)는 혼돈(카오스Chaos)의 딸이다. 슬하에 잠을 두었지만 더 불길한 고뇌, 부조화, 죽음 또한 그녀의 자식이다.[1] 게르만과 스칸디나비아 전통에 등장하는 밤의 여신 노트(Nott)는 검정 옷차림에 검은 말이 끄는 전차를 타고 하늘에 휘장처럼 어둠을 드리운다.[2] 피치 블랙은 두려움을 통해 죽음에 상징적인 의미를 부여했다. 가장 황량한 시각으로 보자면 죽음은 결국 끝이 없는 밤이다. 힌두교에서 죽음을 관장하는 신인 야마와 고대 이집트의 죽음의 신인 아누비스의 피부색은 검다. 창조와 파괴의 무시무시한 힌두교 여신인 칼리는 이름만 놓고 보아도 '검은 옷을 입은 여성'이라는 뜻의 산스크리트어인 데다가 짙은 색 피부에 해골 목걸이를 걸고 칼을 휘두르며 베어낸 머리통을 들고 있는 모습으로 묘사된다.[3]

많은 문화권에서 죽은 이를 애도하기 위해 검정 옷을 입는다. 〈플루타르크 영웅전〉에 실린 미노타우로스의 전설에서는 매년 공물로 바쳐진 젊은이들이 배에 실려 희생양으로 보내졌는데, '파괴를 위한 항해이므로' 검은 돛을 달았다.[4] 가장 어두운 검정색의 두려움은 언어에도 흔적을 남겼다. 라틴어로 가장 어두운 무광 검정색을 가리키는 라틴어 'ater' 말이다. 빛나는, 무해한 검정색을 위한 단어는 따로 있다('niger'). 이 단어는 '못생긴', '슬픈', '더러운', 그리고 '끔찍한' 등의 뜻을 가지고 있는 'atrocious'의 어원이다.[5]

칠흑을 향한 인류의 두려움을 가장 유창하게 묘사한 표현 또한 가장 오래된 표현이었다. 기원전 50년까지 1500년가량 쓰인 이집트의 장례 절차인 〈사자의 서〉다. 지하세계에 진입한 자신을 발견한 오시리스에 대해 필경사 아니는 이렇게 묘사한다.

나는 대체 어떤 땅에 발을 들여놓았는가? 물도 공기도 없으며 깊이를 헤아릴 수 없을 만큼 깊다. 가장 어두운 밤보다 더 까만 밤 속을 인간이 무력하게 헤맨다.[6]

다른 흥미로운 색

A

- **Amethyst애머시스트(자수정)** 보석의 원석에서 얻는 파란색이나 보라색.
- **Apricot애프리콧(살구)** 연한 복숭아.
- **Aquamarine아쿠아마린(남옥藍玉)** 청녹색, 바다의 색깔, 베릴(녹주석)의 색.
- **Asparagus아스파라거스** 차분한 스프링 그린.
- **Azure아주르** 밝은 하늘색, 문장(紋章)에 쓰인다.

B

- **Bastard바스터드** 무대에서 태양의 역할로 쓰이는, 따뜻한 금색의 색상 필터.
- **Beryl베릴(녹주석)** 반투명한 광물, 대개 옅은 녹색, 파란색, 또는 노란색.
- **Bistre비스터** 탄 나무로 만드는 갈색 계통의 안료.
- **Blackcurrant블랙커런트** 베리로부터 얻는 진한 자주색.
- **Blood블러드(피)** 강렬하고 진한 빨간색, 흔히 미묘한 파란색을 띤다.
- **Blush브러시(홍조)** 홍조를 띤 뺨처럼 분홍색을 띠는 베이지색.
- **Bordeaux보르도** 같은 이름의 프랑스 지역 와인처럼 진한 체리색.
- **Bronze브론즈(청동)** 금속의 색깔, 금보다 더 진하고 조금 더 탁하다.
- **Burgundy버건디** 같은 이름의 프랑스 지역 와인처럼 진한 자주 갈색.

C

- **Cadet blue카데트 블루** 군복에서 온, 회녹색을 띤 파란색.
- **Café au lait카페오레** 우유를 섞은 커피의, 연한 갈색.
- **Capri blue카프리 블루** 사파이어, 카프리 섬의 'Grotta Azzurra(푸른 동굴)'의 물에서 따온 색깔.
- **Carmine카마인** 중간 정도의 크림슨, 코치닐로 만드는 안료.
- **Carnation카네이션** '살색'을 의미하는 라틴어 'carneus'에서 따왔으며(프랑스의 문장에서 살색으로 쓰인다), 요즘은 크림처럼 부드러운 중간 정도의 분홍색을 의미한다.
- **Chartreuse샤르트뢰즈** 옅은 황녹색, 프랑스 카르투지오회 모수도원(La Grande Chartreuse) 수도사들이 만드는 리큐르에서 따온 색.
- **Cherry체리** 분홍색이 약간 섞인 진한 빨간색.
- **Chestnut체스트넛(밤)** 적갈색, 밤나무 열매의 색.
- **Chocolate초콜릿** 풍성하도록 진한 갈색.
- **Cinnabar시나바** 밝은 빨간색 광물, 버밀리언의 원료.
- **Citrine시트린(황수정黃水晶)** 원래는 레몬색(다만 이름을 따온 준귀금속의 색은 더 따뜻하다), 오늘날 오렌지와 녹색 사이의 제3색으로 쓰인다.
- **Copper코퍼(구리)** 같은 이름의 금속에서 따온 빨간색 계통의, 로즈 골드, 머리칼 색을 묘사하는 데 쓰이며 더 강렬한, 불타는 오렌지색을 가리킨다.
- **Cocquelicot코클리콧(개양귀비)** 오렌지색이 살짝 감도는 밝은 빨간색, 프랑스의 'Papaver rhoeas(개양귀비).'
- **Coral코럴(산호)** 바랜, 소금 외피의 산호처럼 연한 분홍 오렌지색, 전통적으로 빨간색 산호초를 가장 귀하게 여긴다.
- **Cornflower콘플라워(옥수수꽃)** 보라색이 약간 섞인 밝은 파란색, 옥수수꽃에서 따왔다.
- **Cream크림** 옅은 노란색, 진한 미색.
- **Crimson크림슨** 자주색에 가까운 진한 빨간색, 전통적으로 코치닐에서 얻는 색이다.
- **Cyan사이안** 녹색이 약간 섞인 밝은 파란색.

D

- **Delft blue델프트 블루** 잉크색. 18세기 네덜란드의 도시 델프트에서 만든 도자기의 색에서 따왔다.
- **Denim데님** 인디고를 염색한 청바지의 파란색.
- **Dove grey도브 그레이** 부드럽고 차가운 색조의, 중간 회색.
- **Duck egg덕 에그(오리알)** 회색이 약간 섞인 청록색.
- **Dun던** 회갈색. 가축의 묘사에 종종 쓰인다.

E

- **Eau de Nil오 드 닐** 나일강의 색깔과 닮았다고 여겨지는 연한 녹색.
- **Ebony에보니** 아주 진한 갈색. 대개 감나무속(屬)의 열대 활엽수에서 온 색.
- **Ecru에크루** 연한 미색. 표백하지 않은 직물의 색. '날것'이라는 의미의 라틴어 'crudus'에서 따왔다.

F

- **Forest포레스트(숲)** 월터 스콧이 링컨 그린을 일컬을 때 썼던 색의 이름. 이제는 파란색이 약간 섞인 중간 녹색을 의미한다.
- **French grey프렌치 그레이** 아주 연한 회녹색.
- **Fulvous풀부스** 탁한 오렌지색. 토니(Tawny)처럼 동물, 대개 새의 깃털을 묘사하는 데 종종 쓰인다.

G

- **Gaudy green가우디 그린** 링컨 그린과 같은 색. 인디고와 웰드로 염색된 천.
- **Glaucous글로쿠스** 연한 회청록색.
- **Goldenrod골든로드** 시든 꽃의 진한 노란색.
- **Grape그레이프(포도)** 보라색. 진짜 포도보다 훨씬 더 밝다.
- **Grenadine그레나딘(석류즙)** 원래는 복숭아 오렌지색. 이제는 같은 이름의 리큐르처럼 빨갛다.
- **Gules굴스** 문장에 쓰던 빨간색.
- **Gunmetal건메탈** 중간 청회색.

H

- **Heather헤더** 20세기 이전 '얼룩덜룩하다'의 동의어. 오늘날 분홍 자주색을 일컫는다.
- **Hooker's green후커스 그린** 밝은 녹색. 갬부지가 섞인 프러시안 블루. 영국 삽화가 윌리엄 후커(1779~1832년)의 이름을 땄다.

I

- **Incarnadine인카나딘** 강렬하고 진한 분홍 빨간색.

J

- **Jasper재스퍼** 연한 녹색. 가장 귀한 옥수(玉髓)의 색.

L

- **Lavender라벤더** 파란색이 도는 옅은 자주색. 라벤더 꽃보다 훨씬 더 연한 색이다.
- **Lemon yellow레몬 옐로** 레몬의 노란색.
- **Lily white릴리 화이트** 따뜻함이 살짝 감도는, 아주 옅은 크림색.
- **Lime라임** 아주 밝은 녹색. 과일에서 따왔으나 오늘날은 네온에 가까울 정도로 훨씬 더 야광이다.
- **Lincoln green링컨 그린** 잉글랜드의 링컨에서 전통적으로 만드는 옷감의 색. 로빈 후드와 부하들의 옷 색.
- **Livid리비드** '따분한'이라는 뜻의 라틴어 'lividus'에서 왔다. 납의 색이며 멍든 피부의 색으로도 쓰인다.

M

- **Magnolia매그놀리아(목련)** 연한 분홍 베이지색.
- **Mahogany마호가니** 같은 이름의 나무에서 따온 적갈색.
- **Malachite말라카이트(공작석)** 풀의 밝은 녹색. 광물의 색.
- **Mallow말로우(아욱)** 분홍 라일락색.
- **Mandarin만다린** 과일에서 따온 진짜 오렌지색.
- **Maroon마룬** 원래 견과류의 갈색(마롱marron은 프랑스어로 '밤'을 뜻했으나 오늘날은 갈색이 도는 짙은 빨간색을 가리킨다.
- **Midnight미드나이트** 밤하늘의 짙은 파란색.
- **Milk밀크** 화이트 회색이 도는 연한 크림색.
- **Moonlight문라이트** 아주 연한 복숭아색.
- **Morocco모로코** 벽돌 빨간색. 원래는 채색된 가죽의 색깔이었다.
- **Moss모스(이끼)** 노래진 녹색. 이끼의 색.
- **Mouse마우스(쥐)** 회갈색이 섞인 던dun. 팔로우와 흡사한 색.
- **Mustard머스터드** 조미료처럼 진한 노란색.

N

- **Navy네이비** 회색이 약간 섞인 짙은 파란색.
- **Nymphea님피아** 중간 분홍색이 섞인 자주색.

O

Ochre오커 연한 황갈색, 산화제2철을 함유한 흙 안료.
Old rose올드 로즈 파란색이 도는 칙칙한 분홍색.
Olive drab올리브 드랩 회색과 갈색이 잔뜩 섞인 녹색, 칙칙한 올리브색.
Onyx오닉스 옥수(玉髓)에서 나온 검정색.
Oxblood옥스블러드(선지) 진한 녹의 빨간색.

P

Peacock피콕(공작) 강렬한 청록색.
Pea green피 그린 싱싱한 봄의 녹색.
Pearl펄(진주) 아주 연한 라일락 회색.
Peridot페리도트 감람석의 일종에서 나온 날카로운 녹색.
Periwinkle페리윙클 꽃에서 따온 라일락 파란색.
Phthalo green프탈로 그린 소나무의 청록색, 합성안료에서 따온 이름으로 때로 모나스트랄(Monastral)이라 일컫는 진한 파란색에서 나오기도 한다.
Pistachio피스타치오 밀랍의 녹색, 견과류 알갱이와 아이스크림의 색.
Plum플럼(자두) 과일에서 따온, 빨간색이 도는 자주색.
Pomegranate포머그래네이트(석류) 과일의 크랜베리 분홍색.
Pompadour퐁파두르 따뜻한 연한 파란색, 루이 15세의 정부였던 18세기 후작부인의 이름에서 따온 색.
Pompeian red폼페이안 레드 진한 벽돌 빨간색, 폼페이의 유적에서 발견된 주택의 색.
Poppy포피(양귀비) 꽃에서 따온 선명한 빨간색.
Primrose프림로즈 꽃에서 따온, 녹색이 살짝 도는 연한 노란색.
Puke푸크 모직에서 따온 진한 갈색.

Q

Quimper캥퍼 부드러운 콘플라워 파란색, 일몰의 색.

R

Racing green레이싱 그린 짙은 에버그린, 초기 영국의 자동차 경주와 얽힌 색.
Raspberry라즈베리 풍성한 분홍 빨간색, 베리의 색깔.
Rose로즈(장미) 섬세한 분홍색 또는 연한 크림슨.
Ruby루비 풍성한 와인의 빨간색.

S

Sable세이블(흑담비) 문장에 쓰이던 검정색으로 같은 이름의, 족제비 같은 동물의 모피색에서 따왔다.
Salmon새먼(연어) 따뜻한, 분홍색이 도는 오렌지색.
Sapphire사파이어 보석에서 따온, 조밀한 파란색.
Shell셸(조개껍질) 연한 분홍색.
Shrimp슈림프(새우) 삶은 새우 껍데기색.
Sienna시에나 황갈색, 같은 이름의 이탈리아 광산촌에서 캔 오커에서 따왔다. 가열하면 더 빨개져 '번트 시에나'가 된다.
Slate슬레이트(점판암) 바위에서 따온, 중간 아주르 회색.
Smalt스몰트(화감청) 화가의 안료에서 따온 풀의 파란색.
Smoke스모크(연기) 파란색이 도는, 부드러운 회색.
Snow스노우(눈) 회황색이 도는 흰색.
Strawberry스트로베리(딸기) 과일에서 따온, 노란 색조의 빨간색.
Sugar슈가(설탕) 달착지근한 분홍색, 솜사탕의 색.

T

Tangerine탄제린 같은 이름을 가진 과일의 껍질에서 따온, 노란색이 도는 오렌지색.
Tawny토니 탄tan 색의 오렌지 갈색.
Teal틸 오리 날개의 띠에서 따온, 파란색이 좀 섞인 진한 녹색.
Tea rose티 로즈 베이지 분홍색.
Terra cotta테라 코타 적갈색. '구운 흙'이라는 의미의 이탈리아어에서 따왔다.
Topaz토파즈(황옥) 여러 색으로 존재하는 준귀금속에서 따왔는데, 색의 이름은 대체로 토니가 도는 진한 노란색을 가리킨다.
Turquoise튀르쿠아즈(터키석) 열대 바다처럼 녹색이 도는 파란색.

V

Vanilla바닐라 연한 노란색, 커스터드의 색.
Viridian비리디언 어스름한 리크(서양 대파)의 녹색.

W

Walnut월넛(호두) 진한 갈색.
Watchet윗쳇 연한 청회색.
Wheat휘트(밀) 연한 금색.

주

서론

[1] 여담이지만 그는 자신의 음악이론을 뒷받침하기 위해서 무지개를 멋대로 일곱 색깔로 나누었다.

[2] 다른 동물도 추상세포를 가지고 있다. 예를 들어 개는 인간보다 추상세포가 하나 적기 때문에 인간으로 치면 색맹 수준으로 색을 인식한다. 반대로 나비 같은 동물은 인간보다 더 많은 추상세포를 가지고 있다. 대롱에 달린 골프공 같은 눈을 지닌, 작고 반짝이는 갑각류인 갯가재는 열여섯 가지의 각기 다른 추상세포를 지니고 있다. 이는 지구상의 어떤 생명체보다도 두 배나 많은 가짓수다. 덕분에 이론적으로는 인류가 이름 붙이기는커녕 상상조차 어려운 색의 세계를 본다.

[3] P. Ball, 〈Bright Earth: The Invention of Colour〉, London: Vintage, 2008, p.163.

[4] J. Gage, 〈Colour and Culture: Practice and Meaning from Antiquity to Abstraction〉, London: Thames & Hudson, 1995, p.129.

[5] K. Stamper, 'Seeing Cerise: Defining Colors in Webster's Third', 〈Harmless Drudgery: Life from Inside the Dictionary〉. 다음에서 찾아볼 수 있다. https://korystamper.wordpress.com/2012/08/07/seeing—cerise—defining—colors/

[6] 데이비드 바츨러의 〈색깔 이야기〉, p.34에서 인용.

[7] Le Corbusier와 A. Ozenfant, 'Purism', 〈Modern Artists on Art(R. L. Herbert 편)〉, New York: Dover Publications, 2000, p.63.

[8] G. Deutscher, 〈Through the Language Glass: Why the World Looks Different in Other Languages〉, London: Arrow, 2010, p.42에서 인용.

[9] 위의 책, p.84.

하양 계열

[1] Ball, 〈Bright Earth〉, p.169~p.171.

[2] 위의 책, p.382.

[3] 바츨러, 〈색깔 이야기〉, p.19.

[4] B. Klinkhammer, 'After Purism: Le Corbusier and Colour', in 〈Preservation Education & Research〉, Vol. 4, 2011, p.22.

[5] Gage, 〈Color and Culture〉, p.246~p.247에서 인용.

[6] L. Kahney, 〈Jony Ive: The Genius Behind Apple's Greatest Products〉, London: Penguin, 2013, p.285.

[7] C. Humphries, 'Have We Hit Peak Whiteness?', 〈Nautilus〉 2015년 7월호.

[8] V. Finlay, 〈The Brilliant History of Colour in Art〉, Los Angeles, CA: Getty Publications, 2014, p.21에서 인용.

리드 화이트

[1] P. Ah—Rim, 'Colours in Mural Paintings in Goguryeo Kingdom Tombs', 〈Colour in Ancient and Medieval East Asia(M. Dusenbury 편)〉, New Haven, CT: Yale University Press, 2015, p.62, p.65.

[2] Ball, 〈Bright Earth〉, p.34, p.70.

[3] 위의 책, p.137.

[4] Vernatti, P., 'A Relation of the Making of Ceruss', 〈Philosophical Transactions〉 No.137, Royal Society(1678년 1 · 2월), p.935~p.936.

[5] C. Warren, 〈Brush with Death: A Social History of Lead Poisoning〉, Baltimore, MD: Johns Hopkins University Press, 2001, p.20.

[6] T. Nakashima 외, 'Severe Lead Contamination Among Children of Samurai Families in Edo

[7] G. Lomazzo 저, R. Haydock 역, 〈A Tracte Containing the Artes of Curious Paintinge, Caruinge & Buildinge〉, Oxford, 1598, p.130.

[8] Warren, 〈Brush with Death〉, p.21.

아이보리

[1] D. Loeb McClain, 'Reopening History ofStoried Norse Chessmen', 〈뉴욕 타임스〉 2010년 9월 8일자.

[2] K. Johnson, 'Medieval Foes with Whimsy', 〈뉴욕 타임스〉 2011년 11월 17일자.

[3] C. Russo, 'Can Elephants Survive a Legal Ivory Trade? Debate is Shifting Against It', 〈내셔널 지오그래픽〉 2014년 8월 30일자.

[4] E. Larson, 'The History of the Ivory Trade,' 〈내셔널 지오그래픽〉 2013년 2월 25일자. 다음에서 찾아볼 수 있다: http://education.nationalgeographic.org/media/history—ivory—trade/(accessed Apr. 12, 2017).

실버

[1] F. M. McNeill, 〈The Silver Bough: Volume One, Scottish Folk—Lore and Folk—Belief(2nd edition)〉, Edinburgh: Canongate Classics, 2001, p.106.

[2] Konstantinos, 〈Werewolves: The Occult Truth〉, Woodbury: Llewellyn Worldwide, 2010, p.79.

[3] S. Bucklow, 〈The Alchemy of Paint: Art, Science and Secrets from the Middle Ages〉, London: Marion Boyars, 2012, p.124.

[4] A. Lucas와 J. R. Harris, 〈Ancient Egyptian Materials and Industries(4th edition)〉, Mineola, NY: Dover Publications, 1999, p.246.

[5] 위의 책, p.247.

화이트워시(회)

[1] E. G. Pryor, 'The Great Plague of Hong Kong', 〈Journal of the Royal Asiatic Society Hong Kong Branch〉 Vol.15, 1975), p.61~p.62.

[2] Wilm, 'A Report on the Epidemic of Bubonic Plague at Hongkong in the Year 1896', 위의 책에서 인용.

[3] Shropshire Regimental Museum, 'The Hong Kong Plague, 1894—95', 다음에서 찾아볼 수 있다: www.shropshireregimentalmuseum.co.uk/regimental—history/shropshire—light—infantry/the—hong—kong—plague—1894—95/(accessed Aug. 26, 2015).

[4] 'Minutes of Evidence taken Before the Metropolitan Sanitary Commissioners', 〈Parliamentary Papers, House of Commons〉 Vol.32, London: William Clowes & Sons, 1848.

[5] 마크 트웨인, 〈톰 소여의 모험〉, New York: Plain Label Books, 2008, p.28.

이사벨린

[1] M. S. Sánchez, 'Sword and Wimple: Isabel Clara Eugenia and Power', 〈The Rule of Women in Early Modern Europe(A. J. Cruz와 M. Suzuki 편집)〉, Champaign, IL: University of Illinois Press, 2009, p.64~p.65.

[2] D. Salisbury, 〈Elephant's Breath and London Smoke〉, Neustadt: Five Rivers, 2009, p.109에서 인용.

[3] 위의 책, p.108.

[4] H. Norris, 〈Tudor Costume and Fashion(reprinted edition)〉, Mineola, NY: Dover Publications, 1997, p.611.

[5] W. C. Oosthuizen과 P. J. N. de Bruyn, 'Isabelline King Penguin Aptenodytes Patagonicus at Marion Island', 〈Marine Ornithology〉 Vol.37 Issue 3, 2010, p.275~p.276.

초크(백악)

[1] R. J. Gettens·E. West Fitzhugh·R. L. Feller, 'Calcium Carbonate Whites', 〈Studies in Conservation〉 Vol.19 No.3(1974년 8월), p.157, p.159~p.160.

[2] 위의 책, p.160.

[3] G. Field, 〈Chromatography: Or a Treatise on Colours and Pigments and of their Powers in Painting, &c.〉, London: Forgotten Books, 2012, p.71.

[4] A. Houbraken, 'The Great Theatre of Dutch Painters', R. Cumming의 〈Art Explained: The World's Greatest Paintings Explored and Explained〉, London: Dorling Kindersley, 2007, p.49을 인용.

[5] Ball, 〈Bright Earth〉, p.163.

[6] H. Glanville, 'Varnish, Grounds, Viewing Distance, and Lighting: Some Notes on Seventeenth—Century Italian Painting Technique', 〈Historical Painting Techniques, Materials, and Studio Practice(C. Lightweaver 판)〉, New York: Getty Conservation Institute, 1995, p.15; Ball, 〈Bright Earth〉, p.100.

[7] C. Cennini 저, D.V. Thompson 역, 〈The Craftsman's Handbook〉 Vol.2, Mineola, NY: Dover Publications, 1954, p.71.

[8] P. Schwyzer, 'The Scouring of the White Horse: Archaeology, Identity, and 'Heritage'', 〈Representations〉 No.65(1999년 겨울), p.56.

[9] 위의 책, p.56.

[10] 위의 책, p.42.

베이지

[1] 저자 미상, 'London Society'(1889년 10월), Salisbury의 〈Elephant's Breath and London Smoke〉, p.19.에서 인용.

[2] L. Eiseman과 K. Recker, 〈Pantone: The 20th Century in Colour〉, San Francisco, CA: Chronicle Books, 2011, p.45~p.47, p.188~p.189, p.110~p.111, p.144~p.145.

[3] K. Glazebrook와 I. Baldry, 'The Cosmic Spectrum and the Color of the Universe,' 'Johns Hopkins Physics and Astronomy' 블로그. 다음에서 찾아볼 수 있다: www.pha.jhu.edu/~kgb/cosspec/(accessed Oct. 10, 2015).

[4] S. V. Phillips, 〈The Seductive Power of Home Staging: A Seven—Step System for a Fast and Profitable Sale〉, Indianapolis, IN: Dog Ear Publishing, 2009, p.52.

노랑 계열

[1] S. Doran, 〈The Culture of Yellow, Or:The Visual Politics of Late Modernity〉, New York: Bloomsbury, 2013, p.2.

[2] C. Burdett, 'Aestheticism and Decadence,' British Library Online. 다음에서 찾아볼 수 있다: www.bl.uk/ romantics—and—victorians/articles/aestheticism—and—decadence (accessed Nov. 23, 2015).

[3] D. B. Sachsman · D. W. Bulla 편, 〈Sensationalism: Murder, Mayhem, Mudslinging, Scandals and Disasters in 19th—Century Reporting〉, New Brunswick, NJ: Transaction Publishers, 2013, p.5에서 인용.

[4] Doran, 〈Culture of Yellow〉, p.52.

[5] R. D. Harley, 〈Artists' Pigments c. 1600—1835〉, London: Butterworth, 1970, p.101.

[6] Doran, 〈Culture of Yellow〉, p.10~p.11.

[7] Z. Feng과 L. Bo, 'Imperial Yellow in the Sixth Century', 〈Colour in Ancient and Medieval East Asia(Dusenbury 판)〉, p.103; J. Chang, 〈Empress Dowager Cixi: The Concubine who Launched Modern China〉, London: Vintage, 2013, p.5.

[8] B. N. Goswamy, 'The Colour Yellow', 〈Tribune India〉 2014년 9월 7일자.

[9] Ball, 〈Bright Earth〉, p.85.

[10] 'Why Do Indians Love Gold?,' 〈이코노미스트〉 2013년 11월 20일자. 다음에서 찾아볼 수 있다: www.economist.com/blogs/economist—explains/2013/11/economist—explains—11 (accessed Nov. 24, 2015).

블론드

[1] V. Sherrow, 〈Encyclopedia of Hair: A Cultural History〉, Westport, CN: Greenwood Press, 2006, p.149.

[2] Sherrow, 〈Encyclopaedia of Hair〉, p.154.

[3] 위의 책, p.148.

[4] 'Going Down', 〈이코노미스트〉 2014년 8월 11일자. 다음에서 찾아볼 수 있다: www.economist.com/blogs/graphicdetail/2014/08/daily—chart—5 (accessed Oct. 25, 2015).

[5] A. Loos, 〈Gentlemen Prefer Blondes: The Illuminating Diary of a Professional Lady〉, New York: Liveright, 1998, p.37.

[6] 'The Case Against Tipping', 〈Economist〉 2015년 10월 26일자. 다음에서 찾아볼 수 있다: www.economist.com/blogs/gulliver/2015/10/service—compris (accessed Oct. 26, 2015).

[7] A. G. Walton, 'DNA Study Shatters the 'Dumb Blonde' Stereotype',〈포브스〉 2014년 6월 2일자. 다음에서 찾아볼 수 있다: www.forbes.com/sites/alicegwalton/2014/06/02/science—shatters—theblondes—are—dumb—stereotype

리드 틴 옐로

[1] H. Kühn, 'Lead—Tin Yellow', 〈Studies in Conservation〉 Vol.13 No.1(1968년 2월), p.20.

[2] G. W. R. Ward, 〈The Grove Encyclopedia of Materials and Techniques in Art〉, Oxford University Press, 2008, p.512; N. Eastaugh 외, 〈Pigment Compendium: A Dictionary and Optical Microscopy of Historical Pigments〉, Oxford: Butterworth—Heinemann, 2008, p.238.

[3] Kühn, 'Lead—Tin Yellow', p.8~p.11.

[4] Eastaugh 외, 〈Pigment Compendium〉, p.238.

[5] Ward, 〈Grove Encyclopedia of Materials and Techniques in Art〉, p.512.

[6] Kühn, 'Lead—Tin Yellow', p.8.

[7] 이는 더 흔한 리드 틴 옐로 1형의 제조법이다. 귀한 2형은 이산화규소를 더해 더 높은 900~950도에서 구워 만든다.

[8] Ball, 〈Bright Earth〉, p.137; Kühn, 'Lead—Tin Yellow', p.11.

인디언 옐로

[1] 미술사가이자 작가인 B. N. Goswamy의 개인적인 서류.

[2] 〈Handbook of Young Artists and Amateurs in Oil Painting〉, 1849, Salisbury, 〈Elephant's Breath and London Smoke〉, p.106에서 인용.

[3] Ball, 〈Bright Earth〉, p.155.

[4] Salisbury, 〈Elephant's Breath and London Smoke〉, p.106에서 인용.

[5] Harley, 〈Artists' Pigments〉, p.105.

[6] Field, 〈Chromatography〉, p.83.

[7] 'Indian Yellow', 〈Bulletin of Miscellaneous Information〉, Royal Botanic Gardens, Kew), Vol.1890 No.39(1890년), p.45~p.47.

[8] T. N. Mukharji, 'Piuri or Indian Yellow', 〈Journal of the Society for Arts〉, Vol.32 No.1618(1883년 11월), p.16.

[9] 위의 책, p.16~p.17.

[10] Finlay, 〈Colour〉, p.230, p.237.

[11] 위의 책, p.233~p.240.

[12] C. McKeich, 'Botanical Fortunes: T. N. Mukharji, International Exhibitions, and Trade Between India and Australia', 〈Journal of the National Museum of Australia〉 Vol.3 No.1(2008년 3월), p.2~p.3.

애시드 옐로

[1] 다음을 참조하라: www.unicode.org/review/pri294/pri294—emoji—image—background.html

[2] J. Savage, 'A Design for Life', 〈가디언〉 2009년 2월 21일자. 다음에서 찾아볼 수 있다: www.theguardian.com/artanddesign/2009/feb/21/smiley—face—design—history(accessed 4 Mar. 2016).

3 J. Doll, 'The Evolution of the Emoticon', 〈Wire〉 2012년 9월 19일자에서 인용. 다음에서 찾아볼 수 있다: www.thewire.com/entertainment/2012/09/evolutionemoticon/57029/(accessed 6 Mar. 2016).

나폴리 옐로

1 E. L. Richter와 H. Härlin, 'A Nineteenth—Century Collection of Pigment and Painting Materials', 〈Studies in Conservation〉 Vol.19 No.2(1974년 5월), p.76.

2 뒤죽박죽이라 독일어를 옮기기가 어려운데, 'Neapel'은 나폴리, 'Gelb'는 노란색을 의미한다. Richter and Härlin, 'A Nineteenth—Century Collection of Pigment and Painting Materials', p.77.

3 하지만 19~20세기에 나폴리 옐로라는 명칭은 다른 노란색에도 쓰였다. 대표적인 경우가 리드 틴 옐로다. 1940년대까지는 명확하게 구분되지 않았다.

4 Eastaugh 외, 〈Pigment Compendium〉, p.279.

5 Field, 〈Chromatography〉, p.78.

6 Ball, 〈Bright Earth〉, p.58과 Lucas와 Harris, 〈Ancient Egyptian Materials and Industries〉, p.190.

7 Gage, 〈Colour and Culture〉, p.224에서 인용.

크롬 옐로

1 고갱이 이사하고 다섯 달 뒤 둘은 절교했다. 1888년 크리스마스를 앞둔 어느 저녁, 반 고흐는 노란 집에서 가까운 윤락업소에 찾아가 매춘부에게 신문에 싼 귀를 건넸다. 그는 정신병원을 전전하다가 1890년 가슴에 총을 쏘았고 다음날 사망했다.

2 V. van Gogh, letters to Emile Bernard [letter 665]; Theo van Gogh [letter 666]; and Willemien van Gogh [letter 667]. 여기서 조회 가능하다: http://vangoghletters.org/vg/

3 Harley, 〈Artists' Pigments〉, p.92.

4 Ball, 〈Bright Earth〉, p.175; Harley, 〈Artists' Pigments〉, p.93.

5 N. L. Vauquelin가 Ball, 〈Bright Earth〉, p.176을 인용.

6 I. Sample, 'Van Gogh Doomed His Sunflowers by Adding White Pigments to Yellow Paint,' 〈가디언〉 2011년 2월 14일자; M. Gunther, 'Van Gogh's Sunflowers May Be Wilting in the Sun,' 〈Chemistry World〉 2015년 10월 28일자. 다음에서 찾아볼 수 있다: www.rsc.org/chemistryworld/2015/10/van—gogh—sunflowers—pigment—darkening.

갬부지

1 R. Christison, 'On the Sources and Composition of Gamboge', 〈Companion to the Botanical Magazine(W. J. Hooker 판)〉, Vol.2, London: Samuel Curtis, 1836, p.239.

2 Harley, 〈Artists' Pigments〉, p.103.

3 Field, 〈Chromatography〉, p.82.

4 Ball, 〈Bright Earth〉, p.156.

5 Finlay, 〈Colour〉, p.243.

6 Ball, 〈Bright Earth〉, p. 157.

7 J. H. Townsend, 'The Materials of J. M. W. Turner: Pigments', 〈Studies in Conservation〉 Vol.38 No.4(1993년 11월), p.232.

8 Field, 〈Chromatography〉, p.82.

9 Christison, 'On the Sources and Composition of Gamboge', 〈Companion to the Botanical Magazine(Hooker 판)〉, p.238.

10 액체 속 큰 입자의 움직임은 원자와 분자의 충돌에 영향을 받는다.

11 G. Hoeppe 저, J. Stewart 역, 〈Why the Sky is Blue: Discovering the Colour of Life〉, Princeton University Press, 2007, p.203~p.204.

오피먼트

1 Cennini, 〈Craftsman's Handbook〉 Vol.2, p.28.

2 Eastaugh 외, 〈Pigment Compendium〉, p.285.

3 E. H. Schafer, 'Orpiment and Realgar in Chinese Technology and Tradition', 〈Journal of the American Oriental Society〉 Vol.75 No.2(1955년 3~6월), p.74.

4 Cennini, 〈Craftsman's Handbook〉 Vol.2, p.28~p.29.

5 Schafer, 'Orpiment and Realgar in Chinese Technology and Tradition', p.75~p.76.

6 Finlay, 〈Colour〉, p.242에서 인용.

7 Ball, 〈Bright Earth〉, p.300.

8 Cennini, 〈Craftsman's Handbook〉 Vol.2, p.29.

임페리얼 옐로

1 K. A. Carl, 〈With the Empress Dowager of China〉, New York: Routledge, 1905, p.6~p.8.

2 Chang, 〈Empress Dowager Cixi〉, p.5.

3 Carl, 〈With the Empress Dowager of China〉, p.8~p.11.

4 Feng과 Bo, 'Imperial Yellow in the Sixth Century', 〈Colour in Ancient and Medieval East Asia(Dusenbury 편)〉, p.104~p.105.

5 위의 책, p.104~p.105.

골드

1 웨일스의 카마던셔에서 발견된 금광은 1세기의 로마가 개발한 흔적이 남아 있다. 오늘날 슬로바키아의 크렘니차에 있는 금광은 14세기 초부터 적극적으로 채굴되어 유럽 전역의 금값 하락에 영향을 미쳤다.

2 Bucklow, 〈Alchemy of Paint〉, p.176.

3 위의 책, p.177.

4 여기서 볼 수 있다: www.britannica.com/biography/Musa—I—of—Mali; Bucklow, 〈Alchemy of Paint〉, p.179.

5 Ball, 〈Bright Earth〉, p.35.

6 Cennini, 〈Craftsman's Handbook〉, p.81, p.84.

7 금색 물감은 금박만큼이나 만들기 까다롭고 비용이 많이 들었다. 금이 워낙 무른 탓에 갈면 용접과 같은 효과를 낳았다. 일단 수은과 섞어서 곤죽을 만든 뒤, 남는 수은을 짜내면 절구에 공이로 빻을 수 있을 만큼 굳어진다. 그리고 은근히 가열해 수은을 추출해낸다. 이는 몇천 년 동안 금을 만들어내려고 시도한 덕분에 진품도 잘 다룰 수 있게 된 연금술사의 일이었다.

8 Bucklow, 〈Alchemy of Paint〉, p.184에서 인용.

오렌지 계열

1 J. Eckstut과 A. Eckstut, 〈The Secret Language of Color〉, New York: Black Dog & Leventhal, 2013, p.72.

2 Salisbury, 〈Elephant's Breath and London Smoke〉, p.148.

3 Ball, 〈Bright Earth〉, p.23에서 인용.

4 J. Colliss Harvey, 〈Red: A Natural History of the Redhead〉, London: Allen & Unwin, 2015, p.2.

5 Eckstut and Eckstut, 〈Secret Language of Color〉, p.82.

6 Rijksmuseum, 'William of Orange(1533—1584), Father of the Nation.' 다음에서 찾아볼 수 있다: https://www.rijksmuseum.nl/en/explore—the—collection/historical—figures/william—of—orange (accessed Dec. 1, 2015); Eckstut and Eckstut, 〈Secret Language of Color〉, p.75.

7 검정색, 배틀십, 웜 그레이도 다리의 색으로 고려되었고, 웜 그레이가 차선책으로 선정되었다. GGB 인터내셔널 오렌지의 CMYK 값은 C:0%, M:69%, Y:100%, K:6%이다.

[8] L. Eiseman과 E. P. Cutter, 〈Pantone on Fashion: A Century of Colour in Design〉, San Francisco, CA: Chronicle Books, 2014, p.16.

[9] 위의 책, p.15.

[10] Ball, 〈Bright Earth〉, p.23에서 인용.

[11] Salisbury, 〈Elephant's Breath and London Smoke〉, p.149에서 인용.

더치 오렌지

[1] Eckstut and Eckstut, 〈Secret Language of Color〉, p.76.

[2] Rijksmuseum, 'William of Orange, Father of the Nation'.

[3] S. R. Friedland 편집, 〈Vegetables: Proceedings of the Oxford Symposium on Food and Cooking 2008〉, Totnes: Prospect, 2009, p.64~p.65.

[4] Eckstut and Eckstut, 〈Secret Language of Color〉, p.75.

[5] E. G. Burrows와 M. Wallace, 〈Gotham: A History of New York City to 1898〉, Oxford University Press, 1999, p.82~p.83.

사프란

[1] Eckstut and Eckstut, 〈Secret Language of Color〉, p.82; D. C. Watts, 〈Dictionary of Plant Lore〉, Burlington, VT: Elsevier, 2007, p.335.

[2] 사프란은 파에야뿐만 아니라 많은 스페인 요리에 중요한 재료다. 하지만 자국 생산만으로는 수요를 감당할 수 없어, 이탈리아에서 많은 양을 수입한다.

[3] Finlay, 〈Colour〉, p.252~p.253.

[4] 위의 책, p.253, p.260.

[5] Eckstut and Eckstut, 〈Secret Language of Color〉, p.79.

[6] William Harrison, 〈Cultural History of Plants(G. Prance 경과 M. Nesbitt 판)〉, London: Routledge, 2005, p.309에서 인용.

[7] 위의 책, p.308.

[8] Watts, 〈Dictionary of Plant Lore〉, p.335.

[9] 〈Cultural History of Plants(Prance와 Nesbitt 판)〉, p.308.

[10] Eckstut and Eckstut, 〈Secret Language of Color〉, p.80, p.82

[11] Finlay, 〈Brilliant History of Colour in Art〉, p.110.

[12] Harley, 〈Artists' Pigments〉, p.96에서 인용.

[13] Bureau of Indian Standards, 'Flag Code of India.' 다음에서 찾아볼 수 있다: www.mahapolice.gov.in/mahapolice/jsp/temp/html/flag_code_of_india.pdf (accessed Nov. 28, 2015).

앰버(호박)

[1] J. Blumberg, 'A Brief History of the Amber Room', Smithsonian.com, 2007년 7월 31일자. 다음에서 찾아볼 수 있다: www.smithsonianmag.com/history/a—brief—history—of—the—amberroom—160940121/(accessed 17 Nov. 2015).

[2] 위의 글.

[3] M. R. Collings, 〈Gemlore: An Introduction to Precious and Semi—Precious Stones〉 2nd edition, Rockville, MD: Borgo Press, 2009, p.19.

[4] M. Gannon, '100—Million—Year—Old Spider Attack Found in Amber', 〈LiveScience〉 2012년 10월 8일자. 다음에서 찾아볼 수 있다: www.livescience.com/23796—spider—attack—found—in—amber.html(accessed Nov. 21, 2015); C. Q. Choi, '230—Million—Year—Old Mite Found in Amber,' 〈LiveScience〉 2012년 8월 27일자. 다음에서 찾아볼 수 있다: www.livescience.com/22725—ancient—mite—trapped—amber.html(accessed Nov. 21, 2015).

[5] T. Follett, 'Amber in Goldworking', 〈Archaeology〉 Vol.32 No.2(1985년 3·4월), p.64.

[6] 〈Ovid and the Renaissance Body(G. V. Stanivukovic 판)〉, University of Toronto Press, 2001, p.87.

진저

[1] Colliss Harvey, 〈Red〉, p.1~p.2, p.15.

[2] Norris, 〈Tudor Costume and Fashion〉, p.162에서 인용.

[3] C. Zimmer, 'Bones Give Peek into the Lives of Neanderthals', 〈뉴욕 타임스〉 2010년 12월 20일자. 다음에서 확인 가능하다: www.nytimes.com/2010/12/21/science/21neanderthal.html

[4] 위의 글.

미니엄

[1] T. F. Mathews와 A. Taylor, 〈The Armenian Gospels of Gladzor: The Life of Christ Illuminated〉, Los Angeles, CA: Getty Publications, 2001, p.13~p.14.

[2] 같은 책, 19쪽. 얼굴 채색의 방식이 각각 달라, 우리는 적어도 세 명의 화가가 참여했다는 걸 알 수 있다. 한 명은 프림로즈 옐로 바탕에 녹색과 흰색의 미세한 선으로 세부사항을 더했다. 두 번째 화가 칙칙한 올리브 바탕에 흰색과 페일 핑크를 더했으며, 세 번째는 녹색 바탕으로 시작해 갈색, 흰색, 빨간색으로 특징을 살렸다.

[3] D. V. Thompson, 〈The Materials and Techniques of Medieval Painting〉 첫 번째 개정판, New York: Dover Publications, 1956, p.102.

[4] M. Clarke, 'Anglo Saxon Manuscript Pigments', 〈Studies in Conservation〉 Vol.49 No.4(2004), p.239.

[5] F. Delamare와 B. Guineau, 〈Colour: Making and Using Dyes and Pigments〉, London: Thames & Hudson, 2000, p.140에서 인용.

[6] Thompson, 〈Materials and Techniques of Medieval Painting〉, p.101.

[7] C. Warren, 〈Brush with Death〉, p.20; Schafer, 'The Early History of Lead Pigments and Cosmetics in China', 〈T'oung Pao〉 Vol.44 No.4(1956), p.426.

[8] Field, 〈Chromatography〉, p.95.

누드

[1] H. Alexander, 'Michelle Obama: The 'Nude' Debate', 〈텔레그래프〉 2010년 5월 19일자.

[2] D. Stewart, 'Why a 'Nude' Dress Should Really be 'Champagne' or 'Peach'', 〈Jezebel〉 2010년 5월 17일자.

[3] Eiseman과 Cutler, 〈Pantone on Fashion〉, p.20.

[4] 참조: http://humanae.tumblr.com/.

[5] 크레욜라는 어쩌다 보니 시대를 앞서 나갔다. '살색' 크레용은 1962년 '복숭아'로 이름을 바꾸었다. 인종 분리 정책을 실시했던 미시시피 주립 대학에 입학한 첫 흑인 학생인 제임스 메러디스를 보호하기 위해 케네디 대통령이 병력을 파견한 바로 그해다.

핑크 계열

[1] 'Finery for Infants', 〈뉴욕 타임스〉 1893년 7월 23일자.

[2] J. Maglaty, 'When Did Girls Start Wearing Pink?,' Smithsonian.com (2011년 4월 7일자)에서 인용. 다음에서 찾아볼 수 있다: www.smithsonianmag.com/arts—culture/when—did—girls—start—wearing—pink—1370097/(accessed Oct. 28, 2015).

[3] Ball, 〈Bright Earth〉, p.157.

[4] 1957년 영화 〈파리의 연인〉에서 브릴랜드를 바탕으로 설정한 등장인물이 '싱크 핑크(Think Pink)!'라는 5분짜리 춤과 노래를 선보인다. 시사회에서 이 장면을 본 브릴랜드는 부하 직원에게 '입도 뻥긋할 생각 말라'고 투덜거렸다고 전해진다.

[5] M. Ryzik, 'The Guerrilla Girls, After 3 Decades, Still Rattling Art World Cages', 〈뉴욕 타임스〉 2015년 8월 5일자.

[6] 'The Pink Tax', 〈뉴욕 타임스〉 2014년 11월 14일자에서 인용.

베이커 밀러 핑크

[1] A. G. Schauss, 'Tranquilising Effect of ColourReduces Aggressive Behaviour and Potential Violence', 〈Orthomolecular Psychiatry〉 Vol.8 No.4(1979), p.218.

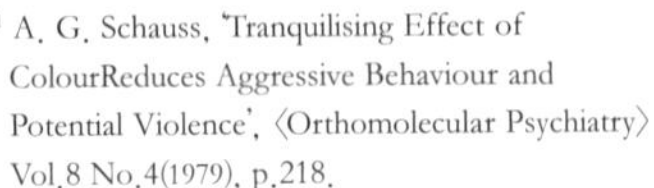

2 J. E. Gilliam과 D. Unruh, 'The Effects of Baker—Miller Pink on Biological, Physical and Cognitive Behaviour', 〈Journal of Orthomolecular Medicine〉 Vol.3 No.4(1988), p.202.

3 Schauss, 'Tranquilising Effect of Colour', p.219.

4 위의 책, 그의 괄호에서 인용.

5 A. L. Alter, 〈Drunk Tank Pink, and other Unexpected Forces that Shape how we Think, Feel and Behave〉, London: Oneworld, 2013, p.3.

6 Gilliam and Unruh, 'Effects of Baker—Miller Pink'; 또 다른 예로 T. Cassidy, 〈Environmental Psychology: Behavior and Experience in Context〉, Hove: Routledge Psychology Press, 1997, p.84 등을 참조할 것.

7 Cassidy, 〈Environmental Psychology〉, p.84.

마운트바텐 핑크

1 Lord Zuckerman, 'Earl Mountbatten of Burma, 25 June 1900—27 August 1979', 〈Biographical Memoirs of Fellows of the Royal Society〉 Vol.27 (1981년 11월), p.358.

2 A. Raven, 'The Development of Naval Camouflage 1914—1945' Part III. 여기에서 볼 수 있다: www.shipcamouflage.com/3_2.htm (accessed 26 Oct. 2015).

퓨스

1 H. Jackson, 'Colour Determination in the Fashion Trades', 〈Journal of the Royal Society of the Arts〉 Vol.78 No.4034(1930년 3월), p.501.

2 C. Weber, 〈Queen of Fashion: What Marie Antoinette Wore to the Revolution〉, New York: Picador, 2006, p.117.

3 〈Domestic Anecdotes of a French Nation(1800)〉를 인용한 Salisbury의 〈Elephant's Breath and London Smoke〉, p.169.

4 Weber, 〈Queen of Fashion〉, p.117를 인용.

5 〈Georgiana: Extracts from the Correspondence of Georgiana, Duchess of Devonshire(Earl of Bessborough 판)〉, London: John Murray, 1955), p.27를 인용.

6 Weber, 〈Queen of Fashion〉, p.256.

푸시아

1 아마란스, 모브, 매그놀리아, 콘플라워, 골든로드, 헬리오트로프, 라벤더, 바이올렛 등도 꽃에서 이름을 따온 색이다. 영어를 제외한 대부분의 언어에서, 핑크는 장미를 일컫는 단어에서 따왔다.

2 I. Paterson, 〈A Dictionary of Colour: A Lexicon of the Language of Colour〉, London: Thorogood, 2004, p.170.

3 G. Niles, 'Origin of Plant Names', 〈The Plant World〉 Vol.5 No.8(1902년 8월), p.143.

4 M. Allaby, 〈Plants: Food Medicine and Green Earth〉, New York: Facts on File, 2010, p. 39에서 인용.

5 위의 책, p.38~p.41.

쇼킹 핑크

1 〈Winston and Clementine: The Personal Letters of the Churchills(M. Soames 판)〉, Boston, MA: Houghton Mifflin, 1998, p.276.

2 M. Owens, 'Jewellery that Gleams with Wicked Memories', 〈뉴욕 타임스〉 1997년 4월 13일자.

3 Eiseman과 Cutler, 〈Pantone on Fashion〉, p.31.

4 E. Schiaparelli, 〈Shocking Life〉, London: V&A Museum, 2007, p.114.

5 2년 후 3만 6,000파운드 상당의 '테테 드 벨리에르'는 파리 근처 펠로우즈의 집에서 도난당했고, 그 이후로는 보이지 않는다.

6 S. Menkes, 'Celebrating Elsa Schiaparelli', 〈뉴욕 타임스〉 2013년 11월 18일자. 스키아파렐리의 색은 쇼킹 핑크였지만, 그녀는 콜렉션에 다양한 색을 사용했다. '쇼킹' 이후에 발표한 향수도 각각의 색을 짝지어줬으니, 'Zut(빌어먹을)'는 녹색, 'Sleeping'은 파란색, 'Le Roy Soleil(태양의 얼굴)'는 금색이었다.

7 Eiseman과 Cutler, 〈Pantone on Fashion〉, p.31.

플루오레센트 핑크

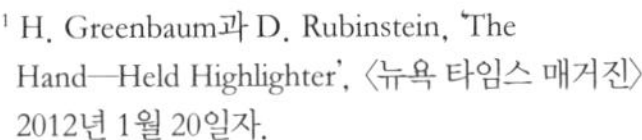

1 H. Greenbaum과 D. Rubinstein, 'The Hand—Held Highlighter', 〈뉴욕 타임스 매거진〉 2012년 1월 20일자.

2 Schwan Stabilo press가 2015년에 발행; Greenbaum과 Rubinstein, 'Hand—Held Highlighter'.

아마란스

1 V. S. Vernon Jones 역, 〈Aesop's Fables〉, Mineola, NY: Dover Publications, 2009, p.188.

2 G. Nagy, 〈The Ancient Greek Hero in 24 Hours〉, Cambridge, MA Belknap, 2013, p.408.

3 J. E. Brody, 'Ancient, Forgotten Plant now 'Grain of the Future'', 〈뉴욕 타임스〉 1984년 10월 16일자.

4 Brachfeld와 Choate, 〈Eat Your Food!〉, p.199.

5 Brody, 'Ancient, Forgotten Plant Now 'Grain of the Future''.

6 위의 글.

7 〈Cambridge World History of Food(Kiple과 Ornelas 판)〉, p.75.

8 Salisbury, 〈Elephant's Breath and London Smoke〉, p.7에서 인용.

빨강 계열

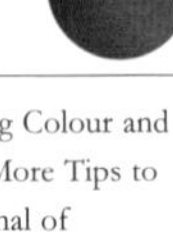

1 N. Guéguen and C. Jacob, 'Clothing Colour and Tipping: Gentlemen Patrons Give More Tips to Waitresses with Red Clothes', 〈Journal of Hospitality & Tourism Research〉, Sage Publications/Science Daily에서 인용했다. 여기에서 확인할 수 있다: www.sciencedaily.com/releases/2012/08/120802111454.htm(accessed 20 Sept. 2015).

2 A. J. Elliot과 M. A. Maier, 'Colour and Psychological Functioning', 〈Journal of Experimental Psychology〉 Vol.136 No.1 (2007), p.251~p.252.

3 R. Hill, 'Red Advantage in Sport', 여기에서 확인 가능하다: https://community.dur.ac.uk/r.a.hill/red_advantage.htm (accessed 20 Sept. 2015).

4 위의 글.

5 M. Pastoureau 저, M. I. Cruse 역, 〈Blue: The History of a Colour〉, Princeton University Press, 2000, p.15.

6 E. Phipps, 'Cochineal Red: The Art History of a Colour', 〈Metropolitan Museum of Art Bulletin〉 Vol.67 No.3 (2010년 겨울), p.5.

7 M. Dusenbury, 'Introduction', 〈Colour in Ancient and Medieval East Asia〉, p.12~p.13.

8 Phipps, 'Cochineal Red', p.22.

9 위의 글, p.14, p.23~p.24.

10 Pastoureau, 〈Blue〉, p.94.

11 P. Gootenberg, 〈Andean Cocaine: The Making of a Global Drug〉, Chapel Hill, NC: University of North Carolina Press, 2008, p.198.

스칼렛

1 연지벌레로 염색한 옷감은 종종 '스칼렛 알갱이(grain)'로 염색했다고 불렸는데, 후에 '깊이 배어든'이라는 뜻의 단어 'ingrain'의 어원이 되었다.

2 A. B. Greenfield, 〈A Perfect Red: Empire, Espionage and the Quest for the Colour of Desire〉, London: Black Swan, 2006, p.42.

3 Gage, 〈Colour and Meaning〉, p.111.

4 Greenfield, 〈Perfect Red〉, p.108.

5 Phipps, 'Cochineal Red', p.26.

6 G. Summer와 R. D'Amato, 〈Arms and Armour of the Imperial Roman Soldier〉, Barnsley: Frontline Books, 2009, p.218.

7 Greenfield, 〈Perfect Red〉, p.183.

8 위의 책, p.181.

9 E. Bemiss, 〈Dyers Companion〉, p186.

10 Field, 〈Chromatography〉, p.89.

11 Salisbury, 〈Elephant's Breath and London Smoke〉, p.191에서 인용.

코치닐

[1] Finlay, 〈Colour〉, p.153.

[2] Phipps, 'Cochineal Red', p.10.

[3] R. L. Lee 'Cochineal Production and Trade in New Spain to 1600', 〈The Americas〉 Vol.4 No.4 (1948년 4월), p.451.

[4] Phipps, 'Cochineal Red', p.12.

[5] 위의 책, p.24~p.26에서 인용.

[6] 위의 책, p.27.

[7] Finlay, 〈Colour〉, p.169.

[8] Phipps, 'Cochineal Red', p.27~p.40.

[9] 위의 책, p.37.

[10] Finlay, 〈Colour〉, p.165~p.176.

버밀리언

[1] Bucklow, 〈Alchemy of Paint〉, p.87; R. J. Gettens 외, 'Vermilion and Cinnabar', 〈Studies in Conservation〉 Vol.17 No.2 (1972년 5월), p.45~p.47.

[2] Thompson, 〈Materials and Techniques of Medieval Painting〉, p.106. 로마 화폐의 환산은 어렵기로 악명 높다. 1세스테르티우스의 환율만 해도 50센트~50달러라 추산한다. 다소 인색하게 1세스테르티우스=10달러라고 계산하더라도 플리니우스 시대에 시나바 1파운드는 70달러였다.

[3] Ball, 〈Bright Earth〉, p.86.

[4] Bucklow, 〈Alchemy of Paint〉, p.77.

[5] Thompson, 〈Materials and Techniques of Medieval Painting〉, p.106.

[6] 위의 책, p.60~p.61, p.108.

[7] Gettens 외, 'Vermilion and Cinnabar', p.49.

[8] Thompson, 〈Materials and Techniques of Medieval Painting〉, p.30.

[9] 재료에 완고하기로 유명했던 르누아르가 걸림돌이었다. 1904년경 마티스가 버밀리언 대신 카드뮴 레드를 쓰도록 르누아르를 설득해 보았지만 그는 공짜로 준 견본 물감마저 써보기를 거부했다.

[10] Ball, 〈Bright Earth〉, p.23에서 인용.

로스 코르사

[1] L. Barzini 저, L. P. de Castelvecchio 역, 〈Pekin to Paris: An Account of Prince Borghese's Journey Across Two Continents in a Motor—Car〉, London: E. Grant Richards, 1907, p.11에서 인용.

[2] 위의 책, p.26.

[3] 위의 책, p.40.

[4] 위의 책, p.58, p.396, p.569.

[5] 보르게제의 차는 토리노의 자동차 박물관에 아직도 전시되어 있다. 하지만 날렵한 빨간 자동차를 기대한다면 실망할 것이다. 미국의 자동차 쇼에 전시된 뒤 제노바의 선창에 빠져서 칙칙한 회색이 되어버렸다. 녹이 스는 걸 막고자 당장 구할 수 있었던 배틀십 그레이 몇 깡통으로 급하게 칠해버린 탓이었다.

헤머타이트

[1] Phipps, 'Cochineal Red', p.5.

[2] E. Photos—Jones 외, 'Kean Miltos: The Well—Known Iron Oxides of Antiquity', 〈Annual of the British School of Athens〉 Vol.92 (1997), p.360.

[3] E. E. Wreschner, 'Red Ochre and Human Evolution: A Case for Discussion', 〈Current Anthropology〉 Vol.21 No.5 (1980년 10월), p.631.

[4] 위의 글.

[5] Phipps, 'Cochineal Red', p.5; G. Lai, 'Colours and Colour Symbolism in Early Chinese Ritual Art', 〈Colour in Ancient and Medieval East Asia(Dusenbury 판)〉, p.27.

[6] Dusenbury, 'Introduction', 〈Colour in Ancient and Medieval East Asia〉, p.12.

[7] Photos—Jones 외, 'Kean Miltos', p.359.

매더

[1] W. H. Perkin, 'The History of Alizarin and Allied Colouring Matters, and their Production from Coal Tar, from a Lecture Delivered May 8th', 〈Journal for the Society for Arts〉 Vol.27 No.1384 (1879년 5월), p.573.

[2] G. C. H. Derksen과 T. A. Van Beek, 'Rubia Tinctorum L.', 〈Studies in Natural Products Chemistry〉 Vol.26 (2002), p.632.

[3] J. Wouters et al., The Identification of Haematite as a Red Colourant on an Egyptian Textile from the Second Millennium BC', 〈Studies in Conservation〉 Vol.35 No.2 (1990년 5월), p.89.

[4] Delamare와 Guineau, 〈Colour〉, p.24, p.44.

[5] Field, 〈Chromatography〉, p.97~p.98.

[6] Finlay, 〈Colour〉, p.207.

[7] Perkin, 'History of Alizarin and Allied Colouring Matters', p.573.

[8] Finlay, 〈Colour〉, p.208~p.209.

드래곤스 블러드

[1] Bucklow, 〈Alchemy of Paint〉, p.155; W.Winstanley, 〈The Flying Serpent, or: Strange News out of Essex〉, London, 1669. 여기에서 확인 가능하다: www.henham.org/FlyingSerpent (accessed 19 Sept. 2015).

[2] Ball, 〈Bright Earth〉, p.76.

[2] Bucklow, 〈Alchemy of Paint〉, p.142, p.161.

[4] Ball, 〈Bright Earth〉, p.77.

[5] Field, 〈Chromatography〉, p.97.

자주 계열

[1] Ball, 〈Bright Earth〉, p.223.

[2] Gage, 〈Colour and Culture〉, p.16, p.25.

[3] Gage, 〈Colour and Culture〉, p.25에서 인용.

[4] Eckstut and Eckstut, 〈Secret Language of Colour〉, p.224에서 인용.

[5] J. M. Stanlaw, 'Japanese Colour Terms, from 400 CE to the Present', 〈Anthropology of Colour (R. E. MacLaury, G. Paramei 그리고 D. Dedrick 편)〉, New York: John Benjamins, 2007, p.311.

[6] Finlay, 〈Colour〉, p.422.

[7] S. Garfield, 〈Mauve: How One Man Invented a Colour that Changed the World〉, London: Faber & Faber, 2000, p.52.

티리안 퍼플

[1] Finlay, 〈Colour〉, p.402.

[2] Ball, 〈Bright Earth〉, p.225.

[3] Eckstut and Eckstut, 〈Secret Language of Colour〉, p.223.

[4] Gage, 〈Colour and Culture〉, p.16.

[5] Ball, 〈Bright Earth〉, p.255.

[6] Finlay, 〈Colour〉, p.403.

[7] Gage, 〈Colour and Culture〉, p.25.

[8] 위의 책.

[9] Finlay, 〈Colour〉, p.404.

[10] Ball, 〈Bright Earth〉, p.226.

아칠

[1] E. Bolton, 〈Lichens for Vegetable Dyeing〉, McMinnville, OR: Robin & Russ, 1991, p.12.

[2] 위의 책, p. 9; J. Pereina, 〈The Elements of Materia, Medica and Therapeutics〉 Vol.2, Philadelphia, PA: Blanchard & Lea, 1854, p.74.

[3] Pereina, 〈Elements of Materia〉, Medica and Therapeutics, p.72.

[4] J. Edmonds, 〈Medieval Textile Dyeing〉, Lulu.com, 2012, p.39.

[5] 위의 책.

[6] 그리고 때로는 그다지 멀지 않은 곳에서도 이끼를 수급했다. 1758년, 커스버트 고든 박사가 스코틀랜드에서 발견된 좀 다른 이끼로 아칠 류의 염료를 생산하기 시작했다. 그는 이끼에 '커드베어(cudbear)'라는 이름을 붙였는데, 이는 자신의 이름 철자를 조금 바꾼 것이었다.

[7] Edmonds, 〈Medieval Textile Dyeing〉, p.40~p.41에서 인용.

[8] Bolton, 〈Lichens for Vegetable Dyeing〉, p.28.

마젠타

[1] Ball, 〈Bright Earth〉, p.241.

[2] Garfield, 〈Mauve〉, p.79, p.81.

[3] 위의 책, p.78.

모브

[1] Garfield, 〈Mauve〉, p.30~p.31.

[2] 위의 책, p.32.

[3] Ball, 〈Bright Earth〉, p.238.

[4] Finlay, 〈Colour〉, p.391.

[5] Garfield, 〈Mauve〉, p.58.

[6] 위의 책, p.61에서 인용.

[7] Ball, 〈Bright Earth〉, p.240~p.241.

헬리오트로프

[1] N. Groom, 〈The Perfume Handbook〉, Edmunds: Springer—Science, 1992, p.103.

[2] C. Willet—Cunnington, 〈English Women's Clothing in the Nineteenth Century〉, London: Dover, 1937), p.314.

[3] 위의 책, p.377.

[4] 어린 시절의 숙적에 대해서, 그녀는 다음과 같이 말했다. '그는 우리가 동창임을 상기시켜 주었다. 이제 또렷하게 기억한다. 언제나 선행상을 받는 친구였지.' 하지만 나중에 동창에게는 이렇게 이야기했다. '너는 나를 싫어했지. 나도 아주 잘 알고 있을뿐더러 너를 증오했다고.' 그리고 여성의 고등교육이라는 성가신 사안에 대해서는 '남성에게 고등교육이 필요해요. 남성은 정말 간절하게 교육을 좀 받아야 합니다'라고 말했다.

바이올렛

[1] O. Reutersvärd, 'The 'Violettomania' of the Impressionists', 〈Journal of Aesthetics and Art Criticism〉 Vol.9 No.2 (1950년 12월), p.107에서 인용.

[2] 위의 책, p.107~p.108에서 인용.

[3] Ball, 〈Bright Earth〉, p.207에서 인용.

파랑 계열

[1] R. Blau, 'The Light Therapeutic', 〈Intelligent Life〉 2014년 5·6월호.

[2] 2015 National Sleep Foundation poll, 다음을 참조: https://sleepfoundation.org/media—center/press—release/2015—sleep—america—poll; Blau, 'Light Therapeutic.'

[3] Pastoureau, 〈Blue〉, p.27.

[4] M. Pastoureau 저, J. Gladding 역, 〈Green: The History of a Colour〉, Princeton University Press, 2014, p.39에 따르면 흰색은 32%을 기록했다; 빨간색 28%; 검정색 14%; 금색 10%; 보라색 6%; 녹색 5%.

[5] M. Pastoureau, 〈Blue〉, p.50.

[6] 문장학(紋章學)은 별도의 색 명칭 또는 'tinctures' 체계를 지닌다. 기본은 'or(금/노란색)', 'argent(은/흰색)', 'gules(빨간색)', 'azure(파란색)', 'purpure(자주색)', 'sable(검정색)', 'vert (녹색)'이다.

[7] Pastoureau, 〈Blue〉, p.60. 남성의 색으로 조금 더 인기를 누리지만 여성도 다른 색보다 파란색을 많이 고른다. 핑크는 여성에게 있어 빨간색이나 자주색, 녹색보다 더 인기를 끌지는 않는다.

[8] 2015년 YouGov 조사 참조: 2015 YouGov Survey; https://yougov.co.uk/news/2015/05/12/blue—worlds—favourite—color.

울트라마린

[1] K. Clarke, 'Reporters see Wrecked Buddhas', BBC News 2001년 3월 26일자. 확인 가능한 링크: http://news.bbc.co.uk/1/hi/world/south_asia/1242856.stm(accessed on 10 Jan. 2016).

[2] Cennini, 〈Craftsman's Handbook〉 Vol.2, p.36.

[3] Ball, 〈Bright Earth〉, p.267에서 인용.

[4] Cennini, 〈Craftsman's Handbook〉, p.38.

[5] M. C. Gaetani 외, 'The Use of Egyptian Blueand Lapis Lazuli in the Middle Ages: The Wall Paintings of the San Saba Church in Rome', 〈Studies in Conservation〉 Vol.49 No.1 (2004), p.14.

[6] Gage, 〈Colour and Culture〉, p.271.

[7] 위의 책, p.131.

[8] 특히 남부 유럽에서 이런 현상이 일반적이었다. 북부 유럽, 그중에서도 울트라마린이 귀했던 네덜란드에서는 스칼렛 염료가 부와 신분의 압도적인 상징이었다. 동정녀 마리아도 종종 빨간색 옷차림으로 그려졌다.

[9] Gage, 〈Colour and Culture〉, p.129~p.130.

[10] 비슷한 경연이 1817년 왕립예술대학교에서도 벌어졌지만, 상금이 훨씬 적었고 아무도 성공하지 못했다.

[11] Ball, 〈Bright Earth〉, p.276~p.277.

코발트

[1] E. Morris, 'Bamboozling Ourselves (Part 1),' 〈뉴욕 타임스〉 2009년 5·6호. 다음을 참조: http://morris.blogs.nytimes.com/category/bamboozling—ourselves/(accessed Jan. 1, 2016).

[2] T. Rousseau, 'The Stylistic Detection of Forgeries', 〈Metropolitan Museum of Art Bulletin〉 Vol.27 No.6, p.277, p.252.

[3] Finlay, 〈Brilliant History of Colour in Art〉, p.57.

[4] Ball, 〈Bright Earth〉, p.178.

[5] Harley, 〈Artists' Pigments〉, p.53~p.54.

[6] Field, 〈Chromatography〉, p.110~p.111

[7] E. Morris, 'Bamboozling Ourselves(Part 3)'.

인디고

[1] 농장에서 인디고를 재배한 이유에 대한 학설은 여러 갈래다. 자연 살충제였다는 설이 있는 한편, 쓴맛 덕분에 초식동물이 먹어치워서 황폐하게 만드는 일이 없어 재배했다는 주장도 있다.

[2] 초기 약초학자인 존 파킨슨은 인디고의 깍지를 좋아하지 않았다. 그는 1640년, '인디고는 아래로 대롱대롱 매달린 게 벌레처럼 생겨서 엉덩이벌레(arseworme)라 일컫는다. 통통한데 까만 씨가 가득 들어차 있다'고 말했다. J. Balfour—Paul, 〈Indigo: Egyptian Mummies to Blue Jeans〉, London: British Museum Press, 2000, p.92.에서 인용.

[3] 몇몇 문화권에서는 인디고의 흉작을 여성의 탓으로 돌렸다. 고대 이집트에서는 생리중인 여성이 밭 근처에 가면 농사를 망친다고 믿었다. 중국의 한 성에서는 머리에 꽃을 단 여성은 발효 중인 인디고 단지에 가까이 갈 수 없었다.

[4] Balfour—Paul, 〈Indigo〉, p.64, p.99.

[5] 인디고 덩어리가 너무 단단했으므로 많은 고전 작가, 그리고 현대 초기의 작가들마저 인디고가 광물, 특히 준귀금속인 라피스 라줄리(청금석)일 거라고 생각했다. Delamare와 Guineau, 〈Colour〉, p.95.

[6] Balfour—Paul, 〈Indigo〉, p.5.

[7] Pastoureau, 〈Blue〉, p.125.

[8] Balfour—Paul, 〈Indigo〉, p.7, p.13.

[9] Eckstut and Eckstut, 〈Secret Language of Colour〉, p.187.

[10] Balfour—Paul, 〈Indigo〉, p.23.

[11] 위의 책, p.28, p.46.

12 위의 책, p.44~p.45, p.63.

13 Delamare와 Guineau, 〈Colour〉, p.92.

14 Balfour—Paul, 〈Indigo〉, p.5.

15 '진(Jean)'이라는 단어는 'bleu de Gênes', 즉 선원의 제복에 쓴 싸구려 인디고 염료인 제노바 블루에서 나왔다고 여겨진다.

16 Just Style, 'Just—Style Global Market Review of Denim and Jeanswear— Forecasts to 2018' 2012년 11월. 다음을 참조: www.just—style.com/store/samples/Global%20Market%20for%20for%20Denim%20and%20Jeanswear%2Single_brochure.pdf (accessed Jan. 3, 2016), p.1.

프러시안 블루

1 Ball, 〈Bright Earth〉, p.273; Delamare와 Guineau, 〈Colour〉, p.76.

2 Ball, 〈Bright Earth〉, p.272~p.273.

3 Field, 〈Chromatography〉, p.112.

4 우드우드는 카스파르 노이만이라는 독일 남자로부터 귀띔을 받았다. 노이만은 영국 학술원의 채무자로 환심을 다시 사고 싶어 하는 사람이었던 것 같다. 우드우드는 1723년 11월 17일, 라이프치히에서 라틴어로 쓴 제조법을 서신으로 보냈다. 덕분에 망한 디펠은 스칸디나비아로 도주해 스웨덴 왕 프레데릭 1세의 주치의가 되었으나, 이후 추방당해서 덴마크에서 수감 생활을 했다. A. Kraft, 'On Two Letters from Caspar Neumann to John Woodward Revealing the Secret Method for Preparation of Prussian Blue', 〈Bulletin of the History of Chemistry〉 Vol.34 No.2 (2009), p.135.

5 Ball, 〈Bright Earth〉, p.275에서 인용.

6 Finlay, 〈Colour〉, p.346~p.347.

7 Eckstut and Eckstut, 〈Secret Language of Colour〉, p.187.

8 Ball, 〈Bright Earth〉, p.274에서 인용.

이집션 블루

1 Lucas and Harris, 〈Ancient Egyptian Materials and Industries〉, p.170.

2 Delamare와 Guineau, 〈Colour〉, p.20; Lucas와 Harris, 〈Ancient Egyptian materials and Industries〉, p.188; V. Daniels 외, 'The Blackening of Paint Containing Egyptian Blue', 〈Studies in Conservation〉 Vol.49 No.4 (2004), p.219.

3 Delamare와 Guineau, 〈Colour〉, p.20.

4 Daniels 외, 'Blackening of Paint Containing Egyptian Blue', p.217.

5 M. C. Gaetani 외, 'Use of Egyptian Blue and Lapis Lazuli in the Middle Ages', p.13.

6 위의 글, p.19.

7 하지만 울트라마린과 이집션 블루는 생각했던 것보다 더 오랫동안 함께 쓰였던 것 같다. 18세기 로마 교회의 벽화에서 두 안료가 섞인 채로 발견되었다.

우드

1 J. Edmonds, 〈The History of Woad and the Medieval Woad Vat〉, Lulu.com, 2006, p.40.

2 위의 책, p.13; Delamare와 Guineau, 〈Colour〉, p.44.

3 Delamare와 Guineau, 〈Colour〉, p.44.

4 Balfour—Paul, 〈Indigo〉, p.30에서 인용.

5 Pastoureau, 〈Blue〉, p.63.

6 위의 책, p.64.

7 Balfour—Paul, 〈Indigo〉, p.34에서 인용.

8 Pastoureau, 〈Blue〉, p.125.

9 Edmonds, 〈History of Woad〉, p.38~p.39에서 인용.

10 Pastoureau, 〈Blue〉, p.130;Balfour—Paul, 〈Indigo〉, p.56~p.57.

일렉트릭 블루

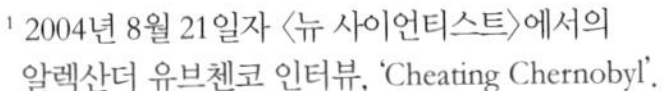

1 2004년 8월 21일자 〈뉴 사이언티스트〉에서의 알렉산더 유브첸코 인터뷰, 'Cheating Chernobyl'.

2 M. Lallanilla, 'Chernobyl: Facts About the Nuclear Disaster', 〈LiveScience〉 2013년 9월 25일자. 다음에서 확인할 수 있다: www.livescience.com/39961—chernobyl.html (accessed 30 Dec. 2015).

3 몇 시간 뒤, 유브첸코는 방사선 노출로 인한 질환에 따른 마비 증세로 지역 병원에 입원했다. 그가 자리를 지키는 사이 발전소 동료 근무자의 죽음을 목도했다. 그는 몇 안 되는 생존자다.

4 〈뉴 사이언티스트〉에서의 알렉산더 유브첸코 인터뷰, 'Cheating Chernobyl'.

5 Salisbury, 〈Elephant's Breath and London Smoke〉, p.75에서 인용.

세룰리안

1 S. Heller, 'Oliver Lincoln Lundquist, Designer, is Dead at 92', 〈뉴욕 타임스〉 2009년 1월 3일자.

2 1999년 Pantone의 보도자료: www.pantone.com/pages/pantone/pantone.aspx?pg=20194&ca=10.

3 Ball, 〈Bright Earth〉, p.179. 염료의 이름은 후기 로마 작가들이 지중해를 묘사할 때 쓴 단어인 케룰레우스에서 따왔다.

4 위의 책.

5 Brassaï 저, J. M. Todd 역, 〈Conversations with Picasso〉, University of Chicago Press, 1999, p.117.

초록 계열

1 Finlay, 〈Colour〉, p.285~p.286.

2 Pastoureau, 〈Green〉, p.20~p.24.

3 Eckstut and Eckstut, 〈Secret Language of Colour〉, p.146~p.147.

4 Pastoureau, 〈Green〉, p.65.

5 Ball, 〈Bright Earth〉, p.73~p.74.

6 위의 책, p.14~p.15.

7 Pastoureau, 〈Green〉, p.42에서 인용.

8 위의 책, p.116.

9 Ball, 〈Bright Earth〉, p.158에서 인용.

10 Pastoureau, 〈Green〉, p.159.

11 위의 책, p.200.

버디그리

1 P. Conrad, 'Girl in a Green Gown: The History and Mystery of the Arnolfini Portrait by Carola Hicks,' 〈가디언〉 2011년 10월 16일자. 초상화 자체의 이력도 만만치 않다. 원래 16세기 합스부르크가의 일원인 스페인의 필리프 2세 소유였는데, 후손인 카를로스 3세는 왕가의 화장실에 걸어놓았다. 이 초상화는 나폴레옹과 히틀러가 탐을 냈으며, 제2차 세계대전 기간 동안 웨일스 지방의 스노도니아 블라이나이 페스티니오그의 점판암 광산에 있는 국립 미술관의 일급비밀 수장고에 보관되어 있었다. 이후 독일 공군의 공습에 런던 국립 미술관이 직격을 당했으니, 다행스러운 일이었다.

2 C. Hicks, 〈Girl in a Green Gown: The History and Mystery of the Arnolfini Portrait〉, London: Vintage, 2012, p.30~p.32.

3 Pastoureau, 〈Green〉, p.112, p.117.

4 녹색 광물인 공작석 또한 탄산구리로 형성된다.

5 Eckstut and Eckstut, 〈Secret Language of Colour〉, p.152.

6 Ball, 〈Bright Earth〉, p.113.

7 Delamare와 Guineau, 〈Colour〉, p.140.

8 Cennini, 〈Craftsman's Handbook〉, p.33.

9 Ball, 〈Bright Earth〉, p.299.

10 Pastoureau, 〈Green〉, p.190에서 인용.

11 이 혼합물은 종종 구리 수지산염이라고 불리는데, 이것은 버디그리와 수지로 만든 광범위한 혼합물의 포괄적인 용어다.

압생트

[1] M. Corelli이 서문을 쓴 K. MacLeod의 〈Wormwood: A Drama of Paris〉, New York: Broadview, 2004, p.44.

[2] P. E. Prestwich, 'Temperance in France: The Curious Case of Absinth [sic]', 〈Historical Reflections〉 Vol.6 No.2 (1979년 겨울), p.302.

[3] 위의 글, p.301~p.302.

[4] 'Absinthe', 〈더 타임스〉 1868년 5월 4일자.

[5] 'Absinthe and Alcohol', 〈Pall Mall Gazette〉 1869년 3월 1일자.

[6] Prestwich, 'Temperance in France', p.305.

[7] F. Swigonsky, 'Why Was Absinthe Banned for 100 Years?,' 2013년 6월 22일 Mic.com. 다음을 참조: http://mic.com/articles/50301/why—was—absinthe—banned—for—100—years—a—mystery—as—murky—as—the—liquor—itself#. NXpx3nWbh (accessed Jan. 8, 2016).

에메랄드

[1] 탐욕—녹색, 시기와 질투—노란색, 교만과 탐색—빨간색, 분노—검정색, 나태—파란색 또는 흰색. Pastoureau, 〈Green〉, p.121.

[2] 위의 책, p.30, p.56.

[3] B. Bornell, 'The Long, Strange Saga of the 180,000—carat Emerald: The Bahia Emerald's twist—filled History', 〈Bloomberg Businessweek〉 2015년 3월 6일자.

켈리 그린

[1] 색의 이름을 따온 켈리는 흔한 아일랜드의 성인데, 어원을 둘러싸고 의견이 많이 갈린다. 원래 용사를 의미한다는 의견도 있고, 신앙심이 독실한 사람을 의미한다고 믿는 이도 있다.

[2] 전체 텍스트는 www.confessio.ie에서 볼 수 있다.

[3] A. O'Day, 〈Reactions to Irish Nationalism 1865—1914〉, London: Hambledon Press, 1987, p.5.

[4] Pastoureau, 〈Green〉, p.174~p.175.

[5] O'Day, 〈Reactions to Irish Nationalism〉, p.3.

셸레 그린

[1] Ball, 〈Bright Earth〉, p.173.

[2] 위의 책.

[3] P. W. J. Bartrip, 'How Green was my Valence? Environmental Arsenic Poisoning and the Victorian Domestic Ideal', 〈The English Historical Review〉 Vol.109 No.433 (1994년 9월), p.895.

[4] 'The Use of Arsenic as a Colour', 〈더 타임스〉 1863년 9월 4일자.

[5] Bartrip, 'How Green was my Valence?', p.896, p.902.

[6] G. O. Rees, 〈더 타임스〉에 보낸 편지(1877년 6월 16일).

[7] Harley, 〈Artists' Pigments〉, p.75~p.76.

[8] Pastoureau, 〈Green〉, p.184에서 인용.

[9] Bartrip, 'How Green was my Valence?', p.900.

[10] W. J. Broad, 'Hair Analysis Deflates Napoleon Poisoning Theories', 〈뉴욕 타임스〉 2008년 6월 10일자.

테르 베르테

[1] Eastaugh 외, 〈Pigment Compendium〉, p.180.

[2] Field, 〈Chromatography〉, p.129.

[3] Delamare와 Guineau, 〈Colour〉, p.17~p.18.

[4] Cennini, 〈Craftsman's Handbook〉, p.67.

[5] 위의 책, p.93~p.94.

[6] 위의 책, p.27.

아보카도

[1] K. Connolly, 'How US and Europe Differ on Offshore Drilling', BBC(2010년 5월 18일).

[2] Eiseman과 Recker, 〈Pantone〉, p.135, p.144.

[3] Pastoureau, 〈Green〉, p.24.

[4] J. Cartner—Morley, 'The Avocado is Overcado: How #Eatclean Turned it into a Cliché', 〈가디언〉 2015년 10월 5일자.

셀라돈

1 L. A. Gregorio, 'Silvandre's Symposium: The Platonic and the Ambiguous L'Astrée', 〈Renaissance Quarterly〉 Vol.53 No.3 (1999년 가을), p.783.

2 Salisbury, 〈Elephants Breath and London Smoke〉, p.46.

3 S. Lee, 'Goryeo Celadon.' 이곳에서 참고 가능하다; http://www.metmuseum.org/toah/hd/cela/hd_cela.htm (accessed 20 March 2016).

4 위의 글.

5 J. Robinson, 'Ice and Green Clouds: Traditions of Chinese Celadon', 〈Archaeology〉 Vol.40 No.1 (1987년 1·2월) p.56~p.58.

6 Finlay, 〈Colour〉, p. 286.

7 Robinson, 'Ice and Green Clouds: Traditions of Chinese Celadon', p.59; Finlay, 〈Colour〉, p.271에서 인용.

8 Finlay, 〈Colour〉, p. 273.

갈색 계열

1 창세기 3:19.

2 Ball, 〈Bright Earth〉, p.200.

3 Eastaugh 외, 〈Pigment Compendium〉, p.55.

4 M. P. Merrifield, 〈The Art of Fresco Painting in the Middle Ages and Renaissance〉, Mineola, NY: Dover Publications, 2003.

5 OpaPisa 웹사이트의 'Miracles Square'에서 인용. 다음을 참조하라: www.opapisa.it/en/miracles—square/sinopie—museum/the—recovery—of—the—sinopie.html (accessed Oct. 20, 2015).

6 Ball, 〈Bright Earth〉, p.152.

7 제국 전쟁 박물관 Martin Boswell의 개인적인 서류.

카키

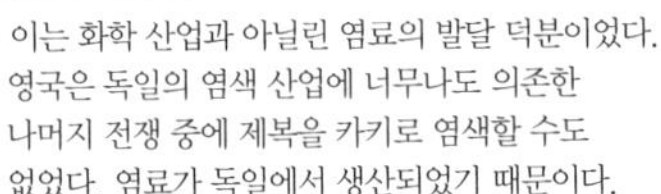

1 이는 화학 산업과 아닐린 염료의 발달 덕분이었다. 영국은 독일의 염색 산업에 너무나도 의존한 나머지 전쟁 중에 제복을 카키로 염색할 수도 없었다. 염료가 독일에서 생산되었기 때문이다.

2 제국 전쟁 박물관의 Richard Slocombe의 개인적인 서류.

3 J. Tynan, 〈British Army Uniform and the First World War: Men in Khaki〉, London: Palgrave Macmillan, 2013, p.1~p.3.

4 William Hodson, second in command of the Guides, 위의 책에서 인용, p.2.

5 제국 전쟁 박물관 Martin Boswell의 개인적인 서류.

6 J. Tynan, 'Why First World War Soldiers Wore Khaki,' 〈World War I Centenary from the University of Oxford〉. 다음을 참조하라: http://ww1centenary.oucs.ox.ac.uk/material/why—first—world—war—soldiers—wore—khaki/ (accessed Oct. 11, 2015). 1914년에는 긴 가죽 장화와 같은 특별한 복식 때문에 장교와 사병의 구분이 쉬웠다. 폴 퍼셀은 〈The Great War and Modern Memory(Oxford University Press, 2013)〉에서 이를 '우스꽝스럽게 잘라 놓은 승마바지'라 묘사했다. 덕분에 쉬운 표적으로 자리 잡아서, 곧 똑같은 제복으로 바꿔 입었다.

7 A. Woollacott, "Khaki Fever' and its Control: Gender, Class, Age and Sexual Morality on the British Homefront in the First World War', 〈Journal of Contemporary History〉 Vol.29 No.2 (1994년 4월), p.325~p.326.

8 뮤직홀의 여왕으로 알려진 마리 로이드는 1915년 공연할 때 인기곡 '카키를 입었군요(Now You've Got Yer Khaki On)'를 자주 불렀다. 카키를 입은 남자가 더 매력적으로 보였다는 방증이다.

버프

1 Salisbury, 〈Elephant's Breath and London Smoke〉, p.36.

2 Norris, 〈Tudor Costume and Fashion〉, p.559, p.652.

3 G. C. Stone, 〈A Glossary of the Construction, Decoration and Use of Arms and Armor in All Countries and in All Times〉, Mineola, NY: Dover Publications, 1999, p.152.

4 〈A Companion to George Washington(E. G. Lengel 판)〉, London: Wiley—Blackwell, 2012에서 인용.

5 이때까지 식민지는 대부분의 직물을 영국에 의존했다. 독립전쟁 당시 미국은 제복을 지속적으로 공급할 수 없었으니, 참전군의 의복 상황은 꾸준히 나빴다. 그러다가 1778년 1월 1일 '육군의 장교 전체를 입힐 수 있는 스칼렛, 블루, 버프 천' 등의 군수물자를 실은 HMS 시메트리호가 포획되어 모두가 기뻐했지만, 곧 직물의 분배를 놓고 불평이 엄청나게 들끓었다.

6 〈The Writings of George Washington from the Original Manuscript Sources, 1745—1799(J. C. Fitzpatrick 판)〉 Vol.7, Washington, DC: Government Printing Office, 1939, p.452~p.453.

7 B. Leaming, 〈Jack Kennedy: The Education of a Statesman〉, New York: W. W. Norton, 2006, p.360.

팔로우

1 P. F. Baum 역, 〈Anglo—Saxon Riddles of the Exeter Book〉, Durham, NC: Duke University Press, 1963, p.5.

2 44번 수수께끼: '사람의 허벅지나 주인의 외투 밑에/ 매달려 있다. 앞에는 구멍이 있다./ 빳빳하고 딱딱하다...' 정답은? 열쇠다.

3 J. I. Young, 'Riddle 15 of the Exeter Book', 〈Review of English Studies〉 Vol.20 No.80 (1944년 10월), p.306.

4 Baum 역, 〈Anglo—Saxon Riddles of the Exeter Book〉, p.26.

5 Maerz와 Paul, 〈Dictionary of Colour〉, p.46~p.47.

6 J. Clutton—Brock · Clutton—Brock, J., 〈A Natural History of Domesticated Mammals〉, Cambridge University Press, 1999, p.203~p.204.

7 Baum 역, 〈Anglo—Saxon Riddles of the Exeter Book〉, p.26~p.27.

8 Young, 'Riddle 15 of the Exeter Book', p.306.

러셋

1 Maerz와 Paul, 〈Dictionary of Colour〉, p.50~p.51.

2 S. K. Silverman, 'The 1363 English Sumptuary Law: A Comparison with Fabric Prices of the Late Fourteenth Century', 오하이오 주립 대학 학위 논문(2011), p.60에서 인용.

3 R. H. Britnell, 〈Growth and Decline in Colchester, 1300—1525〉, Cambridge University Press, 1986, p.55.

4 러셋은 1400년대부터 색을 나타내는 형용사로 쓰여 왔지만 16세기에 이르러서야 회색보다 갈색으로 자리 잡았다. 중세 유럽에서 굉장히 활발히 활동했던 프란체스코 수도회는 러셋 직물을 입는 습성 때문에 회색의 수사라는 별명이 붙었으며, 1611년까지도 '옅은 러셋'은 코트그레이브 불영사전에서 프랑스어 'gris(회색)'로 옮겨졌다.

5 G. D. Ramsay, 'The Distribution of the Cloth Industry in 1561—1562', 〈English Historical Review〉 Vol.57 No.227 (1942년 7월), p.361~p.362, p.366.

6 Britnell, 〈Growth and Decline in Colchester〉, p.56에서 인용.

7 〈The Letters and Speeches of Oliver Cromwell, with Elucidations by Thomas Carlyle(S. C. Lomas 판)〉 Vol.1, New York: G.P. Putnam's Sons, 1904, p.154.

세피아

1 R. T. Hanlon과 J. B. Messenger, 〈Cephalopod Behaviour〉, Cambridge University Press, 1996, p.25.

2 C. Ainsworth Mitchell, 'Inks, from a Lecture Delivered to the Royal Society', 〈Journal of the Royal Society of Arts〉 Vol.70 No.3637 (1922년 8월), p.649.

3 위의 글.

4 M. Martial 저, S. McLean 역, 〈Selected Epigrams〉, Madison, WI: University of Wisconsin Press, 2014, p.15~p.16.

[5] 위의 책, p.11.

[6] C. C. Pines, 'The Story of Ink', 〈American Journal of Police Science〉 Vol.2 No.4 (1931년 7·8월), p.292.

[7] Field, 〈Chromatography〉, p.162~p.163.

엄버

[1] A. Sooke, 'Caravaggio's Nativity: Hunting a Stolen Masterpiece,' BBC.com (2013년 12월 23일). 다음을 참조하라: www.bbc.com/culture/story/20131219—hunting—a—stolen—masterpiece(accessed Oct. 13, 2015); J. Jones, 'The Masterpiece That May Never Be Seen Again,' 〈가디언〉 2008년 12월 22일자. 다음을 참조: www.theguardian.com/artanddesign/2008/dec/22/caravaggio—art—mafia—italy(accessed Oct. 13, 2015).

[2] Ball, 〈Bright Earth〉, p.151~p.152.

[3] Field, 〈Chromatography〉, p.143.

[4] Finlay, 〈Brilliant History of Colour in Art〉, p.8~p.9.

[5] Ball, 〈Bright Earth〉, p.162~p.163.

[6] Jones, 'Masterpiece that may Never be Seen Again.'

[7] '성탄도'는 아직까지 FBI의 미해결 예술 범죄 목록에 남아 있다.

머미(미라)

[1] S. Woodcock, 'Body Colour: The Misuse of Mummy', 〈The Conservator〉 Vol.20 No.1 (1996), p.87.

[2] Lucas와 Harris, 〈Ancient Egyptian Materials and Industries〉, p.303.

[3] 1836년, 지오바니 다나타시는 보전할 만큼 유명하지 않은 테베 총독의 유해가 처한 슬픈 운명을 다음과 같이 서술했다. '영국인 여행자가 테베 총독의 미라를 구입한 뒤, 카이로로 돌아가는 길에 혹 금화라도 들어 있지는 않은가 확인하려 머리를 떼어내 잘라보았지만 원하는 게 나오지 않자 나일강에 던져버렸다. 테베 총독의 유산은 그러한 운명에 처하고야 말았다.'(p.51)

[4] P. McCouat, 'The Life and Death of Mummy Brown', 〈Journal of Art in Society (2013)〉. 이곳에서 참고 가능하다: www.artinsociety.com/the—life—and—death—of—mummy—brown.html(accessed 8 Oct. 2015).

[5] 위의 글.

[6] 위의 글에서 인용.

[7] Woodcock, 'Body Colour', p.89.

[8] G. M. Languri와 J. J. Boon, 'Between Myth and Reality: Mummy Pigment from the Hafkenscheid Collection', 〈Studies in Conservation〉 Vol.50 No.3 (2005), p.162; Woodcock, 'Body Colour', p.90.

[9] Languri와 Boon, 'Between Myth and Reality', p.162.

[10] McCouat, 'Life and Death of Mummy Brown.'

[11] R. White, 'Brown and Black Organic Glazes, Pigments and Paints', 〈National Gallery Technical Bulletin〉 Vol.10(1986), p.59; E. G. Stevens(1904)이 Woodcock, 'Body Colour', p.89에서 인용.

[12] 미라를 약에 쓰는 경우는 진작부터 비판받았다. 1658년, 철학자 토머스 브라운 경은 이를 '절망적인 흡혈귀 짓'이라 규정하고는 '캄비세스 2세(?~기원전 522년)의 시대부터 전해 내려왔을지도 모를 이집트의 미라를 탐욕으로 소비한다. 미라가 재화가 되어버렸다'라는 의견을 밝혔다.

[13] Georgiana Burne—Jones의 일기, Woodcock, 'Body Colour', p.91에서 인용.

[14] McCouat, 'Life and Death of Mummy Brown.'

[15] 'Techniques: The Passing of Mummy Brown', 〈타임〉 1964년 10월 2일자에서 인용. 다음 링크에서 확인할 수 있다: http://content.time.com/time/subscriber/article/0,33009,940544,00.html (accessed 9 Oct.2015)

토프

[1] 'The British Standard Colour Card', 〈Journal of the Royal Society of Arts〉 Vol.82 No.4232 (1933년 12월), p.202.

[2] 색의 체계적인 조직 및 도표화는 지난한 과정이었으며, 이는 뉴턴의 〈광학(1704)〉에서 볼 수 있는 첫 색상환부터 현재까지도 여전히 그러하다. Ball의 〈Bright Earth〉 p.40~p.54에서 자세한 사정을 읽을 수 있다.

[3] Maerz와 Paul, 〈Dictionary of Colour〉, p.5.

[4] 'The British Standard Colour Card', p.201.

[5] Maerz와 Paul, 〈Dictionary of Colour〉, p.183.

검정 계열

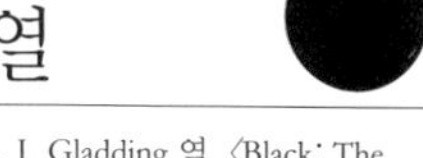

[1] M. Pastoureau 저, J. Gladding 역, 〈Black: The History of a Colour〉, Princeton University Press, 2009, p.12.

[2] Ball, 〈Bright Earth〉, p.206에서 인용.

[3] J. Harvey, 〈Story of Black〉, p.25.

[4] E. Paulicelli, 〈Writing Fashion in Early Modern Italy: From Sprezzatura to Satire〉, Farnham: Ashgate, 2014, p.78에서 인용.

[5] Pastoureau, 〈Black〉, p.26, p.95~p.96.

[6] 위의 책, p.102

[7] L. R. Poos, 〈A Rural Society after the Black Death: Essex 1350—1525〉, Cambridge University Press, 1991, p.21.

[8] Pastoureau, 〈Black〉, p.135.

[9] 검정색은 여전히 대중적인 색이다. 적어도 대부분의 사람들에게는 말이다:1891년 오스카 와일드는 〈데일리 텔레그래프〉에 이 '검정색 유니폼은… 우울하고, 칙칙하고, 울적한 색이다' 라며 불만을 표했다.

[10] S. Holtham and F. Moran, 'Five Ways to Look at Malevich's Black Square', Tate 블로그에서 인용. 이쪽에서 확인 가능하다: www.tate.org.uk/context—comment/articles/five—ways—look—Malevich—Black—Square (accessed 8 Oct. 2015).

콜

[1] T. Whittemore, 'The Sawâma Cemetaries', 〈Journal of Egyptian Archaeology〉 Vol.1 No.4 (1914년 10월), p.246~p.247.

[2] R. Kreston, 'Ophthalmology of the Pharaohs: Antimicrobial Kohl Eyeliner in Ancient Egypt', 2012년 4월 〈Discovery Magazine〉. 여기에서 확인 가능하다: http://blogs.discovermagazine.com/bodyhorrors/2012/04/20/ophthalmology—ofthe—pharaohs/ (accessed 24 Sept. 2015).

[3] 위의 글.

[4] K. Ravilious, 'Cleopatra's Eye Makeup Warded off Infections?', 〈내셔널 지오그래픽 뉴스〉 2010년 1월 15일자. 여기에서 확인 가능하다: http://news.nationalgeographic.com/news/2010/01/100114—cleopatra—eye—makeup—ancientegyptians/ (accessed 24 Sept. 2015); Kreston, 'Ophthalmology of the Pharaohs'.

페인스 그레이

[1] A. Banerji, 〈Writing History in the Soviet Union: Making the Past Work〉, New Delhi: Esha Béteille, 2008, p.161에서 인용.

[2] B. S. Long, 'William Payne: Water—Colour Painter Working 1776—1830', 〈Walker's Quarterly〉 No.6 (1922년 1월). 여기에서 확인 가능하다: https://archive.org/stream/williampaynewate00longuoft, p.3~p.13.

[3] 위의 글에서 인용, p.6~p.8.

옵시디언(흑요석)

[1] 대영 박물관, 'Dr Dee's Mirror', www.britishmuseum.org/explore/highlights/highlight_objects/pe_mla/d/dr_dees_mirror.aspx (accessed 6 Oct. 2015).

[2] J. Harvey, 〈The Story of Black〉, London: Reaktion Books, 2013, p.19.

[3] 대영 박물관, 'Dr Dee's Mirror'.

[4] C. H. Josten, 'An Unknown Chapter in the Life of John Dee', 〈Journal of the Warburg and Courtauld Institutes〉 Vol.28 (1965년), p.249. 디는 비밀 서랍에 감춰두었던 논문 일부를 잃어버렸는데, 그의 사후에 식모가 파이 껍데기를 두르는 데 사용했음이 밝혀졌다. 오븐의 불과 파이 껍데기에 시달리고도 몇 페이지가 살아남았는데, 그중에는 디가 대학살이라 규정한 논문의 소각 그 자체에 대한 소회도 있었다. 이에 대한 내용은 같은 책 p.223~p.257 참조.

[5] Pastoureau, 〈Black〉, p.137~p.139.

[6] J. A. Darling, 'Mass Inhumation and the Execution of Witches in the American Southwest', 〈American Anthropologist〉 Vol.100 No.3 (1998년 9월), p.738; 또한 S. F. Hodgson, 'Obsidian, Sacred Glass from the California Sky', 〈Myth and Geology(Piccardi and Masse 판)〉, p.295~p.314도 참고하라.

[7] R. Gulley, 〈The Encyclopedia of Demons and Demonology〉, New York: Visionary Living, 2009), p.122; 대영 박물관, 'Dr Dee's Mirror'.

잉크

[1] UCL online으로 번역; 참고: ucl.ac.uk/museums—static/digitalegypt/literature/ptahhotep.html

[2] Delamare와 Guineau, 〈Colour〉, p.24~p.25.

[3] 위의 책, p.25.

[4] C. C Pines, 'The Story of Ink', 〈The American Journal of Police Science〉 Vol.2 No.4 (1931년 7·8월), p.291.

[5] Finlay, 〈Colour〉, p.99.

[6] Pastoureau, 〈Black〉, p.117.

[7] Rijksdienst voor het Cultureel Erfgoed, The Iron Gall Ink Website. 여기에서 참고 가능하다: http://irongallink.org/igi_indexc752.html (accessed 29 Sept. 2015), p.102.

[8] Delamare와 Guineau, 〈Colour〉, p.141.

[9] Finlay, 〈Colour〉, p.102.

[10] Bucklow, 〈Alchemy of Paint〉, p.40~p.41.

차콜

[1] P. G. Bahn과 J. Vertut, 〈Journey Through the Ice Age〉, Berkley, CA: University of California Press, 1997, p.22.

[2] M. Rose, "Look, Daddy, Oxen!": The Cave Art of Altamira', 〈Archaeology〉 Vol.53 No.3 (2000년 5·6월), p.68~p.69.

[3] H. Honour와 J. Flemming, 〈A World History of Art〉, London: Laurence King, 2005, p.27; Bahn과 Vertut, 〈Journey through the Ice Age〉, p.17.

[4] Honour와 Flemming, 〈a World History of Art〉, p.27~p.28.

[5] A. Bhatia, 'Why Moths Lost their Spots, and Cats don't like Milk: Tales of Evolution in our Time', 〈Wired〉 2011년 5월.

제트

[1] A. L. Luthi, 〈Sentimental Jewellery: Antique Jewels of Love and Sorrow〉, Gosport: Ashford Colour Press, 2007, p.19.

[2] J. Munby, 'A Figure of Jet from Westmorland', 〈Britannia〉 Vol .6 (1975년), p.217.

[3] Luthi, 〈Sentimental Jewellery〉, p.17.

[4] L. Taylor, 〈Mourning Dress: A Costume and Social History〉, London: Routledge Revivals, 2010, p.129.

[5] 위의 책, p.130에서 인용.

[6] 위의 책, p.129.

멜라닌

[1] 백인 여성들의 피부암 발병률은 위도가 10도씩 감소할 때마다 두 배로 늘어나는 것으로 추산된다.

[2] R. Kittles, 'Nature, Origin, and Variation of Human Pigmentation', 〈Journal of Black Studies〉 Vol.26 No.1 (1995년 9월), p.40.

[3] Harvey, 〈Story of Black〉, p.20~p.21.

[4] Pastoureau, 〈Black〉, p.37~p.38.

[5] 〈The Oxford Dictionary of Quotations(Knowles 판)〉, p.417.

[6] Harvey, 〈Story of Black〉, p.23에서 인용.

[7] M. Gilbert, 〈Churchill: A Life〉, London: Pimlico, 2000, p.230.

피치 블랙

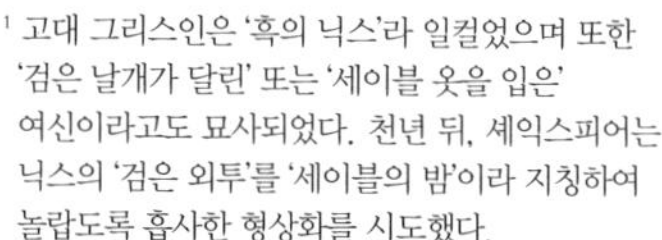

[1] 고대 그리스인은 '흑의 닉스'라 일컬었으며 또한 '검은 날개가 달린' 또는 '세이블 옷을 입은' 여신이라고도 묘사되었다. 천년 뒤, 셰익스피어는 닉스의 '검은 외투'를 '세이블의 밤'이라 지칭하여 놀랍도록 흡사한 형상화를 시도했다.

[2] Pastoureau, 〈Black〉, p.21, p.36.

[3] Harvey, 〈Story of Black〉, p.29, p.32. 이토록 두려운 외모에도 불구하고, 추종자는 칼리로부터 버림받았다고 느낄 경우 신전으로 찾아가 화환과 향 대신 욕을 퍼붓고 똥을 던졌다.

[4] 위의 책에서 인용, p.41.

[5] Pastoureau, 〈Black〉, p.28.

[6] Harvey, 〈Story of Black〉, p.29에서 인용.

감사의 말

각 색의 이야기 및 관련 있는 연구에 도움을 준 많은 이들에게 깊은 감사를 드린다. 그들이 없었으면 이 책은 결코 나올 수 없었다.

스키아파렐리의 홍보 담당인 세드리크 이던, 제국 전쟁 박물관의 제복 큐레이터인 마틴 보즈웰과 선임 미술 큐레이터 리처드 슬로컴, 인디언 옐로의 비밀을 푸는 데에 도움을 준 라만 시바 쿠마르와 B.N. 고스와미 교수, 영국왕립식물원의 큐레이터 마크 네즈빗 박사, 빅토리아 미술관의 여러분들과 뮌헨 미술관의 헤닝 레더, 그리고 스타빌로 사(社)의 사브리나 하만에게 감사의 말을 전한다.

6주 동안 행복하게 글을 쓸 수 있도록 아름다운 집을 빌려준 헤리스 부인과 제니, 피어스 리터랜드, 글을 쓰는 동안 보살펴준 카를라 베네데티에게 감사하다는 말을 남긴다.

영국의 편집자 존 머리, 조지나 레이콕, 케이트 마일스, 그리고 책의 디자인을 맡은 재능 넘치는 제임스 에드거와 한 장의 기획안이 한 권의 책이 될 때까지 도와준 어맨다 존스와 야신 벨카세미, 이모젠 펠럼에게도 고맙다는 말을 남기고 싶다.

또한 책의 바탕이 된 칼럼을 제안해준 〈엘르 데코레이션〉의 미셸 오건드하인과 에이미 브래드퍼드에게 특별한 감사의 말씀을 드린다.

지지와 조언, 연구 제안, 와인 한잔이 필요할 때마다 그것들을 건네준 친구들에게도 역시 고맙다는 말을 전하고 싶다. 여러 편의 초고를 읽어준 팀 크로스와 동생 키에렌도 빼놓을 수 없다. 언제나 도움을 건네주신 아버지와, 변치 않는 친절함과 충고를 준 피아메타 로코도 마찬가지다.

마지막으로 매일 아침 커피를 건네주었을 뿐만 아니라, 꼼꼼히 읽은 뒤 이런저런 제안을 해줬으며, 미쳐버릴 것 같을 때 인내와 응원, 사려 깊은 비평, 끝없는 용기를 건네준 올리비에. 고마워.

지은이 카시아 세인트 클레어

기자, 작가. 2007년 브리스톨 대학교를 졸업하고, 옥스퍼드에서 18세기 여성 복식사와 무도회 연구로 석사 학위를 받았다. 〈이코노미스트〉에서 '책과 미술' 담당 편집자로 일하며, 그 외에도 〈텔레그래프〉, 〈퀴츠〉, 〈뉴 스테이트먼〉 등에 글을 기고했다. 2013년 〈엘르 데코레이션〉에서 정기적으로 연재했던 색상에 관한 칼럼이 큰 인기를 얻어 〈컬러의 말〉로 출간되었다. 이 책은 영국 BBC의 라디오 채널 Radio 4에서 '2017년 올해의 책'으로 선정되었으며, 칼럼을 연재하던 〈엘르〉는 물론 〈텔레그래프〉와 〈이코노미스트〉, 〈가디언〉, 〈타임〉 등에서 '색에 대한 가장 우아하고 매력적인 책'이라는 호평을 받았다.

www.kassiastclair.com

옮긴이 이용재

번역가. 음식평론가, 건축 칼럼니스트. 한양대학교와 미국 조지아공과대학에서 건축 및 건축학 석사 학위를 받고 애틀랜타 소재 건축 회사 tvsdesign에서 일했다. 〈조선일보〉, 〈에스콰이어〉 등 여러 신문과 잡지에 기고했으며 요즘은 홈페이지(www.bluexmas.com)에 주 평균 3회의 글을 올린다. 〈한식의 품격〉, 〈외식의 품격〉, 〈일상을 지나가다〉를 썼고 〈에브리 퍼슨 인 뉴욕〉, 〈실버스푼〉, 〈뉴욕 드로잉〉, 〈그때 그곳에서〉, 〈작가의 창〉, 〈철학이 있는 식탁〉, 〈식탁의 기쁨〉, 〈뉴욕의 맛 모모푸쿠〉, 〈창밖 뉴욕〉, 〈완벽하지 않아〉, 〈모든 것을 먹어본 남자〉 등을 옮겼다.

@bluexmas47

컬러의 말 — 모든 색에는 이름이 있다

펴낸날 초판 1쇄 2018년 6월 10일
초판 9쇄 2022년 6월 1일
지은이 카시아 세인트 클레어
옮긴이 이용재
펴낸이 이주애, 홍영완
책임편집 백설희
마케팅총괄 김진겸, 김가람
펴낸곳 (주)윌북 출판등록 제2006-000017호 주소 10881 경기도 파주시 회동길 337-20
전자우편 willbooks@naver.com
전화 031-955-3777 팩스 031-955-3778 블로그 blog.naver.com/willbooks
포스트 post.naver.com/willbooks 페이스북 @willbooks
트위터 @onwillbooks 인스타그램 @willbooks_pub
ISBN 979-11-5581-156-6 (03300) (CIP제어번호: CIP2018015350)
책값은 뒤표지에 있습니다. 잘못 만들어진 책은 구입하신 서점에서 바꿔드립니다.